S-OIL
에쓰오일 온라인 인적성검사

통합기본서

시대에듀

시대에듀 S-OIL(에쓰오일) 온라인 인적성검사 통합기본서

Always with you

사람의 인연은 길에서 우연하게 만나거나 함께 살아가는 것만을 의미하지는 않습니다.
책을 펴내는 출판사와 그 책을 읽는 독자의 만남도 소중한 인연입니다.
시대에듀는 항상 독자의 마음을 헤아리기 위해 노력하고 있습니다. 늘 독자와 함께하겠습니다.

자격증 · 공무원 · 금융/보험 · 면허증 · 언어/외국어 · 검정고시/독학사 · 기업체/취업
이 시대의 모든 합격! 시대에듀에서 합격하세요!
www.youtube.com ➜ 시대에듀 ➜ 구독

머리말 PREFACE

1976년 설립된 S-OIL은 수익성 위주의 경영 전략과 국제화 시대에 맞는 기동성 있고 진취적인 경영 체질을 배양함으로써 국내 정유업계를 선도하는 기업으로 성장하였고, 아시아·태평양 지역에서 가장 경쟁력 있는 정유회사가 되었다.

이러한 회사의 위상만큼 S-OIL은 연봉을 비롯하여 복리후생 등도 업계 최고 수준이라고 알려져 있다. 이에 매년 채용 인원이 많지 않음에도 불구하고 많은 지원자들이 몰려 서류전형부터 경쟁이 치열하다. 또한 서류전형을 통과해도 더 큰 난관인 인적성검사가 기다리고 있다.

S-OIL은 2016년 하반기 채용부터 인적성검사 유형을 다른 기업들과 같은 유형으로 변경·도입하였다. 현재는 언어력, 수리력, 추리력 세 영역으로 나누어 온라인으로 독해·자료해석·응용수리·도형추리 능력을 평가하고 있다.

이에 시대에듀에서는 S-OIL에 입사하고자 하는 수험생들에게 좋은 길잡이가 되어주고자 다음과 같은 특징을 가진 본서를 출간하게 되었다.

도서의 특징

❶ 2025년 상반기~2024년 시행된 2개년 S-OIL 기출복원문제를 수록하여 최신 출제경향을 파악할 수 있도록 하였다.
❷ 영역별 대표기출유형과 기출응용문제를 수록하여 단계별로 학습이 가능하도록 하였다.
❸ 최종점검 모의고사 3회분과 도서 동형 온라인 실전연습 서비스를 제공하여 실전과 같은 연습이 가능하도록 하였다.
❹ S-OIL 인재상과의 적합 여부를 판별할 수 있는 인성검사를 분석·수록하였다.
❺ 합격의 최종 관문인 면접에 대한 실전 대책과 면접 기출을 수록하여 S-OIL 채용에 부족함이 없도록 하였다.

끝으로 본서를 통해 S-OIL 온라인 인적성검사를 준비하는 여러분 모두에게 합격의 기쁨이 있기를 진심으로 바란다.

SDC(Sidae Data Center) 씀

S-OIL 기업분석 INTRODUCE

◇ **Mission**

> 더 나은 인류의 삶을 위해 자원의 가치를 **끊임없이 혁신**한다.

◇ **Vision 2035**

> 가장 경쟁력 있고 혁신적이며 신뢰받는 **에너지 화학 기업**을 지향한다.

◇ **Business**

정유	전체 정유 생산 시설의 최적화와 제품의 고부가 가치화를 통해 정유 사업의 미래를 이끌고 있다.
윤활	■ 윤활기유 : 국내 시장을 선도하는 국제 경쟁력을 갖춘 윤활기유 메이커로 자리 잡았다. ■ 윤활유 : 지속적인 변화와 발전을 거듭하며 다양한 시장 수요에 발맞춰 나아가고 있다.
석유화학	사업다각화를 통해 정유와 윤활 부문에 이어 석유화학 부문에서도 최고의 경쟁력을 갖추게 되었다.
연구개발	제품 생산시설과 제품 품질향상을 위하여 다양한 연구개발 활동을 하고 있다. 또한 앞으로 필요할 미래 기술에 대한 요구를 반영하여 지속적으로 연구과제를 추진해 나아가고 있다.

◆ 핵심가치(S-OIL EPICS)

외부적 환경 변화와 무관하게 우리의 의사 결정과 행동의 기반이 되는 공통적인 가치관

최고
Excellence
→ 우리는 끊임없이 학습하고, 변화하고, 진보하여 기대를 뛰어넘는 최상의 품질과 서비스를 제공하고, 탁월한 수익성을 달성한다.

열정
Passion
→ 우리는 무한한 에너지, 강한 의지 그리고 할 수 있다는 자신감으로 더 높은 목표와 꿈을 이루기 위해 최선을 다한다.

정도
Integrity
→ 우리는 모든 일에 정직하고 공정하며, 최고 수준의 도덕적 윤리적 기준을 준수하여 진정한 성공을 이루어 낸다.

협력
Collaboration
→ 우리는 한 팀으로 함께 일하며 지식과 기회, 경험을 공유하여 더 큰 성공을 이루어 낸다.

나눔
Sharing
→ 우리는 책임감 있는 모범 기업시민으로서 함께 살아가는 이웃 공동체들과 우리의 성공을 나눈다.

◆ 인재상

회사 **VISION 실현**에 동참할 **진취**적인 사람

국제적 감각과 **자질**을 가진 사람

자율과 **팀워크**를 중시하는 사람

건전한 가치관과 **윤리의식**을 가진 사람

2025년 상반기 기출분석 ANALYSIS

총평

2025년 상반기 S-OIL 온라인 인적성검사는 2024년 하반기와 동일한 영역 및 문항 수로 출제되었다. 언어력의 경우 주제 찾기 문제의 비중이 줄어든 반면, 문단 순서 나열하기 문제의 비중이 절반 가까이 차지할 정도로 증가하였다. 수리력은 자료해석과 응용수리가 적절히 섞여 출제되었다. 자료해석의 경우 응용수리보다 평이한 수준으로 출제되었고, 먼저 선택지를 확인하여 자료에서 필요한 정보를 빠르게 파악하는 것이 중요하였다. 추리력은 전부 도형추리로 출제되었고, 높은 난도가 특징이었다.

◆ 핵심전략

언어력은 다양한 주제의 독해 지문이 출제되기 때문에 먼저 선택지를 확인하여 지문의 주제를 파악하는 것이 문제 풀이 시간 단축에 도움이 된다. 수리력의 경우 온라인 시험 특성상 계산식이 복잡하지 않고 프로그램 내 계산기와 메모장을 활용하여 문제를 풀 수 있기 때문에 온라인 도구를 활용해 문제 푸는 연습을 하는 것이 좋다. 추리력은 가장 난해한 영역으로, 초반에는 비교적 쉽지만 후반으로 갈수록 어려워지기 때문에 당황하지 않고 적절히 시간을 분배하여야 한다.

S-OIL은 온라인으로 진행되는 시험인 만큼 당일 서버나 통신 오류 등이 발생할 수 있다는 것까지 대비해야 한다. 한 문제당 1분 남짓의 풀이 시간이 주어지기 때문에 그 이상 시간이 소요되는 문제는 과감하게 넘어가고 풀 수 있는 문제에 집중해야 한다.

◆ 시험진행

구분		문항 수	시간
적성검사	언어력	15문항	20분
	수리력	20문항	25분
	추리력	15문항	15분
인성검사	Part 1	261문항(87문항군)	45분
	Part 2	160문항	15분

◇ **영역별 출제비중**

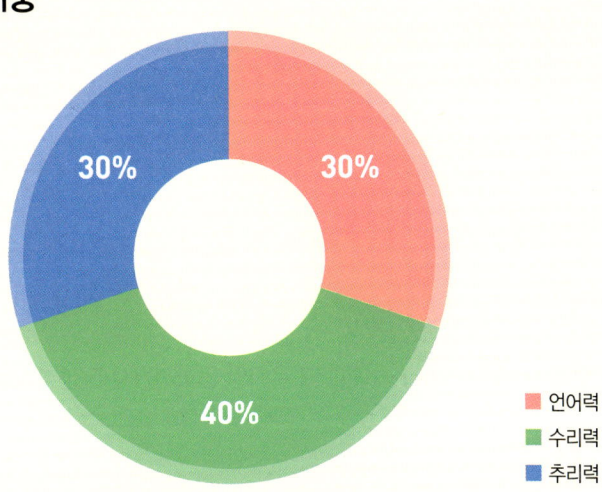

- 언어력
- 수리력
- 추리력

◇ **영역별 출제특징**

구분			출제특징
적성검사	언어력		• 주제 찾기, 나열하기 등 독해 문제 유형 • 지문이 긴 편이며, 다양한 분야의 키워드가 출제됨
	수리력	자료해석	• 표나 그래프에 나타난 수치를 계산 또는 해석하는 문제
		응용수리	• 경우의 수, 거리 · 속력 · 시간 등 기본 공식을 활용하는 문제
	추리력		• 도형의 변화 관계를 파악하는 문제 • 주어진 도형의 배열로부터 규칙성을 발견하여 이어질 도형을 찾는 문제

신입사원 채용 안내 INFORMATION

◆ **채용시기**
수시채용으로 진행되며, 계열사별 여건에 따라 채용 일정 및 방식이 상이할 수 있음

◆ **지원접수**
S-OIL 채용 홈페이지(s-oil.recruiter.co.kr) 내 온라인 입사지원서 작성 후 제출

◆ **지원자격**
① 병역필 또는 군 면제자로 해외여행에 결격사유가 없는 자
② 대학(원) 기졸업자 및 2025년 8월 이내 졸업예정자
③ 장애인 및 보훈 인력은 관계 법령에 의거하여 우대
④ 지원일 기준 유효한 공인 영어 성적(TOEIC, TOEIC Speaking 등) 보유자
　※ 영어회화 능통자 우대

❖ 모집분야별 지원자격이 상이할 수 있으므로, 반드시 채용공고를 확인하기 바랍니다.

◆ **전형절차**

서류전형 → 역량검사(온라인 인적성검사) → 1차면접 → 2차면접 → 채용검진 → 최종합격 통보 → 입사

❖ 전형절차는 변동될 수 있으며, 정확한 과정은 전형별 합격자에 한해 별도로 안내됩니다.

온라인 시험 Tip TEST TIP

◆ **필수 준비물**
  ① 신분증 : 주민등록증, 외국인등록증, 여권, 운전면허증 중 하나
  ② 그 외 : 휴대폰, 휴대폰 거치대, 노트북, 웹캠, 노트북/휴대폰 충전기

◆ **유의사항**
  ① 틀리면 감점이 있으므로 모르는 문제는 찍지 말고 놔두는 것이 좋다.
  ② 손목시계를 사용할 수 없으며, 모자 및 마스크 착용이 금지된다.
  ③ 시험 도중에는 자리이동이 불가능하며, 물도 마실 수 없으므로 미리 대비한다.
  ④ 필기도구는 사용이 불가하며, 인적성 프로그램 내의 계산기와 메모장 기능만 사용할 수 있다.

◆ **알아두면 좋은 Tip**
  ① 원활한 시험 진행을 위해 삼각대와 책상 정리가 필요하다.
  ② 시험 전 일정 기간 동안 사전점검 응시사이트를 열어주므로, 반드시 사이트에 접속하여 문제가 없는지 확인한다.
  ③ 인성검사를 위해 평소 S-OIL의 인재상에 대해 숙지해둔다.

주요 대기업 적중 문제 TEST CHECK

삼성

수리 ▶ 확률

01 서로 다른 2개의 주사위 A, B를 동시에 던졌을 때, 나온 눈의 곱이 홀수일 확률은?

① $\frac{1}{4}$ ② $\frac{1}{5}$

③ $\frac{1}{6}$ ④ $\frac{1}{8}$

⑤ $\frac{1}{10}$

추리 ▶ 명제

02

전제1. 연예인이 모델이면 매출액이 증가한다.
전제2. _____
결론. 연예인이 모델이면 브랜드 인지도가 높아진다.

① 브랜드 인지도가 높아지면 연예인이 모델이다.
② 브랜드 인지도가 높아지면 매출액이 줄어든다.
③ 매출액이 줄어들면 브랜드 인지도가 높아진다.
④ 매출액이 증가하면 브랜드 인지도가 높아진다.
⑤ 매출액이 증가하면 브랜드 인지도가 낮아진다.

추리 ▶ 배열하기 · 묶기 · 연결하기

01 S사의 기획부 A대리는 회의를 위해 8인용 원탁에 부서원들을 다음 〈조건〉에 따라 배치한다고 할 때, H부장의 오른쪽에 앉는 사람은?

조건
- S사의 기획부는 A대리, B대리, C대리, D과장, E과장, F팀장, G팀장, H부장으로 구성되어 있다.
- 동일 직급끼리는 마주 보거나 이웃하여 앉을 수 없다.
- B대리는 D과장의 오른쪽에 앉는다.
- F팀장은 대리 직급과 마주 보고 앉는다.
- D과장은 F팀장과 이웃하여 앉을 수 없다.
- G팀장은 A대리의 왼쪽에 앉는다.
- E과장은 F팀장과 이웃하여 앉는다.

① A대리 ② C대리
③ D과장 ④ F팀장
⑤ G팀장

SK

언어이해 ▶ 추론적 독해

01 다음 글을 읽고 추론한 내용으로 가장 적절한 것은?

> EU는 1995년부터 철제 다리 덫으로 잡은 동물 모피의 수입을 금지하기로 했다. 모피가 이런 덫으로 잡은 동물의 것인지, 아니면 상대적으로 덜 잔혹한 방법으로 잡은 동물의 것인지 구별하는 것은 불가능하다. 그렇기 때문에 EU는 철제 다리 덫 사용을 금지하는 나라의 모피만 수입하기로 결정했다. 이런 수입 금지 조치에 대해 미국, 캐나다, 러시아는 WTO에 제소하겠다고 위협했다. 결국 EU는 WTO가 내릴 결정을 예상하여, 철제 다리 덫으로 잡은 동물의 모피를 계속 수입하도록 허용했다.
> 또한 1998년부터 EU는 화장품 실험에 동물을 이용하는 것을 금지했을 뿐만 아니라, 동물실험을 거친 화장품의 판매조차 금지하는 법령을 채택했다. 그러나 동물실험을 거친 화장품의 판매 금지는 WTO 규정 위반이 될 것이라는 유엔의 권고를 받았다. 결국 EU의 판매 금지는 실행되지 못했다.
> 한편 그 외에도 EU는 성장 촉진 호르몬이 투여된 쇠고기의 판매 금지 조치를 시행하기도 했다. 동물복지를 옹호하는 단체들이 소의 건강에 미치는 영향을 우려해 호르몬 투여 금지를 요구했지만, EU가 쇠고기 판매를 금지한 것은 주로 사람의 건강에 대한 염려 때문이었다. 미국은 이러한 판매 금지 조치에 반대하며 EU를 WTO에 제소했고, 결국 WTO 분쟁패널로부터 호르몬 사용이 사람의 건강을 위협한다고 믿을 만한 충분한 과학적 근거가 없다는 판정을 이끌어 내는 데 성공했다. EU는

창의수리 ▶ 금액

03 S사는 원가에 20%의 이윤을 붙인 가격을 정가로 팔던 제품을 정가에서 10% 할인하여 판매하였다. 이후 정산을 하였더니 제품당 2,000원의 이윤이 생겼다. 이 제품의 원가는?

① 14,000원 ② 18,000원
③ 22,000원 ④ 25,000원
⑤ 30,000원

언어추리 ▶ 진실게임

02 다음 중 한 명만 거짓말을 할 때 항상 참인 것은?(단, 한 층에 한 명만 내린다)

> • A : B는 1층에서 내렸다.
> • B : C는 1층에서 내렸다.
> • C : D는 적어도 3층에서 내리지 않았다.
> • D : A는 4층에서 내렸다.
> • E : A는 4층에서 내리고 나는 5층에 내렸다.

① A는 4층에서 내리지 않았다.
② C는 1층에서 내렸다.
③ D는 3층에서 내렸다.
④ A는 D보다 높은 층에서 내렸다.
⑤ C는 B보다 높은 층에서 내렸다.

주요 대기업 적중 문제 TEST CHECK

KT

언어 ▶ 주제·제목 찾기

※ 다음 글을 읽고 글의 주제로 가장 적절한 것을 고르시오. [3~4]

03

오늘날 사회계층 간 의료수혜의 불평등이 심화되어 의료이용도의 소득계층별, 지역별, 성별, 직업별, 연령별 차이가 사회적 불만의 한 원인으로 대두되고, 보건의료서비스가 의·식·주에 이어 제4의 기본적 수요로 인식됨에 따라 의료보장제도의 필요성이 나날이 높아지고 있다.

의료보장제도란 국민의 건강권을 보호하기 위하여 요구되는 필요 보건의료서비스를 국가나 사회가 제도적으로 제공하는 것을 말하며 건강보험, 의료급여, 산재보험을 포괄한다. 이를 통해 상대적으로 과다한 재정의 부담을 경감시킬 수 있으며, 국민의 주인의식과 참여 의식을 고취할 수 있다.

의료보장제도는 의료수혜의 불평등을 해소하기 위한 사회적·국가적 노력이며, 예측할 수 없는 질병의 발생 등에 대한 개인의 부담능력의 한계를 극복하기 위한 제도이다. 또한 개인의 위험을 사회적·국가적 위험으로 인식하여 위험의 분산 및 상호부조 인식을 제고하기 위한 제도이기도 하다.

의료보장제도의 의료보험(National Health Insurance) 방식은 일명 비스마르크(Bismarck)형 의료제도라고 하는데, 개인의 기여를 기반으로 한 보험료를 주재원으로 하는 제도이다. 사회보험의 낭비를 줄이기 위하여 진찰 시에 본인 일부 부담금을 부과하는 것이 특징이라 할 수 있다. 반면, 국가보건서비스(National Health Service) 방식은 일명 조세 방식, 베버리지(Beveridge)형 의료제도라고 하며, 국민의 의료문제는 국가가 책임져야 한다는 관점에서 조세를 재원으로 모든 국민에

언어·수추리 ▶ 명제

02

- 영희, 상욱, 수현이는 영어, 수학, 국어 시험을 보았다.
- 영희는 영어 2등, 수학 2등, 국어 2등을 하였다.
- 상욱이는 영어 1등, 수학 3등, 국어 1등을 하였다.
- 수현이는 수학만 1등을 하였다.
- 시험 점수로 전체 평균 1등을 한 사람은 영희이다.

① 총점이 가장 높은 것은 영희이다.
② 수현이의 수학 점수는 상욱이의 영어 점수보다 높다.
③ 상욱이의 영어 점수는 영희의 수학 점수보다 높다.
④ 영어와 수학 점수만을 봤을 때, 상욱이가 1등일 것이다.
⑤ 상욱이의 국어 점수는 수현이의 수학 점수보다 낮다.

수리 ▶ 거리·속력·시간

02 영채는 배를 타고 길이가 30km인 강을 배를 타고 이동하고자 한다. 강을 거슬러 올라가는 데 걸린 시간이 5시간이고 강물의 흐르는 방향과 같은 방향으로 내려가는데 걸린 시간이 3시간일 때, 흐르지 않는 물에서의 배의 속력은?(단, 배와 강물의 속력은 일정하다)

① 5km/h ② 6.5km/h
③ 8km/h ④ 10km/h
⑤ 12km/h

CJ

언어추리 ▶ 진실게임

06 호텔 라운지에 둔 화분이 투숙자 중의 1명에 의하여 깨진 사건이 발생했다. 이 호텔에는 A~D의 4명의 투숙자가 있었으며, 각 투숙자는 아래와 같이 세 가지 사실을 진술하였다. 4명의 투숙자 중 3명은 진실을 말하고, 1명이 거짓말을 하고 있다면 화분을 깬 사람은 누구인가?

- A : 나는 깨지 않았다. B도 깨지 않았다. C가 깨뜨렸다.
- B : 나는 깨지 않았다. C도 깨지 않았다. D도 깨지 않았다.
- C : 나는 깨지 않았다. D도 깨지 않았다. A가 깨뜨렸다.
- D : 나는 깨지 않았다. B도 깨지 않았다. C도 깨지 않았다.

① A
② B
③ C
④ D
⑤ 알 수 없다.

자료해석 ▶ 자료계산

07 다음은 농구 경기에서 갑~정 4개 팀의 월별 득점에 관한 자료이다. 빈칸에 들어갈 수치로 가장 적절한 것은?(단, 각 수치는 매월 일정한 규칙으로 변화한다)

〈월별 득점 현황〉
(단위 : 점)

구분	1월	2월	3월	4월	5월	6월	7월	8월	9월	10월
갑	1,024	1,266	1,156	1,245	1,410	1,545	1,205	1,365	1,875	2,012
을	1,352	1,702	2,000	1,655	1,320	1,307	1,232	1,786	1,745	2,100
병	1,078	1,423		1,298	1,188	1,241	1,357	1,693	2,041	1,988
정	1,298	1,545	1,658	1,602	1,542	1,611	1,080	1,458	1,579	2,124

① 1,358
② 1,397
③ 1,450
④ 1,498
⑤ 1,522

창의수리 ▶ 비율

19 C사에 지원한 남학생과 여학생의 비율은 3 : 2였다. 지원자 중 합격자의 남녀 비율은 5 : 2이고, 불합격자의 남녀 비율은 4 : 3이라고 한다. 전체 합격자 수가 280명일 때, 지원자 중 여학생은 총 몇 명인가?

① 440명
② 480명
③ 540명
④ 560명
⑤ 640명

도서 200% 활용하기 STRUCTURES

1 기출복원문제로 출제경향 파악

▶ 2025년 상반기~2024년 기출복원문제를 수록하여 최근 출제경향을 파악할 수 있도록 하였다.
▶ 기출복원문제를 바탕으로 학습을 시작하기 전에 자신의 실력을 판단할 수 있도록 하였다.

합격의 공식 Formula of pass | 시대에듀 www.sdedu.co.kr

2 이론점검, 대표기출유형, 기출응용문제로 영역별 학습

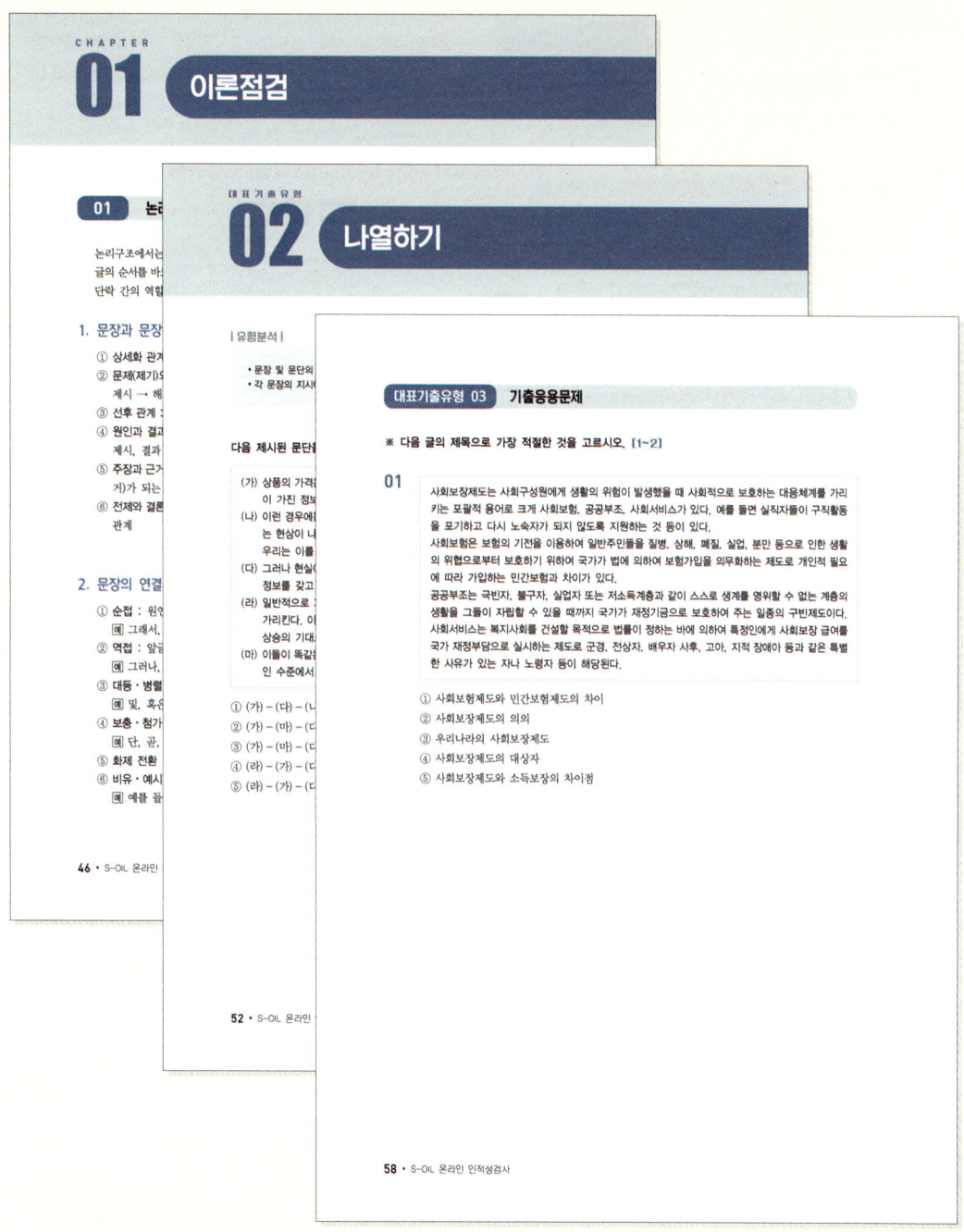

▶ 출제되는 영역에 대한 이론점검, 대표기출유형과 기출응용문제를 수록하였다.
▶ 최근 출제되는 유형을 체계적으로 학습하고 점검할 수 있도록 하였다.

도서 200% 활용하기 STRUCTURES

3 최종점검 모의고사 + 도서 동형 온라인 실전연습 서비스로 반복 학습

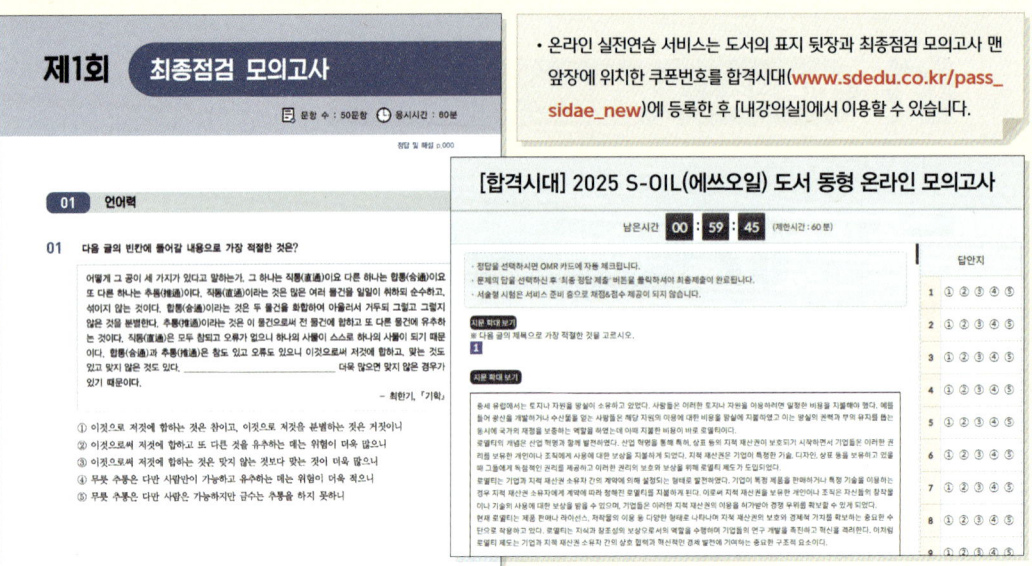

▶ 실제 시험과 유사하게 구성된 최종점검 모의고사 3회분을 통해 마무리하도록 하였다.
▶ 이와 동일하게 구성된 온라인 실전연습 서비스로 실제 시험처럼 연습하도록 하였다.

4 인성검사부터 면접까지 한 권으로 대비하기

▶ 인성검사 모의연습을 통해 S-OIL의 인재상에 부합하는지 판별할 수 있도록 하였다.
▶ 면접 기출 질문을 통해 실제 면접에서 나오는 질문에 미리 대비할 수 있도록 하였다.

5 Easy & Hard로 난이도별 시간 분배 연습

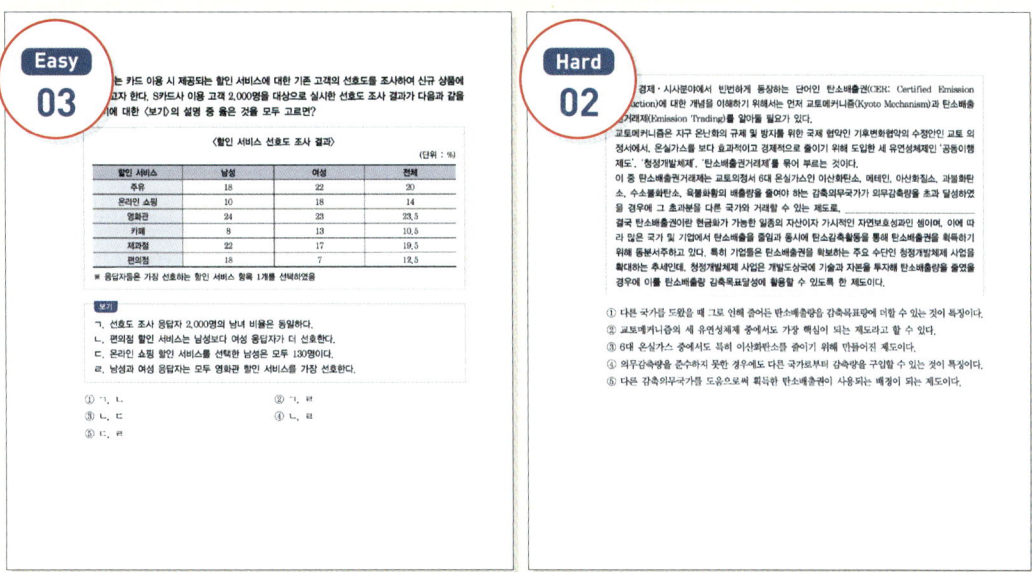

▶ Easy & Hard 표시로 문제별 난이도에 따라 시간을 적절하게 분배하여 풀이하는 연습이 가능하도록 하였다.

6 정답 및 오답분석으로 풀이까지 완벽 마무리

▶ 정답에 대한 상세한 해설과 오답분석을 통해 혼자서도 체계적인 학습이 가능하도록 하였다.

학습플랜 STUDY PLAN

1주 완성 학습플랜

본서에 수록된 전 영역을 단기간에 끝낼 수 있도록 구성한 학습플랜이다. 한 번에 전 영역을 공부하지 않고, 한 영역을 집중적으로 공부할 수 있도록 하였다. 인성검사 및 필기시험에 대한 기초 학습은 되어 있으나, 학습 계획 세우기에 자신이 없는 분들이나 미리 시험에 대비하지 못해 단시간에 많은 분량을 봐야 하는 수험생에게 추천한다.

ONE WEEK STUDY PLAN

	1일 차 ☐	2일 차 ☐	3일 차 ☐
Start!	____월____일	____월____일	____월____일

4일 차 ☐	5일 차 ☐	6일 차 ☐	7일 차 ☐
____월____일	____월____일	____월____일	____월____일

합격의 공식 **Formula of pass** | 시대에듀 www.sdedu.co.kr

STUDY CHECK BOX

구분	1일 차	2일 차	3일 차	4일 차	5일 차	6일 차	7일 차
PART 1							
PART 2							
제1회 최종점검 모의고사							
제2회 최종점검 모의고사							
제3회 최종점검 모의고사							
다회독							
오답분석							

스터디 체크박스 활용법

1주 완성 학습플랜에서 계획한 학습량을 어느 정도 실천하였는지 표시하여 자신의 학습량을 효율적으로 관리한다.

구분	1일 차	2일 차	3일 차	4일 차	5일 차	6일 차	7일 차
PART 2	언어력	×	×	완료			

이 책의 차례 CONTENTS

PART 1　2개년 기출복원문제

CHAPTER 01 2025년 상반기 기출복원문제　2
CHAPTER 02 2024년 기출복원문제　15

PART 2　대표기출유형

CHAPTER 01 언어력　46
대표기출유형 01 내용일치
대표기출유형 02 나열하기
대표기출유형 03 주제·제목 찾기
대표기출유형 04 추론하기
대표기출유형 05 빈칸추론

CHAPTER 02 수리력　76
대표기출유형 01 거리·속력·시간
대표기출유형 02 농도
대표기출유형 03 일률
대표기출유형 04 금액
대표기출유형 05 경우의 수
대표기출유형 06 확률
대표기출유형 07 자료추론
대표기출유형 08 자료계산

CHAPTER 03 추리력　106
대표기출유형 01 도형추리 ①
대표기출유형 02 도형추리 ②
대표기출유형 03 도형추리 ③

PART 3　최종점검 모의고사

제1회 최종점검 모의고사　120
제2회 최종점검 모의고사　159
제3회 최종점검 모의고사　203

PART 4　인성검사　244

PART 5　면접

CHAPTER 01 면접 유형 및 실전 대책　264
CHAPTER 02 S-OIL 실제 면접　275

별　책　정답 및 해설

PART 1 2개년 기출복원문제　2
PART 2 대표기출유형　16
PART 3 최종점검 모의고사　32

PART 1
2개년 기출복원문제

CHAPTER 01 2025년 상반기 기출복원문제

CHAPTER 02 2024년 기출복원문제

※ 기출복원문제는 수험생들의 후기를 통해 시대에듀에서 복원한 문제로 실제 문제와 다소 차이가 있을 수 있으며, 본 저작물의 무단전재 및 복제를 금합니다.

2025년 상반기 기출복원문제

정답 및 해설 p.002

01 언어력

01 다음 글의 빈칸에 들어갈 내용으로 가장 적절한 것은?

> 중세 이전에는 예술가와 장인의 경계가 분명치 않았다. 화가들도 당시에는 왕족과 귀족의 주문을 받아 제작하는 일종의 장인 취급을 받아왔다. 근대에 접어들면서 예술은 독창적인 창조 활동으로 존중받게 되었고, 아름다움의 가치를 만들어내는 예술가들의 독창성이 인정받게 된 것이다. 그리고 이 가치의 중심에 작가가 있다. 작가가 담으려 했던 의도, 그것이 바로 아름다움을 창조하는 예술의 가치인 셈이다. 예술 작품은 작가의 의도를 담고 있고, 작가의 의도가 없다면 작품은 만들어질 수 없다. 이것이 작품에 포함된 작가의 권위를 인정해야 하는 이유이다.
> 또한 예술은 예술가가 표현하고자 하는 것을 창작해 내는 그 과정 자체로 완성되는 것이지 독자의 해석으로 완성되는 게 아니다. 설사 작품을 감상하고 해석해 줄 독자가 없어도 예술은 그 자체로 가치 있는 법이다. 예술가는 독자를 위해 작품을 창작하는 것이 아니라 자신의 열정과 열망으로 표현하고자 하는 바를 표현하는 것이다. 물론 예술 작품을 해석하고 이해하는 데에 독자의 역할도 분명 존재하고 필요한 것이 사실이다. 하지만 그렇다고 해도 이는 예술적 가치가 있는 작품에서 파생된 이차적인 활동이지 작품을 새롭게 완성하는 창조적 활동이라고 보기 어렵다. 따라서 독자의 수용과 이해는 _____.

① 독자가 가지고 있는 작품에 대한 사전 정보에 따라 다르게 나타날 것이다.
② 작품에 담긴 아름다움의 가치를 독자가 나름대로 해석하는 활동으로 볼 수 있다.
③ 권위가 높은 작가의 작품에서 더욱 다양하게 나타난다.
④ 작가의 의도와 작품을 왜곡하지 않는 범위에서 이루어져야 한다.
⑤ 작품이 만들어진 시대적 배경과 문화적 배경을 고려하여야 한다.

02 다음 글의 중심 내용으로 가장 적절한 것은?

BMO 금속과 광업 관련 연구 보고서에 따르면 최근 가격 강세를 지속해 온 알루미늄, 구리, 니켈 등 산업 금속들의 4분기 중 공급부족 심화와 가격 상승세가 전망된다. 산업 금속이란, 산업에 필수적으로 사용되는 금속들을 말하는데, 앞서 제시한 알루미늄, 구리, 니켈뿐만 아니라 비교적 단단한 금속에 속하는 은이나 금 등도 모두 산업에 많이 사용될 수 있는 금속이므로 산업 금속의 카테고리에 속한다고 할 수 있다. 이러한 산업 금속은 물품을 생산하는 기계의 부품으로써 필요하기도 하고, 전자제품 등의 소재로 쓰이기도 하기 때문에 특정 분야의 산업이 활성화되면 특정 금속의 가격이 뛰거나 심각한 공급난을 겪기도 한다.

금융투자업계에 따르면 최근 전 세계적인 경제 회복 조짐과 함께 탈탄소 추세, 즉 '그린 열풍'에 따른 수요 증가로 산업 금속 가격이 초강세이다. 런던금속거래소에서 발표한 자료에 따르면 올해 들어 지난달까지 알루미늄은 20.7%, 구리가 47.8%, 니켈은 15.9% 각각 가격이 상승했다. 자료에서도 알 수 있듯이 구리 수요를 필두로 알루미늄, 니켈 등 전반적인 산업 금속 섹터의 수요량이 증가하였다. 이는 전기자동차 산업의 확충과 관련이 있다. 전기자동차의 핵심적인 부품인 배터리를 만드는 데에 구리와 니켈이 사용되기 때문이다. 이때, 배터리 소재 중 니켈의 비중을 높이면 배터리의 용량을 키울 수 있으나 배터리의 안정성이 저하된다. 기존의 전기자동차 배터리는 니켈의 사용량이 높았기 때문에 더욱 안정성 문제가 제기되어 왔다. 그래서 연구 끝에 적정량의 구리를 배합하는 것이 배터리 성능과 안정성을 모두 향상하기 위해서 중요하다는 것을 밝혀내었다. 구리가 전기자동차 산업의 핵심 금속인 셈이다.

이처럼 전기자동차와 배터리 등 친환경 산업에 필수적인 금속들의 수요는 증가하는 반면 세계 각국의 환경 규제 강화로 인해 금속의 생산은 오히려 감소하고 있기 때문에 산업 금속에 대한 공급난과 가격 인상이 우려되고 있다.

① 전기자동차의 배터리 성능을 향상하는 기술
② 세계적인 '그린 열풍' 현상 발생의 원인
③ 필수적인 산업 금속 공급난으로 인한 문제
④ 전기자동차 확충에 따른 구리 수요 증가 상황
⑤ 탈탄소 산업의 대표 주자인 전기자동차 산업

※ 다음 문단을 논리적 순서대로 바르게 나열한 것을 고르시오. [3~4]

03

(가) 킬러 T세포는 혈액이나 림프액을 타고 몸속 곳곳을 순찰하는 일을 담당하는 림프 세포의 일종이다. 킬러 T세포는 감염된 세포를 직접 공격하는데, 세포 하나하나를 점검하여 바이러스에 감염된 세포를 찾아낸다. 이 과정에서 바이러스에 감염된 세포가 킬러 T세포에 발각되면 죽게 된다. 그렇다면 킬러 T세포는 어떤 방법으로 바이러스에 감염된 세포를 파괴할까?

(나) 지금도 우리 몸의 이곳저곳에서는 비정상적인 세포분열이나 바이러스 감염이 계속되고 있다. 하지만 킬러 T세포가 병든 세포를 찾아내 파괴하는 메커니즘이 정상적으로 작동하고 있는 한 우리는 건강한 상태를 유지할 수 있다. 이렇듯 면역 시스템은 우리 몸을 지켜주는 수호신이다. 또한 우리 몸이 유기적으로 잘 짜인 구조임을 보여주는 좋은 예라고 할 수 있다.

(다) 그다음 킬러 T세포가 활동한다. 킬러 T세포는 자기 표면에 있는 TCR(T세포 수용체)을 통해 세포의 밖으로 나온 MHC와 펩타이드 조각이 결합해 이루어진 구조를 인식함으로써 바이러스 감염 여부를 판단한다. 만약 MHC와 결합한 펩타이드가 바이러스 단백질의 것이라면 T세포는 활성화되면서 세포를 공격하는 단백질을 감염된 세포 속으로 보낸다. 이렇게 T세포의 공격을 받은 세포는 곧 죽게 되며 그 안의 바이러스 역시 죽음을 맞이하게 된다.

(라) 우리 몸은 자연적 치유의 기능을 가지고 있다. 자연적 치유는 우리 몸에 바이러스(항원)가 침투하더라도 외부의 도움 없이 이겨낼 수 있는 면역 시스템을 가지고 있다는 것을 의미한다. 그리고 이러한 면역 시스템에 관여하는 세포 중에서 매우 중요한 역할을 하는 세포가 있다. 그것은 바로 바이러스에 감염된 세포를 직접 찾아내 제거하는 킬러 T세포(Killer T Cells)이다.

(마) 면역 시스템에서 가장 먼저 활동을 시작하는 것은 세포 표면에 있는 MHC(주요 조직 적합성 유전자 복합체)이다. MHC는 집게발 모양의 단백질 분자로 세포 안에 있는 단백질 조각을 세포 표면으로 끌고 나오는 역할을 한다. 본래 세포 속에는 자기 단백질이 대부분이지만, 바이러스에 감염되면 원래 없던 바이러스 단백질이 세포 안에 만들어진다. 이렇게 만들어진 자기 단백질과 바이러스 단백질은 단백질 분해효소에 의해 펩타이드 조각으로 분해되어 세포 속을 떠돌아다니다가 MHC와 결합해 세포 표면으로 배달되는 것이다.

① (가) – (나) – (마) – (라) – (다)
② (나) – (다) – (가) – (라) – (마)
③ (다) – (가) – (마) – (나) – (라)
④ (라) – (가) – (마) – (다) – (나)
⑤ (라) – (나) – (가) – (다) – (마)

04

(가) 물체의 회전 상태에 변화를 일으키는 힘의 효과를 돌림힘이라고 한다. 물체에 회전 운동을 일으키거나 물체의 회전 속도를 변화시키려면 물체에 힘을 가해야 한다. 같은 힘이라도 회전축으로부터 얼마나 멀리 떨어진 곳에 힘을 가해 주느냐에 따라 회전 상태의 변화 양상이 달라진다. 물체에 속한 점 X와 회전축을 최단 거리로 잇는 직선과 직각을 이루는 동시에 회전축과 직각을 이루도록 X에 힘을 가한다고 하자. 이때 물체에 작용하는 돌림힘의 크기는 회전축에서 X까지의 거리와 가해준 힘의 크기의 곱으로 표현되고 그 단위는 Nm(뉴턴미터)이다.

(나) 회전 속도의 변화는 물체에 알짜 돌림힘이 일을 해 주었을 때만 일어난다. 돌고 있는 팽이에 마찰력이 일으키는 돌림힘을 포함하여 어떤 돌림힘도 작용하지 않으면 팽이는 영원히 돈다. 일정한 형태의 물체에 일정한 크기와 방향의 알짜 돌림힘을 가하여 물체를 회전시키면, 알짜 돌림힘이 한 일은 알짜 돌림힘의 크기와 회전 각도의 곱이고 그 단위는 줄(J)이다. 알짜 돌림힘이 물체를 돌리려는 방향과 물체의 회전 방향이 일치하면 알짜 돌림힘이 양(+)의 일을 하고 그 방향이 서로 반대이면 음(-)의 일을 한다.

(다) 동일한 물체에 작용하는 두 돌림힘의 합을 알짜 돌림힘이라 한다. 두 돌림힘의 방향이 같으면 알짜 돌림힘의 크기는 두 돌림힘의 크기의 합이 되고 그 방향은 두 돌림힘의 방향과 같다. 두 돌림힘의 방향이 서로 반대이면 알짜 돌림힘의 크기는 두 돌림힘의 크기의 차가 되고 그 방향은 더 큰 돌림힘의 방향과 같다. 지레의 힘을 주지만 물체가 지레의 회전을 방해하는 힘을 작용점에 주어 지레가 움직이지 않는 상황처럼, 두 돌림힘의 크기가 같고 방향이 반대이면 알짜 돌림힘은 0이 되고 이때를 돌림힘의 평형이라고 한다.

(라) 지레는 받침과 지렛대를 이용하여 물체를 쉽게 움직일 수 있는 도구이다. 지레에서 힘을 주는 곳을 힘점, 지렛대를 받치는 곳을 받침점, 물체에 힘이 작용하는 곳을 작용점이라 한다. 받침점에서 힘점까지의 거리가 받침점에서 작용점까지의 거리에 비해 멀수록 힘점에서 작은 힘을 주어 작용점에서 물체에 큰 힘을 가할 수 있다. 이러한 지레의 원리에는 돌림힘의 개념이 숨어 있다.

① (가) - (나) - (다) - (라)
② (가) - (다) - (라) - (나)
③ (가) - (라) - (다) - (나)
④ (라) - (가) - (나) - (다)
⑤ (라) - (가) - (다) - (나)

05 다음 글을 읽고 이해한 내용으로 적절하지 않은 것은?

> 로봇은 일반적으로 센서 및 작동기가 중앙처리장치에 연결된 로봇 신경 시스템으로 작동되지만, 이 경우 로봇의 형태에 구속받기 때문에 로봇이 유연하게 움직이는 데 제한이 있다. 로봇 공학자들은 여러 개의 유닛이 결합하는 '모듈러 로봇'이라는 개념을 고안해 이런 제약을 극복하려고 노력해왔다. 벨기에 연구진은 로봇이 작업이나 작업 환경에 반응해 스스로 적당한 형태와 크기를 자동으로 선택하여 변경할 수 있는 모듈러 로봇을 개발했다. 이 로봇은 독립적인 로봇 형체를 갖추기 위해 스스로 쪼개지고 병합할 수 있으며, 감각 및 운동능력을 제어하면서도 스스로 분리되고 새 형체로 병합하는 로봇 신경 시스템을 갖췄다.
> 연구진은 또한 외부 자극에 의한 반응으로 모듈러 로봇이 독립적으로 움직이도록 설계했다. 외부 자극으로는 녹색 LED를 이용하였는데 이를 통해 개별 모듈러 로봇을 자극하면 로봇은 이 자극에 반응해 움직였다. 자극을 주는 녹색 LED가 너무 가깝게 있으면 뒤로 물러서기도 했다. LED 자극에 따라 10개의 모듈러 로봇은 스스로 2개의 로봇으로 합쳐지기도 하고 1개의 로봇으로 결합하기도 했다.
> 특히 이 모듈러 로봇은 외부 자극에 대한 반응이 제대로 작동되지 않는 부분을 다른 모듈로 교체하거나 제거하는 작업을 스스로 진행하여 치유할 수 있는 것이 특징이다. 연구진은 후속 연구를 통해 이 로봇을 이용해 벽돌과 같은 물체를 감지하고 들어 올리거나 이동시키는 작업을 할 수 있도록 할 계획이다.
> 이들은 '미래 로봇은 특정 작업에만 국한돼 설계되거나 구축되지 않을 것'이라며 '이번에 개발한 기술과 시스템이 다양한 작업에 유연하게 대응할 수 있는 로봇을 생산하는 데 기여하게 될 것'이라고 말했다.

① 일반적으로 로봇은 중앙처리장치에 연결된 로봇 신경시스템을 통해 작동된다.
② 모듈러 로봇은 작업 환경에 반응하여 스스로 형태와 크기를 선택할 수 있다.
③ 모듈러 로봇의 신경 시스템은 로봇의 감각 및 운동능력을 제어하면서도 로봇 스스로 분리되도록 한다.
④ 모듈러 로봇이 외부 자극에 대해 제대로 반응하지 않을 경우 관리자는 고장난 부분을 다른 모듈로 교체하거나 제거해줘야 한다.
⑤ 모듈러 로봇의 기술을 통해 미래 로봇은 다양한 작업 환경에 대응할 수 있는 방향으로 개발될 것이다.

06 다음 글을 읽고 추론한 내용으로 적절하지 않은 것은?

> 다의어란 두 가지 이상의 의미가 있는 단어로 기본이 되는 핵심 의미를 중심 의미라 하고, 중심 의미에서 확장된 의미를 주변 의미라고 한다. 중심 의미는 일반적으로 주변 의미보다 언어 습득의 시기가 빠르며 사용 빈도가 높다.
> 다의어가 주변 의미로 사용되었을 때는 문법적 제약이 나타나기도 한다. 예를 들어 '한 살을 먹는다.'는 가능하지만, '한 살이 먹히다.'나 '한 살을 먹이다.'는 어법에 맞지 않는다. 또한 '손'이 '노동력'의 의미로 쓰일 때는 '부족하다, 남다' 등의 용언만 쓸 수 있어 중심 의미로 쓰일 때보다 결합하는 용언의 수가 적다.
> 다의어의 주변 의미는 기존 의미가 확장되어 생긴 것으로 새로 생긴 의미는 기존 의미보다 추상성이 강화되는 경향이 있다. '손'의 중심 의미가 확장되어 '손이 부족하다.', '손에 넣다.'처럼 각각 '노동력', '권한이나 범위'로 쓰이는 것이 그 예이다.
> 다의어의 의미들은 서로 관련성을 갖는다. 예를 들어 '줄'의 중심 의미는 '새끼 따위와 같이 무엇을 묶거나 동이는 데에 쓸 수 있는 가늘고 긴 물건'인데 길게, 연결된 모양이 유사하여 '길이로 죽 벌이거나 늘여 있는 것'의 의미를 갖게 되었다. 또한 연결이라는 속성이나 기능이 유사하여 '사회생활에서의 관계나 인연'의 뜻도 지니게 되었다.
> 그런데 다의어의 의미들이 서로 대립적 관계를 맺는 경우가 있다. 예를 들어 '앞'은 '향하고 있는 쪽이나 곳'이 중심 의미인데 '앞 세대의 입장', '앞으로 다가올 일'에서는 각각 '이미 지나간 시간'과 '장차 올 시간'을 가리킨다. 이것은 시간의 축에서 과거나 미래 중 어느 방향을 바라보는지에 따른 차이로서 이들 사이의 의미적 관련성은 유지된다.

① 동음이의어와 다의어는 단어의 문법적 제약이나 의미의 추상성 및 관련성 등으로 구분할 수 있을 것이다.
② '손에 넣다.'에서 '손'은 '권한이나 범위'의 의미로 사용될 수 있지만, '노동력'의 의미로 사용될 수 없을 것이다.
③ '먹다'가 중심 의미인 '음식 따위를 입을 통하여 배 속에 들여보내다.'로 사용된다면 '먹히다', '먹이다'로 제약 없이 사용될 것이다.
④ 아이들은 '앞'의 '향하고 있는 쪽이나 곳'의 의미를 '장차 올 시간'의 의미보다 먼저 배울 것이다.
⑤ '줄'의 '사회생활에서의 관계나 인연'의 의미는 '길이로 죽 벌이거나 늘여 있는 것'의 의미보다 사용 빈도가 높을 것이다.

02 수리력

01 어느 통신회사는 휴대전화의 통화시간에 따라 월 2시간까지는 기본요금, 2시간 초과 3시간까지는 분당 a원, 3시간 초과부터는 $2a$원을 부과한다. 다음 자료와 같이 요금이 청구되었을 때, a의 값은?

〈휴대전화 이용요금〉

구분	통화시간	요금
1월	3시간 30분	21,600원
2월	2시간 20분	13,600원

① 50
② 80
③ 100
④ 120
⑤ 150

02 다음은 대륙별 인터넷 이용자 수에 대한 자료이다. 이에 대한 설명으로 옳지 않은 것은?

〈대륙별 인터넷 이용자 수〉

(단위 : 백만 명)

구분	2017년	2018년	2019년	2020년	2021년	2022년	2023년	2024년
중동	66	86	93	105	118	129	141	161
유럽	388	410	419	435	447	466	487	499
아프리카	58	79	105	120	148	172	193	240
아시아·태평양	726	872	988	1,124	1,229	1,366	1,506	1,724
아메리카	428	456	483	539	584	616	651	647
독립국가연합	67	95	114	143	154	162	170	188

① 2024년 중동의 인터넷 이용자 수는 2017년에 비해 9천5백만 명이 늘었다.
② 2023년에 비해 2024년의 인터넷 이용자 수가 감소한 대륙은 한 곳이다.
③ 2024년 아프리카의 인터넷 이용자 수는 2020년에 비해 2배 증가했다.
④ 전년 대비 아시아·태평양의 인터넷 이용자 수의 증가량이 가장 큰 해는 2018년이다.
⑤ 대륙별 인터넷 이용자 수의 1·2·3순위는 2024년까지 계속 유지되고 있다.

03 다음은 2017 ~ 2024년 S기업의 콘텐츠 유형별 매출액에 대한 자료이다. 이에 대한 설명으로 옳은 것은?

〈S기업의 콘텐츠 유형별 매출액〉

(단위 : 억 원)

구분	SNS	영화	음원	게임	전체
2017년	30	371	108	235	744
2018년	45	355	175	144	719
2019년	42	391	186	178	797
2020년	59	508	184	269	1,020
2021년	58	758	199	485	1,500
2022년	308	1,031	302	470	2,111
2023년	104	1,148	411	603	2,266
2024년	341	1,510	419	689	2,959

① 영화 매출액은 매년 전체 매출액의 30% 이상이다.
② 게임과 음원의 2018 ~ 2019년 매출액 증감 추이는 같다.
③ 2017 ~ 2024년 동안 매년 음원 매출액은 SNS 매출액의 2배 이상이다.
④ 2019년에는 모든 콘텐츠 유형의 매출액이 전년에 비해 증가하였다.
⑤ 2022년에 전년 대비 매출액 증가율이 가장 큰 콘텐츠 유형은 영화이다.

04 A기차와 B기차가 36m/s의 일정한 속력으로 달리고 있다. 600m 길이의 터널을 완전히 지나는데 A기차가 25초, B기차가 20초 걸렸다면 각 기차의 길이가 바르게 짝지어진 것은?

	A기차	B기차
①	150m	120m
②	200m	130m
③	200m	150m
④	300m	100m
⑤	300m	120m

05 A가 혼자하면 4일, B가 혼자 하면 6일 걸리는 일이 있다. A가 먼저 2일 동안 일을 하고 남은 양을 B가 끝마치려 한다. B는 며칠 동안 일을 해야 하는가?

① 2일
② 3일
③ 4일
④ 5일
⑤ 6일

06 농도 4%의 소금물이 들어있는 컵에 농도 10%의 소금물을 부었더니, 농도 8%의 소금물 600g이 만들어졌다. 처음 컵에 들어있던 농도 4%의 소금물의 양은?

① 160g
② 180g
③ 200g
④ 220g
⑤ 240g

03 추리력

※ 다음 도형의 규칙을 보고 ?에 들어갈 도형으로 알맞은 것을 고르시오. **[1~2]**

01

①

②

③

④

02

①   ②

③   ④

⑤

※ 다음 도형은 일정한 규칙을 가지고 변화하고 있다. ?에 들어갈 도형으로 알맞은 것을 고르시오. [3~4]

03

①

②

③

④

⑤

04

①

②

③

④

⑤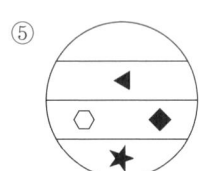

CHAPTER 02 2024년 기출복원문제

정답 및 해설 p.007

01 언어력

01 다음 글의 내용으로 가장 적절한 것은?

세계관은 세계의 존재와 본성, 가치 등에 관한 신념들의 체계이다. 세계를 해석하고 평가하는 준거인 세계관은 곧 우리 사고와 행동의 토대가 되므로, 우리는 최대한 정합성과 근거를 갖추도록 노력해야 한다. 모순되거나 일관되지 못한 신념은 우리의 사고와 행동을 혼란시킬 것이므로 세계관에 대한 관심과 검토는 중요하다. 세계관을 이루는 여러 신념 가운데 가장 근본적인 수준의 신념은 '세계는 존재한다.'이다. 이 신념이 성립해야만 세계에 관한 다른 신념, 이를테면 세계가 항상 변화한다든가 불변한다든가 하는 등의 신념이 성립하기 때문이다.

실재론은 이 근본적 신념에 덧붙여 세계가 '우리 정신과 독립적으로' 존재함을 주장한다. 내가 만들어 날린 종이비행기는 멀리 날아가 볼 수 없게 되었다 해도 여전히 존재한다. 이는 명확해서 논란의 여지가 없어 보이지만, 반실재론자는 이 상식에 도전한다. 유명한 반실재론자인 버클리는 세계의 독립적 존재를 부정한다. 그는 이를 바탕으로 세계에 관한 주장을 편다. 그에 의하면 '주관적' 성질인 색깔, 소리, 냄새, 맛 등은 물론, '객관적'으로 성립한다고 여겨지는 형태, 공간을 차지함, 딱딱함, 운동 등의 성질도 오직 우리가 감각할 수 있을 때만 존재하는 주관적 속성이다. 세계 속의 대상과 현상이란 이런 속성으로 구성되므로 세계는 감각으로 인식될 때만 존재한다는 것이다.

버클리의 주장은 우리의 통념과 충돌한다. 당시 어떤 사람이 돌을 차면서 "나는 이렇게 버클리를 반박한다!"라고 외쳤다고 한다. 그는 날아간 돌이 엄연히 존재한다는 점을 근거로 버클리의 주장을 반박하고자 한 것이다. 그러나 버클리를 비롯한 반실재론자들이 부정한 것은 세계가 정신과 독립하여 그 자체로 존재한다는 신념이다. 따라서 돌을 찬 사람은 그들을 제대로 반박하지 못했다고 볼 수 있다.

최근까지도 새로운 형태의 반실재론이 제기되어 활발한 논의가 진행 중이다. 논증의 성패를 떠나 반실재론자는 타성에 젖은 실재론적 세계관의 토대에 대해 성찰할 기회를 제공한다. 또한 세계관에 대한 도전과 응전의 반복은 그 자체로 인간 지성이 상호 소통하면서 발전해가는 과정을 보여준다.

① 실재론자에게 있어서 세계는 감각할 수 있는 요소에 한정된다.
② 발로 찼을 때 날아간 돌은 실재론자의 주장이 옳다는 사실을 증명한다.
③ 실재론이나 반실재론 모두 세계는 존재한다는 공통적인 전제를 깔고 있다.
④ 형태나 운동 등이 객관적인 속성을 갖췄다는 사실은 실재론자나 반실재론자 모두 인정하는 부분이다.
⑤ 현대사회에서는 실재론이 쇠퇴하고 반실재론에 관한 논의가 활발하게 진행되며 거의 정론으로 받아들여지고 있다.

02 다음 글의 내용으로 적절하지 않은 것은?

> 일그러진 달항아리와 휘어진 대들보. 물론 달항아리와 대들보가 언제나 그랬던 것은 아니다. 사실인즉 일그러지지 않은 달항아리와 휘어지지 않은 대들보가 더 많았을 것이다. 하지만 주목해야 할 것은 한국인들은 달항아리가 일그러졌다고 해서 깨뜨려 버리거나, 대들보가 구부러졌다고 해서 고쳐서 쓰거나 하지는 않았다는 것이다. 나아가 그들은 살짝 일그러진 달항아리나 그럴싸하게 휘어진 대들보, 입술이 약간 휘어져 삐뚜름 능청거리는 사발이 오히려 멋있다는 생각을 했던 것 같다. 일그러진 달항아리와 휘어진 대들보에서 '형(形)의 어눌함'과 함께 '상(象)의 세련됨'을 볼 수 있다. 즉, 상의 세련됨을 머금은 형의 어눌함을 발견하게 된다. 대체로 평균치를 넘어서는 우아함을 갖춘 상은 어느 정도 형의 어눌함을 수반한다. 이런 형상을 가리켜 아졸하거나 고졸하다고 하는데, 한국 문화는 이렇게 상의 세련됨과 형의 어눌함이 어우러진 아졸함이나 고졸함의 형상으로 넘쳐난다. 분청이나 철화, 달항아리 같은 도자기 역시 예상과는 달리 균제적이거나 대칭적이지 않은 경우가 많다. 이 같은 비균제성이나 비대칭성은 무의식(無意識)의 산물이 아니라 '형의 어눌함을 수반하는 상의 세련됨'을 추구하는 미의식(美意識)의 산물이다. 이러한 미의식은 하늘과 땅, 인간을 하나의 커다란 유기체로 파악하는 우리 민족이 자신의 삶을 통해 천지인의 조화를 이룩하기 위해 의식적으로 노력한 결과이다.

① 달항아리는 일그러진 모습, 대들보는 휘어진 모습을 한 것들이 많다.
② 한국인들은 곧은 대들보와 완벽한 모양의 달항아리를 좋아하지 않았다.
③ 상(象)의 세련됨은 형(形)의 어눌함에서도 발견할 수 있다.
④ 분청, 철화, 달항아리 같은 도자기에서는 비대칭적인 요소가 종종 발견된다.
⑤ 비대칭적 미의식은 천지인을 유기체로 파악하는 우리 민족의 의식적인 노력의 결과이다.

03 다음 글의 주제로 가장 적절한 것은?

> 우리는 주변에서 신호등 음성 안내기, 휠체어 리프트, 점자 블록 등의 장애인 편의 시설을 많이 볼 수 있다. 우리는 이런 편의 시설을 장애인들이 지니고 있는 국민으로서의 기본 권리를 인정한 것이라는 시각에서 바라보고 있다. 물론, 장애인의 일상생활 보장이라는 측면에서 이 시각은 당연한 것이다. 하지만 이를 바라보는 또 다른 시각이 필요하다. 그것은 바로 장애인만을 위한 것이 아니라 일상생활에서 활동에 불편을 겪는 모두를 위한 것이라는 시각이다. 편리하고 안전한 시설은 장애인뿐만 아니라 우리 모두에게 유용하기 때문이다.
> 그런 의미에서 근래에 대두되고 있는 '보편적 디자인', 즉 '유니버설 디자인(Universal Design)'이라는 개념은 우리에게 좋은 시사점을 제공해 준다. 보편적 디자인이란 가능한 한 모든 사람이 이용할 수 있도록 제품, 건물, 공간을 디자인한다는 의미를 가지고 있기 때문이다. 이러한 시각으로 바라본다면 장애인 편의 시설이 우리 모두에게 편리하고 안전한 시설로 인식될 것이다.

① 우리 주변에서는 장애인 편의 시설을 많이 볼 수 있다.
② 보편적 디자인은 근래에 대두되고 있는 중요한 개념이다.
③ 어떤 집단의 사람들이라도 이용할 수 있는 제품을 만들어야 한다.
④ 보편적 디자인이라는 관점에서 장애인 편의 시설을 바라볼 필요가 있다.
⑤ 장애인들의 기본 권리를 보장하기 위해 장애인 편의 시설을 확충해야 한다.

※ 다음 문단을 논리적 순서대로 바르게 나열한 것을 고르시오. [4~5]

04

(가) 결국 이를 다시 생각하면, 과거와 현재의 문화 체계와 당시 사람들의 의식 구조, 생활상 등을 역추적할 수 있다는 말이 된다. 즉, 동물의 상징적 의미가 문화를 푸는 또 하나의 열쇠이자 암호가 되는 것이다. 그리고 동물의 상징적 의미를 통해 인류의 총체인 문화의 실타래를 푸는 것은 우리는 어떤 존재인가라는 정체성에 대한 답을 하는 과정이 될 수 있다.

(나) 인류는 선사시대부터 생존을 위한 원초적 본능에서 동굴이나 바위에 그림을 그리는 일종의 신앙 미술을 창조했다. 신앙 미술은 동물에게 여러 의미를 부여하기 시작했고, 동물의 상징적 의미는 현재까지도 이어지고 있다. 1억 원 이상 복권 당첨자의 23%가 돼지꿈을 꿨다거나, 황금돼지해에 태어난 아이는 만복을 타고난다는 속설 때문에 결혼과 출산이 줄을 이었고, 대통령 선거에서 '두 돼지가 나타나 두 뱀을 잡아 먹는다.'는 식으로 후보들이 홍보를 하기도 했다. 이렇게 동물의 상징적 의미는 우리 시대에도 여전히 유효한 관념으로 남아 있는 것이다.

(다) 동물의 상징적 의미는 시대나 나라에 따라 변하고 새로운 역사성을 담기도 했다. 예를 들면, 뱀은 다산의 상징이자 불사의 존재이기도 했지만, 사악하고 차가운 간사한 동물로 여겨지기도 했다. 하지만 그리스에서 뱀은 지혜의 신이자 아테네의 상징물이었고, 논리학의 상징이었다. 그리고 과거에 용은 숭배의 대상이었으나, 상상의 동물일 뿐이라는 현대의 과학적 사고는 지금의 용에 대한 믿음을 약화시키고 있다.

(라) 동물의 상징적 의미가 이렇게 다양하게 변하는 것은 문화가 살아 움직이기 때문이다. 문화는 인류의 지식, 신념, 행위의 총체로서, 동물의 상징적 의미 또한 문화에 속한다. 문화는 항상 현재 진행형이기 때문에 현재의 생활이 바로 문화이며, 이것은 미래의 문화로 전이된다. 문화는 과거, 현재, 미래가 따로 떨어진 게 아니라 뫼비우스의 띠처럼 연결되어 있는 것이다. 다시 말하면 그 속에 포함된 동물의 상징적 의미 또한 거미줄처럼 얽히고설켜 형성된 것으로, 그 시대의 관념과 종교, 사회·정치적 상황에 따라 의미가 달라질 수밖에 없다는 말이다.

① (가) – (다) – (라) – (나)
② (나) – (다) – (라) – (가)
③ (나) – (라) – (다) – (가)
④ (다) – (나) – (라) – (가)
⑤ (다) – (라) – (가) – (나)

05

(가) 닭 한 마리가 없어져서 뒷집 식구들이 모두 나서서 찾았다. 그런데 앞집 부엌에서 고기 삶는 냄새가 났다. 왜 우리 닭을 잡아먹었느냐고 따지자 주인은 아니라고 잡아뗐다. 부엌에서 나는 고기 냄새는 무어냐고 물었더니, 냄새가 날 리 없다고, 아마도 네가 오랫동안 고기 맛을 보지 못해서 환장했을 거라고 면박을 준다. 너희 집 두엄더미에 버려진 닭 털은 어찌된 거냐고 들이대자 오리발을 들고 나와 그것은 네 집 닭 털이 아니라 우리 집 오리털이라고 변명한다. 네 집 닭을 훔쳐 먹은 것이 아니라 우리 집 오리를 내가 잡은 것인데, 그게 무슨 죄가 되냐고 오히려 큰소리친다.

(나) 남의 닭을 훔쳐다 잡아먹고서 부인할 수는 있다. 그러나 뭐 뀐 놈이 성내는 것도 분수가 있지, 피해자를 가해자로 몰아 처벌하게 하는 데야 말문이 막힐 수밖에 없는 일이 아닌가. 적반하장도 유분수지, 도둑이 주인을 도둑으로 처벌해 달라고 고소하는 일은 별로 흔하지 않을 것이다.

(다) 뒷집 사람은 원님에게 불려가게 되었다. 뒷집이 우리 닭을 훔쳐다 잡아먹었으니 처벌해 달라고 앞집 사람이 고소했던 것이다. 이번에는 증거물이 있었다. 바로 앞집 사람이 잡아먹고 남은 닭 발이었는데, 그것을 뒷집 두엄더미에 넣어 두었던 것이다. 뒷집 사람은 앞집에서는 증조부 때 이후로 닭을 기른 적이 없다고 항변했지만 그것을 입증해 줄 만한 사람은 없었다. 뒷집 사람은 어쩔 수 없이 앞집에 닭 한 마리 값을 물어 주었다.

(라) '닭 잡아먹고 오리발 내민다.'는 속담이 있다. 제가 저지른 나쁜 일이 드러나게 되니 어떤 수단을 써서 남을 속이려 한다는 뜻이다. 남을 속임으로써 난감한 처지에서 벗어나고자 하는 약삭빠른 사람의 행위를 우리는 이렇게 비유해서 말하는 것이다.

① (라) - (가) - (나) - (다)
② (라) - (가) - (다) - (나)
③ (라) - (나) - (가) - (다)
④ (라) - (나) - (다) - (가)
⑤ (라) - (다) - (나) - (가)

06 다음 글을 읽고 추론할 수 있는 내용으로 가장 적절한 것은?

> 우리는 도구를 사용하고, 다양한 종류의 음식을 먹는 본능과 소화력을 갖췄다. 어떤 동물은 한 가지 음식만 먹는다. 이렇게 음식 하나에 모든 것을 거는 '단일 식품 식생활'은 도박이다. 그 음식의 공급이 끊기면 그 동물도 끝이기 때문이다.
>
> 400만 년 전, 우리 인류의 전 주자였던 오스트랄로피테쿠스는 고기를 먹었다. 한때 오스트랄로피테쿠스가 과일만 먹었을 것이라고 믿은 적도 있었다. 따라서 오스트랄로피테쿠스 속과 사람 속을 가르는 선을 고기를 먹는지 여부로 정했었다. 그러나 남아프리카공화국의 한 동굴에서 발견된 200만 년 된 유골 4구의 치아에서는 이와 다른 증거가 발견됐다. 인류학자 맷 스폰하이머와 줄리아 리소프는 이 유골의 치아사기질의 탄소 동위 원소 구성 중 13C의 비율이 과일만 먹은 치아보다 열대 목초를 먹은 치아와 훨씬 더 가깝다는 것을 발견했다. 식생활 동위 원소는 체내 조직에 기록되기 때문에 이 발견은 오스트랄로피테쿠스가 상당히 많은 양의 풀을 먹었거나 이 풀을 먹은 동물을 먹었다는 추측을 가능케 한다. 그런데 같은 치아에서 풀을 씹어 먹을 때 생기는 마모는 전혀 보이지 않았기 때문에 오스트랄로피테쿠스 식단에서 풀을 먹는 동물이 큰 부분을 차지했다는 결론을 내릴 수 있다.
>
> 오래 전에 멸종되어 260만 년이라는 긴 시간을 땅속에 묻혀 있던 동물의 뼈 옆에서는 석기들이 함께 발견되기도 한다. 이 뼈와 석기가 들려주는 이야기는 곧 우리의 이야기다. 어떤 뼈에는 이로 씹은 흔적 위에 도구로 자른 흔적이 겹쳐 있다. 그 반대의 흔적이 남은 뼈들도 있다. 도구로 자른 흔적 다음에 날카로운 이빨 자국이 남은 경우다. 이런 것은 무기를 가진 인간이 먼저 먹고 동물이 이빨로 뜯어 먹은 것이다.

① 오스트랄로피테쿠스는 풀을 전혀 먹지 않았다.
② 단일 식품 섭취의 위험성 때문에 단일 식품을 섭취하는 동물은 없다.
③ 오스트랄로피테쿠스는 날카로운 이빨을 이용하여 초식동물을 사냥하였다.
④ 육식 여부는 오스트랄로피테쿠스의 진화과정을 보여주는 중요한 기준이다.
⑤ 맷 스폰하이머와 줄리아 리소프의 연구는 육식 여부로 오스트랄로피테쿠스와 사람을 구분하던 방법이 잘못되었음을 보여준다.

07 다음 글의 내용으로 적절하지 않은 것은?

> 1930년대 대공황 상황에서 케인스는 당시 영국과 미국에 만연한 실업의 원인을 총수요의 부족이라고 보았다. 그는 총수요가 증가하면 기업의 생산과 고용이 촉진되고 가계의 소득이 늘어 경기를 부양할 수 있다고 주장했다. 따라서 정부의 재정정책을 통해 총수요를 증가시킬 필요성을 제기하였다. 케인스는 총수요를 늘리기 위해서 총수요 중 많은 부분을 차지하는 가계의 소비에 주목하였고, 소비는 소득과 밀접한 관련이 있다고 생각하였다. 케인스는 절대소득가설을 내세워, 소비를 결정하는 요인들 중에서 가장 중요한 것은 현재의 소득이라고 하였다. 그리고 소득이 없더라도 생존을 위해 꼭 필요한 소비인 기초소비가 존재하며, 소득이 증가함에 따라 일정 비율로 소비도 증가한다고 주장하였다. 이러한 절대소득가설은 1950년대까지 대표적인 소비결정이론으로 사용되었다.
>
> 그러나 쿠즈네츠는 절대소득가설로는 설명하기 어려운 소비 행위가 이루어지고 있음에 주목하였다. 쿠즈네츠는 미국에서 장기간에 걸쳐 일어난 각 가계의 실제 소비 행위를 분석한 결과는 절대소득가설로는 명확히 설명하기 어려운 것이었다.
>
> 이러한 현상을 설명하기 위해 프리드먼은 장기적인 기대소득으로서의 항상소득에 의존한다는 항상소득가설을 내세웠다. 프리드먼은 실제로 측정되는 소득을 실제소득이라 하고, 실제소득은 항상소득과 임시소득으로 구성된다고 보았다. 항상소득이란 평생 동안 벌어들일 것으로 기대되는 소득의 매기 평균 또는 장기적 평균 소득이다. 임시소득은 장기적으로 예견되지 않은 일시적인 소득으로서 양(+)일 수도, 음(−)일 수도 있다. 프리드먼은 소비가 임시소득과는 아무런 상관관계가 없고 오직 항상소득에만 의존한다고 보았으며, 임시소득의 대부분은 저축된다고 설명했다. 사람들은 월급과 같이 자신이 평균적으로 벌어들이는 돈을 고려하여 소비를 하지, 예상치 못한 복권 당첨이나 주가 하락에 의한 손실을 고려하여 소비하지는 않는다는 것이다.
>
> 항상소득가설을 바탕으로 프리드먼은 쿠즈네츠가 발견한 현상을, 단기적인 소득의 증가는 임시소득이 증가한 것에 해당하므로 소비가 늘어나지 않은 것이라고 설명하였다. 항상소득가설에 따른다면 소비를 늘리기 위해서는 단기적인 재정정책보다 장기적인 재정정책을 펴는 것이 바람직하다. 가령 정부가 일시적으로 세금을 줄여 가계의 소득을 증가시키고 그에 따른 소비 진작을 기대한다 해도 가계는 일시적인 소득의 증가를 항상소득의 증가로 받아들이지 않아 소비를 늘리지 않기 때문이다.

① 케인스는 소득이 없어도 기초소비가 발생한다고 보았다.
② 케인스는 대공황 상황에서 총수요를 늘릴 것을 제안했다.
③ 쿠즈네츠는 미국에서 실제로 일어난 소비 행위를 분석하였다.
④ 프리드먼은 쿠즈네츠의 연구 결과를 설명하는 가설을 내놓았다.
⑤ 케인스는 가계가 미래의 소득을 예측하여 소비를 결정한다고 주장했다.

08 다음 중 글의 내용으로 가장 적절한 것은?

> 사람의 키는 주로 다리뼈의 길이에 의해서 결정된다. 다리뼈는 뼈대와 뼈끝판 그리고 뼈끝으로 구성되어 있다. 막대기 모양의 뼈대는 뼈 형성세포인 조골세포를 가지고 있다. 그리고 뼈끝은 다리뼈의 양쪽 끝 부분이며 뼈끝과 뼈대의 사이에는 여러 개의 연골세포층으로 구성된 뼈끝판이 있다. 뼈끝판의 세포층 중 뼈끝과 경계면에 있는 세포층에서만 세포분열이 일어난다.
> 연골세포의 세포분열이 일어날 때, 뼈대 쪽에 가장 가깝게 있는 연골세포의 크기가 커지면서 뼈끝판이 두꺼워진다. 크기가 커진 연골세포는 결국 죽으면서 빈 공간을 남기고 이렇게 생긴 공간이 뼈대에 있는 조골세포로 채워지면서 뼈가 형성된다. 이 과정을 되풀이하면서 뼈끝판이 두꺼워지는 만큼 뼈대의 길이 성장이 일어나는데, 이는 연골세포의 분열이 계속되는 한 지속된다.
> 사춘기 동안 뼈의 길이 성장에는 여러 호르몬이 관여하는데, 이 중 뇌에서 분비하는 성장호르몬은 직접 뼈에 작용하여 뼈를 성장시킨다. 또한 성장호르몬은 간세포에 작용하여 뼈의 길이 성장 과정 전체를 촉진하는 성장인자를 분비하도록 한다. 이외에도 갑상샘 호르몬과 남성호르몬인 안드로겐도 뼈의 길이 성장에 영향을 미친다. 성장호르몬이 뼈에 작용하기 위해서는 갑상샘 호르몬의 작용이 있어야 하기 때문에 갑상샘 호르몬은 뼈의 성장에 중요한 요인이다. 안드로겐은 뼈의 성장을 촉진함으로써 사춘기 남자의 급격한 성장에 일조한다. 부신에서 분비되는 안드로겐은 이 시기에 나타나는 뼈의 길이 성장에 관여한다. 하지만 사춘기가 끝날 때, 안드로겐은 뼈끝판 전체에서 뼈가 형성되도록 하여 뼈의 길이 성장을 정지시킨다. 결국 사춘기 이후에는 호르몬에 의한 뼈의 길이 성장이 일어나지 않는다.

① 사춘기 이후에 뼈의 길이가 성장하였다면, 호르몬이 그 원인이다.
② 사람의 키를 결정짓는 다리뼈는 연골세포의 분열로 인해 성장하게 된다.
③ 뼈끝판의 세포층 중 뼈대와 경계면에 있는 세포층에서만 세포분열이 일어난다.
④ 뼈의 성장을 촉진시키는 호르몬인 안드로겐은 남성호르몬으로, 여자에게는 생성되지 않는다.
⑤ 성장호르몬은 간세포에 작용하여 뼈 성장을 촉진하는 성장인자를 분비하는 등 뼈 성장에 간접적으로 도움을 준다.

09 다음 글의 주제로 가장 적절한 것은?

> 현재 우리나라의 진료비 지불제도 중 가장 주도적으로 시행되는 지불제도는 행위별수가제이다. 행위별수가제는 의료기관에서 의료인이 제공한 의료서비스(행위, 약제, 치료 재료 등)에 대해 서비스별로 가격(수가)을 정하여 사용량과 가격에 의해 진료비를 지불하는 제도로, 의료보험 도입 당시부터 채택하고 있는 지불제도이다. 그러나 최근 관련 전문가들로부터 이러한 지불제도를 개선해야 한다는 목소리가 많이 나오고 있다.
> 조사에 의하면 우리나라의 국민의료비를 증대시키는 주요 원인은 고령화로 인한 진료비 증가와 행위별수가제로 인한 비용의 무한 증식이다. 현재 우리나라의 국민의료비는 OECD 회원국 중 최상위를 기록하고 있으며 앞으로 더욱 심화될 것으로 예측된다. 특히 행위별수가제는 의료행위를 할수록 지불되는 진료비가 증가하므로 CT, MRI 등 영상검사를 중심으로 의료 남용이나 과다 이용 문제가 발생하고 있고, 병원의 이익 증대를 위하여 환자에게는 의료비 부담을, 의사에게는 업무 부담을, 건강보험에는 재정 부담을 증대시키고 있다.
> 이러한 행위별수가제의 문제점을 개선하기 위해 일부 질병군에서는 환자가 입원해서 퇴원할 때까지 발생하는 진료에 대하여 질병마다 미리 정해진 금액을 내는 제도인 포괄수가제를 시행 중이며 요양병원, 보건기관에서는 입원 환자의 질병, 기능 상태에 따라 입원 1일당 정액수가를 적용하는 정액수가제를 병행하여 실시하고 있지만 비용 산정의 경직성, 의사 비용과 병원 비용의 비분리 등 여러 가지 문제점이 있어 현실적으로 효과를 내지 못하고 있다는 지적이 나오고 있다.
> 기획재정부와 보건복지부는 시간이 지날수록 건강보험 적자가 계속 증대되어 머지않아 고갈될 위기에 있다고 발표하였다. 당장 행위별수가제를 전면적으로 폐지할 수는 없으므로 기존의 다른 수가제의 문제점을 개선하여 확대하는 등 의료비 지불방식의 다변화가 구조적으로 진행되어야 할 것이다.

① 신포괄수가제의 정의
② 건강보험의 재정 상황
③ 행위별수가제의 한계점
④ 의료비 지불제도의 역할
⑤ 다양한 의료비 지불제도 소개

10 다음 문단을 논리적 순서대로 바르게 나열한 것은?

(가) 이러한 수평적 연결은 사물인터넷 서비스로 새로운 성장 동력을 모색할 수 있다. 예를 들어, 스마트 컵인 프라임베실(개인에게 필요한 수분 섭취량을 알려줌), 스마트 접시인 탑뷰(음식의 양을 측정함), 스마트 포크인 해피포크(식사 습관개선을 돕는 스마트 포크로 식사 속도와 시간, 1분간 떠먹는 횟수 등을 계산해 식사 습관을 분석함)를 연결하면 식생활 습관을 관리할 수 있을 것이다. 이를 식당, 병원, 헬스케어 센터에서 이용하면 고객의 식생활을 부가 서비스로 관리할 수 있다.

(나) 마치 100m 달리기를 하듯 각자의 트랙에서 목표를 향해 전력 질주하던 시대가 있었다. 선택과 집중의 논리로 수직 계열화를 통해 효율을 확보하고, 성능을 개선하고자 했었다. 그런데 세상이 변하고 있다. 고객 혹은 사용자를 중심으로 기존의 제품과 서비스가 재정의되고 있는 것이다. 이러한 산업의 패러다임적 전환을 신성장 동력이라 말한다.

(다) 기존의 가스 경보기를 만들려면 미세한 가스도 놓치지 않는 센서의 성능, 오래 지속되는 배터리, 크게 알릴 수 있는 알람 소리, 인테리어에 잘 어울리는 멋진 제품 디자인이 필요하다. 그런데 아무리 좋은 가스 경보기를 만들어도 사람의 안전을 담보하지는 못한다. 만약 집에서 가스 경보기가 울리면 아마 창문을 열어 환기시키고, 가스 밸브를 잠그고, 119에 신고를 해야 할 것이다. 사람의 안전을 담보하는, 즉 연결 지배성이 높은 가스 경보기는 이런 일을 모두 해내야 한다. 이런 가스 경보기를 만들려면 전기, 전자, 통신, 기계, 인테리어, 디자인 등의 도메인들이 사용자 경험을 중심으로 연결돼야 한다. 이를 수평적 연결이라 부른다.

(라) 똑똑한 사물인터넷은 점점 더 다양해진다. S텔레콤의 '누구'나 A사의 '에코' 같은 스마트 스피커는 사용자가 언제 어디든, 일상에서 인공 비서로 사용되는 시대가 되었다. 그리고 K사 보일러의 사물인터넷 서비스는 보일러 쪽으로 직접 가지 않아도 스마트폰 전용 앱으로 보일러를 관리한다. 이제 보일러가 언제, 얼마나, 어떻게 쓰이는지, 그리고 보일러의 상태는 어떠한지, 사용하는 방식과 에너지 소모 등의 정보도 얻을 수 있다. 4차 산업혁명의 전진기지 역할을 하는 사물인터넷 서비스는 이제 거스를 수 없는 대세이다.

① (나) – (가) – (다) – (라)
② (나) – (다) – (가) – (라)
③ (다) – (가) – (라) – (나)
④ (다) – (나) – (가) – (라)
⑤ (라) – (다) – (나) – (가)

11 다음 글의 주장에 대해 반박하는 내용으로 적절하지 않은 것은?

> 프랑크푸르트학파는 대중문화의 정치적 기능을 중요하게 본다. 20세기 들어 서구 자본주의 사회에서 혁명이 불가능하게 된 이유 가운데 하나는 바로 대중문화가 대중들을 사회의 권위에 순응하게 함으로써 사회를 유지하는 기능을 하고 있기 때문이라는 것이다. 이 순응의 기능은 두 방향으로 진행된다. 한편으로 대중문화는 대중들에게 자극적인 오락거리를 제공함으로써 정신적인 도피를 유도하여 정치에 무관심하도록 만든다는 것이다. 유명한 3S(Sex, Screen, Sports)는 바로 현실도피와 마취를 일으키는 대표적인 도구들이다. 다른 한편으로 대중문화는 자본주의적 가치관과 이데올로기를 은연 중에 대중들이 받아들이게 하는 적극적인 세뇌 작용을 한다. 영화나 드라마, 광고나 대중음악의 내용이 규격화되어 현재의 지배적인 가치관을 지속해서 주입함으로써, 대중은 현재의 문제를 인식하고 더 나은 상태로 생각할 수 있는 부정의 능력을 상실한 일차원적 인간으로 살아가게 된다는 것이다. 프랑크푸르트학파의 대표자 가운데 한 사람인 아도르노(Adorno)는 특별히 「대중음악에 대하여」라는 글에서 대중음악이 어떻게 이러한 기능을 수행하는지 분석했다. 그의 분석에 따르면, 대중음악은 우선 규격화되어 누구나 쉽고 익숙하게 들을 수 있는 특징을 가진다. 그리고 이런 익숙함은 어려움 없는 수동적인 청취를 조장하여 자본주의 안에서의 지루한 노동의 피난처 구실을 한다. 그리고 나아가 대중 음악의 소비자들이 기존 질서에 심리적으로 적응하게 함으로써 사회적 접착제의 역할을 한다.

① 대중문화의 영역은 지배계급이 헤게모니를 얻고자 하는 시도와 이에 대한 반대 움직임이 서로 얽혀 있는 곳으로 보아야 한다.
② 대중문화를 소비하는 대중이 문화 산물을 생산한 사람이 의도하는 그대로 문화 산물을 소비하는 존재에 불과하다는 생각은 현실과 맞지 않다.
③ 발표되는 음악의 80%가 인기를 얻는 데 실패하고, 80% 이상의 영화가 엄청난 광고에도 불구하고 흥행에 실패한다는 사실은 대중이 단순히 수동적인 존재가 아니라는 것을 단적으로 드러내 보여 주는 예이다.
④ 대중의 평균적 취향에 맞추어 높은 질을 유지하는 것이 어렵다 하더라도 19세기까지의 대중이 즐겼던 문화에 비하면 현대의 대중문화는 훨씬 수준 높고 진보된 것으로 평가할 수 있다.
⑤ 대중문화는 지배 이데올로기를 강요하는 지배문화로만 구성되는 것도 아니고, 이에 저항하여 자발적으로 발생한 저항문화로만 구성되는 것도 아니다.

12 다음 글의 내용에서 추론할 수 없는 것은?

> 초기의 독서는 소리 내어 읽는 음독 중심이었다. 고대 그리스인들은 쓰인 글이 완전해지려면 소리 내어 읽는 행위가 필요하다고 생각했다. 또한 초기의 두루마리 책은 띄어쓰기나 문장부호 없이 이어 쓰는 연속 기법으로 표기되어 어쩔 수 없이 독자가 자기 목소리로 문자의 뜻을 더듬어가며 읽어봐야 글을 이해할 수 있었다. 흡사 종교의식을 치르듯 성서나 경전을 진지하게 암송하는 낭독이나, 필자나 전문 낭독가가 낭독하는 것을 들음으로써 간접적으로 책을 읽는 낭독 – 듣기가 보편적이었다.
>
> 그러던 12세기 무렵 독서 역사에 큰 변화가 일어나는데, 그것은 유럽 수도원의 필경사들 사이에서 시작된 '소리를 내지 않고 읽는 묵독'의 발명이었다. 공동생활에서 소리를 최대한 낮춰 읽는 것이 불가피했던 것이다. 비슷한 시기에 두루마리 책을 완전히 대체하게 된 책자형 책은 주석을 참조하거나 앞부분을 다시 읽는 것을 가능하게 하여 묵독을 도왔다. 묵독이 시작되자 낱말의 간격이나 문장의 경계 등을 표시할 필요성이 생겨 띄어쓰기와 문장부호가 발달했다. 이와 함께 반체제, 에로티시즘, 신앙심 등 개인적 체험을 기록한 책도 점차 등장했다. 이러한 묵독은 꼼꼼히 읽는 분석적 읽기를 가능하게 했다.
>
> 음독과 묵독이 공존하던 18세기 중반에 새로운 독서 방식으로 다독이 등장했다. 금속활자와 인쇄술의 보급으로 책 생산이 이전의 3～4배로 증가하면서 다양한 장르의 책들이 출판되었다. 이전에 책을 접하지 못했던 여성들이 독자로 대거 유입되었고, 독서 조합과 대출 도서관 등 독서 기관이 급격히 증가했다. 이전 시대에는 제한된 목록의 고전을 여러 번 정독하는 집중형 독서가 주로 행해졌던 반면, 이제는 분산형 독서가 행해졌다. 이것은 필독서인 고전의 권위에 대항하여 자신이 읽고 싶은 것을 골라 읽는 자유로운 선택적 읽기를 뜻한다. 이처럼 오늘날 행해지는 다양한 독서 방식들은 장구한 시간의 흐름 속에서 하나씩 등장했다. 그래서 거기에는 당대의 지식사를 이끌었던 흔적들이 남아 있다.

① 다양한 내용의 책을 읽는 데에는 분산형 독서가 효과적이다.
② 분산형 독서는 고전이 전에 가졌던 권위를 약화시켰다.
③ 18세기 중반 이전에는 여성 독자의 수가 제한적이었다.
④ 책의 형태가 변화하면 독서의 방식도 따라서 변화한다.
⑤ 책자형 책의 출현으로 인해 낭독의 확산이 가능해졌다.

02 수리력

01 다음은 A씨의 보유 반찬 및 칼로리 정보와 하루 식단에 대한 자료이다. 이에 따라 A씨가 하루에 섭취하는 총열량은?

〈A씨의 보유 반찬 및 칼로리 정보〉

구분	현미밥	미역국	고등어구이	시금치나물	버섯구이	블루베리
무게(g)	300	500	400	100	150	80
열량(kcal)	540	440	760	25	90	40
구분	우유식빵	사과잼	된장찌개	갈비찜	깍두기	연근조림
무게(g)	100	40	200	200	50	100
열량(kcal)	350	110	176	597	50	96

〈A의 하루 식단〉

구분	식단
아침	우유식빵 80g, 사과잼 40g, 블루베리 60g
점심	현미밥 200g, 갈비찜 200g, 된장찌개 100g, 버섯구이 50g, 시금치나물 20g
저녁	현미밥 100g, 미역국 200g, 고등어구이 150g, 깍두기 50g, 연근조림 50g

① 1,940kcal ② 2,120kcal
③ 2,239kcal ④ 2,352kcal
⑤ 2,520kcal

02 다음은 한 소비자단체가 시중 시리얼 제품의 열량과 함량을 비교한 자료이다. 이에 대한 설명으로 옳은 것은?

<시중 시리얼 제품의 열량과 함량 비교(1회 제공량)>

구분	제품명	열량(kcal)	탄수화물(g)	당류(g)	단백질(g)
일반 제품	콘프라이트	117	27.2	9.7	1.3
	콘프로스트	115	26.6	9.3	1.6
	콘프레이크	152	35.0	2.3	3.0
당 함량을 낮춘 제품	1/3 라이트	118	27.1	5.9	1.4
	라이트슈거	115	26.5	6.8	1.6
견과류 첨가 제품	프레이크	131	24.2	7.2	1.8
	크런치너트 프레이크	170	31.3	10.9	2.7
	아몬드 프레이크	164	33.2	8.7	2.5
초코맛 제품	오곡 코코볼	122	25.0	8.8	2.0
	첵스 초코	115	25.5	9.1	1.5
	초코볼 시리얼	151	34.3	12.9	2.9
체중조절용 제품	라이트업	155	31.4	6.9	6.7
	스페셜K	153	31.4	7.0	6.5
	바디랩	154	31.2	7.0	6.4
	슬림플러스	153	31.4	7.8	6.4

① 당류가 가장 많은 시리얼은 견과류 첨가 제품이다.
② 견과류 첨가 제품은 당 함량을 낮춘 제품보다 단백질 함량이 높은 편이다.
③ 일반 제품의 열량은 체중조절용 제품의 열량보다 더 높은 수치를 보이고 있다.
④ 단백질의 경우 체중조절용 제품 시리얼은 일반 제품 시리얼보다 3배 이상 많다.
⑤ 탄수화물 함량이 가장 낮은 시리얼은 당류 함량도 가장 낮은 수치를 보이고 있다.

03 다음은 S센터의 2015 ~ 2023년 공연예술 행사 추이를 나타낸 자료이다. 이에 대한 설명으로 옳은 것은?

〈공연예술 행사 추이〉

(단위 : 건)

구분	2015년	2016년	2017년	2018년	2019년	2020년	2021년	2022년	2023년
양악	250	260	270	300	315	380	395	415	460
국악	68	110	100	113	135	145	180	187	238
무용	60	60	70	105	150	135	미집계	140	138
연극	60	45	55	70	140	117	130	195	180

① 조사 기간 동안 매년 국악 공연 건수가 연극 공연 건수보다 많았다.
② 연극 공연 건수가 무용 공연 건수보다 많아진 것은 2022년부터였다.
③ 2015년 대비 2023년 공연 건수의 증가율이 가장 높은 장르는 국악이다.
④ 2022년에 비해 2023년에 공연 건수가 가장 많이 증가한 장르는 양악이다.
⑤ 조사 기간 동안 매년 양악 공연 건수가 국악, 무용, 연극 공연 건수의 합보다 많았다.

04 다음은 S은행의 분기별 모바일 뱅킹 서비스 이용 실적에 대한 자료이다. 이에 대한 설명으로 옳지 않은 것은?

〈모바일 뱅킹 서비스 이용 실적〉

(단위 : 천 건, %)

구분	2023년				2024년
	1/4분기	2/4분기	3/4분기	4/4분기	1/4분기
조회 서비스	817	849	886	1,081	1,100
자금 이체 서비스	25	16	13	14	25
합계	842(18.6)	865(2.7)	899(3.9)	1,095(21.8)	1,125(2.7)

※ ( )는 전 분기 대비 증가율

① 조회 서비스 이용 실적은 매 분기 계속 증가하였다.
② 자금 이체 서비스 이용 실적은 2023년 2/4분기에 감소하였다가 다시 증가하였다.
③ 2023년 2/4분기의 조회 서비스 이용 실적은 전 분기보다 3만 2천 건 증가하였다.
④ 2024년 1/4분기의 조회 서비스 이용 실적은 자금 이체 서비스 이용 실적의 40배 이상이다.
⑤ 모바일 뱅킹 서비스 이용 실적의 전 분기 대비 증가율이 가장 높은 분기는 2023년 4/4분기이다.

05 다음은 한국, 미국, 일본, 프랑스가 화장품산업 경쟁력 4대 분야에서 획득한 점수에 대한 자료이다. 이에 대한 설명으로 옳은 것은?

① 기술력 분야에서는 한국의 점수가 가장 높다.
② 시장지배력 분야의 점수는 일본이 프랑스보다 높지만 미국보다는 낮다.
③ 브랜드파워 분야에서 각국 점수 중 최댓값과 최솟값의 차이는 3 이하이다.
④ 성장성 분야에서 점수가 가장 높은 국가는 시장지배력 분야에서도 점수가 가장 높다.
⑤ 미국이 4대 분야에서 획득한 점수의 합은 프랑스가 4대 분야에서 획득한 점수의 합보다 높다.

06 0~9까지의 숫자가 적힌 카드를 3장 뽑아서 홀수인 세 자리의 수를 만들려고 할 때, 가능한 경우의 수는?

① 280가지 ② 300가지
③ 320가지 ④ 340가지
⑤ 360가지

07 세 명이 함께 가위바위보를 할 때, 세 번 안에 승자와 패자가 가려질 확률은?

① $\dfrac{1}{2}$ ② $\dfrac{1}{21}$
③ $\dfrac{1}{3}$ ④ $\dfrac{25}{27}$
⑤ $\dfrac{26}{27}$

08 철수는 오후 3시에 집에서 출발하여 평지를 지나 언덕 꼭대기까지 갔다가 같은 길을 되돌아와 그날 저녁 9시에 집에 도착했다. 평지에서는 시속 4km로 걸었고, 언덕을 올라갈 때는 시속 3km, 언덕을 내려올 때는 시속 6km로 걸었다면 철수는 총 몇 km를 걸었는가?(단, 철수는 쉬지 않고 걸었다)

① 6km
② 12km
③ 18km
④ 24km
⑤ 30km

09 1L 물통을 가득 채우는 데 수도 A는 15분, 수도 B는 20분이 걸린다고 한다. 수도 A, B를 동시에 사용해 30분 동안 물을 받는다면 물통 몇 개를 채울 수 있는가?

① 1개
② 2개
③ 3개
④ 4개
⑤ 5개

10 아이스링크장에서 2종목의 경기가 열리고 있다. 참가자는 피겨 스케이팅 4명, 쇼트트랙 8명이다. 모든 경기가 토너먼트 방식으로 진행된다고 할 때, 두 경기의 대진표로 가능한 경우의 수는 총 몇 가지인가?

① 100가지 ② 102가지
③ 108가지 ④ 115가지
⑤ 120가지

11 철수가 각각 1개의 주사위와 동전을 2번씩 던진다. 이때, 주사위의 눈의 합이 7이 나오면서 동전이 둘 다 앞면이 나올 확률은?

① $\frac{1}{20}$ ② $\frac{1}{22}$
③ $\frac{1}{24}$ ④ $\frac{1}{26}$
⑤ $\frac{1}{28}$

12 갑, 을, 병 3명에게 같은 양의 물건을 한 사람씩 똑같이 나누어 주면 각각 30일, 60일, 40일 동안 사용할 수 있다고 한다. 만약 세 사람에게 나누어 줄 물건의 양을 모두 합하여 세 사람이 함께 사용한다면, 세 사람이 함께 모든 물건을 사용하는 데 걸리는 기간은?

① 20일 ② 30일
③ 35일 ④ 40일
⑤ 45일

03 추리력

※ 다음 도형의 규칙을 보고 ?에 들어갈 도형으로 알맞은 것을 고르시오. [1~2]

01

①

②

③

④

⑤

02

①   ②

③   ④

※ 다음 도형은 일정한 규칙을 가지고 변화하고 있다. ?에 들어갈 도형으로 알맞은 것을 고르시오. [3~4]

03

04

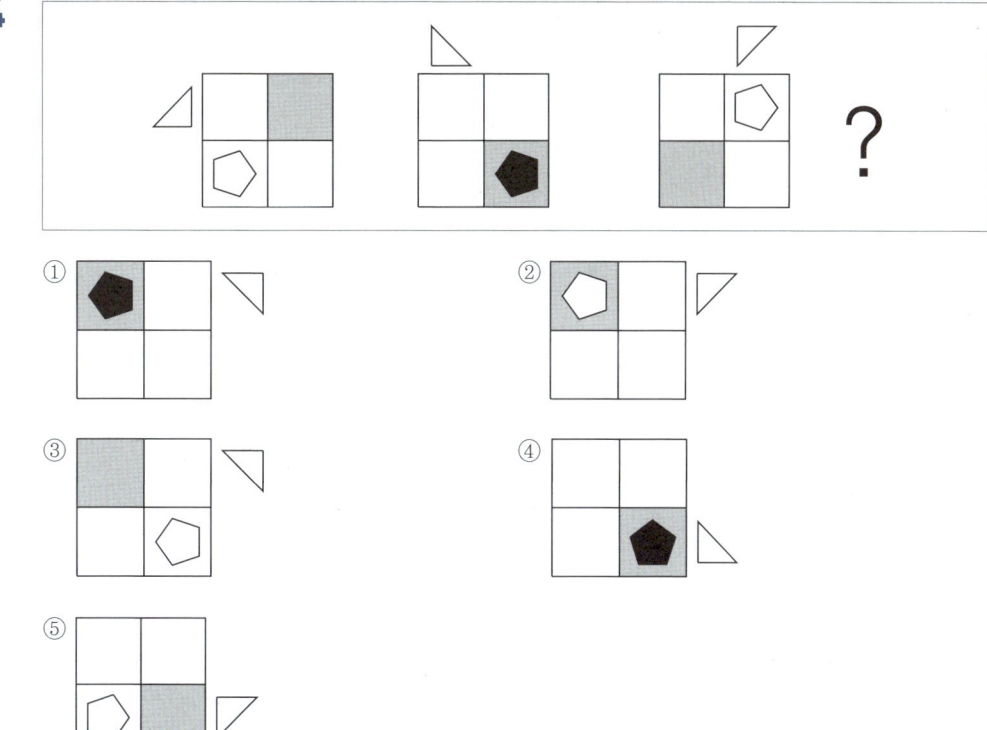

※ 다음 기호들은 일정한 규칙에 따라 도형을 변화시킨다. 기호에 해당하는 규칙을 파악하여 ?에 들어갈 알맞은 도형을 고르시오. [5~6]

05

06 보기

①   ②

③   ④

07 다음 숫자는 각각 일정한 규칙에 따라 도형을 변화시킨다. ?에 들어갈 도형으로 알맞은 것은?(단, 해당 규칙이 적용되는 사각형 내부의 사각형 또한 규칙이 적용된다)

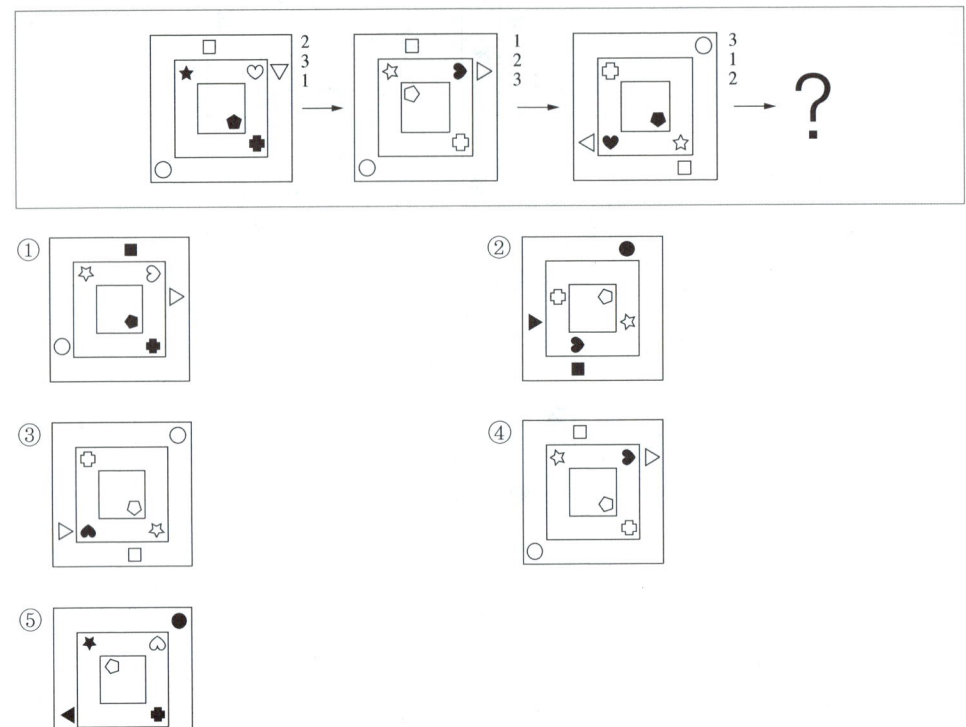

08 다음 도식의 기호들은 일정한 규칙에 따라 도형을 변화시킨다. 〈보기〉의 규칙을 찾고 ?에 들어갈 알맞은 도형을 고르면?(단, 주어진 조건 두 가지 이상일 때, 모두 일치해야 YES로 이동한다)

①   ②

③   ④

⑤

PART 2
대표기출유형

- **CHAPTER 01** 언어력
- **CHAPTER 02** 수리력
- **CHAPTER 03** 추리력

CHAPTER 01 언어력

합격 CHEAT KEY

글에 대한 이해력과 분석력을 평가하는 독해 유형으로 출제되며 글의 주제, 제시문과의 일치·불일치 여부, 글의 내용을 통한 추론, 문장의 흐름과 구성, 논리적 순서에 따른 문장 나열하기 등 다양한 형태의 문제가 주어진다. 문제를 정확히 이해하고 각 문단의 요지와 글 전체의 구조를 빠르게 파악하는 훈련이 필요하다.

독해는 글에 대한 이해력과 분석력을 평가하는 유형이다. 제시문과의 내용 일치 여부나 주제 / 제목, 빈칸 추론 등의 문제가 출제되며, 글의 흐름 및 내용을 파악하고 제시되지 않은 부분을 추론하는 능력 등을 평가한다.

학습 포인트

- 다양한 분야의 지문이 제시되므로 평소에 여러 분야의 도서나 신문 기사 등을 읽어둔다.
- 사실적 · 비판적 · 추론적 독해의 경우 무작정 제시문을 읽고 문제를 풀기보다는 문제와 선택지를 먼저 읽고 제시문에서 찾아야 할 내용이 무엇인지를 파악한 후 글을 읽는다.
- 빈칸 추론의 경우 지문을 처음부터 끝까지 다 읽기보다는 빈칸의 앞뒤 문장만으로 그 사이에 들어갈 내용을 유추하는 연습을 해야 한다.
- 답을 고른 후 해설과 비교하며 왜 틀렸는지 평가하고 놓친 부분을 반드시 이해하는 습관을 들인다.

CHAPTER 01 이론점검

01 논리구조

논리구조에서는 주로 단락과 문장 간의 관계나 글 전체의 논리적 구조를 정확히 파악했는지를 묻는다. 문단의 순서를 바르게 나열하는 유형이 출제되고 있다. 제시문의 전체적인 흐름을 바탕으로 각 문단의 특징, 단락 간의 역할 등을 논리적으로 구조화할 수 있는 능력을 길러야 한다.

1. 문장과 문장 간의 관계

① 상세화 관계 : 주지 → 구체적 설명(비교, 대조, 유추, 분류, 분석, 인용, 예시, 비유, 부연, 상술 등)
② 문제(제기)와 해결 관계 : 한 문장이 문제를 제기하고, 다른 문장이 그 해결책을 제시하는 관계(과제 제시 → 해결 방안, 문제 제기 → 해답 제시)
③ 선후 관계 : 한 문장이 먼저 발생한 내용을 담고, 다음 문장이 나중에 발생한 내용을 담고 있는 관계
④ 원인과 결과 관계 : 한 문장이 원인이 되고, 다른 문장이 그 결과가 되는 관계(원인 제시 → 결과 제시, 결과 제시 → 원인 제시)
⑤ 주장과 근거 관계 : 한 문장이 필자가 말하고자 하는 바(주지)가 되고, 다른 문장이 그 문장의 증거(근거)가 되는 관계(주장 제시 → 근거 제시, 의견 제안 → 의견 설명)
⑥ 전제와 결론 관계 : 앞 문장에서 조건이나 가정을 제시하고, 뒤 문장에서 이에 따른 결론을 제시하는 관계

2. 문장의 연결 방식

① 순접 : 원인과 결과, 부연 설명 등의 문장 연결에 쓰임
    [예] 그래서, 그리고, 그러므로 등
② 역접 : 앞글의 내용을 전면적 또는 부분적으로 부정
    [예] 그러나, 그렇지만, 그래도, 하지만 등
③ 대등・병렬 : 앞뒤 문장의 대비와 반복에 의한 접속
    [예] 및, 혹은, 또는, 이에 반하여 등
④ 보충・첨가 : 앞글의 내용을 보다 강조하거나 부족한 부분을 보충하기 위해 다른 말을 덧붙이는 문맥
    [예] 단, 곧, 즉, 더욱이, 게다가, 왜냐하면 등
⑤ 화제 전환 : 앞글과는 다른 새로운 내용을 이야기하기 위한 문맥
⑥ 비유・예시 : 앞글에 대해 비유적으로 다시 말하거나 구체적인 예를 보임
    [예] 예를 들면, 예컨대, 마치 등

3. 원리 접근법

앞뒤 문장의 중심 의미 파악	→	앞뒤 문장의 중심 내용이 어떤 관계인지 파악	→	문장 간의 접속어, 지시어의 의미와 기능	→	문장의 의미와 관계성 파악
각 문장의 의미를 어떤 관계로 연결해서 글을 전개하는지 파악해야 한다.		지문 안의 모든 문장은 서로 논리적 관계성이 있다.		접속어와 지시어를 음미하는 것은 독해의 길잡이 역할을 한다.		문단의 중심 내용을 알기 위한 기본 분석 과정이다.

02 논리적 이해

1. 전제의 추론

전제의 추론은 원칙적으로 주어진 내용의 이면에 내포되어 있는 이미 옳다고 인정된 사실을 유추하는 유형이다.
① 먼저 주장이 무엇인지 명확하게 파악해야 한다.
② 주장이 성립하기 위해서 논리적으로 필요한 요건이 무엇인지 생각해 본다.
③ 선택지 중 주장과 논리적으로 인과 관계를 형성할 수 있는 조건을 찾아낸다.

2. 결론의 추론

주어진 내용을 명확히 이해한 다음, 이를 근거로 이끌어 낼 수 있는 올바른 결론이나 관련 사항을 논리적인 관점에서 찾는 문제 유형이다. 이와 같은 문제는 평상시 비판적이고 논리적인 관점으로 글을 읽는 연습을 충분히 해두어야 유리하다고 볼 수 있다.

3. 주제의 추론

주제와 관련된 추론 문제는 적성검사에서 자주 출제되는 유형으로서, 글의 표제, 부제, 주제, 주장, 의도를 파악하는 형태의 문제와 같은 유형이다. 이러한 유형의 문제는 주제를 글의 첫 문단이나 마지막 문단을 통해서 찾을 수 있으며, 그렇지 않더라도 문단의 병렬·대등 관계를 파악하면 쉽게 찾을 수 있다. 여러 문단에서 공통된 주제를 추론할 때는, 각각의 제시문을 먼저 요약한 뒤, 핵심 키워드를 찾은 다음 이를 토대로 주제문을 가려내어 하나의 주제를 유추하면 된다. 따라서 평소에 글을 읽고, 핵심 키워드를 찾아 문장을 구성하는 연습을 많이 해두어야 한다. 또한 겉으로 드러난 주제나 정보를 찾는 데 그치지 않고 글 속에 숨겨진 의도나 정보를 찾기 위해 꼼꼼히 관찰하는 태도가 필요하다.

내용일치

| 유형분석 |

- 글의 전체적인 주제뿐 아니라 세부적인 내용까지도 제대로 이해할 수 있는지 평가하는 유형이다.
- 경제·경영·철학·역사·예술·과학 등 다양한 분야와 관련된 지문이 제시되므로 평소 폭넓은 독서를 하는 것이 도움이 된다.

다음 글의 내용으로 가장 적절한 것은?

김치는 자연 발효에 의해 익어가기 때문에 미생물의 작용에 따라 맛이 달라진다. 김치가 발효되기 위해서는 효모와 세균 등 여러 미생물의 증식이 일어나야 하는데, 이를 위해 김치를 담글 때 찹쌀가루나 밀가루로 풀을 쑤어 넣어 준다. 이는 풀에 들어 있는 전분을 비롯한 여러 가지 물질이 김칫소에 있는 미생물을 쉽게 자랄 수 있도록 해주는 영양분의 역할을 하기 때문이다. 김치는 배추나 무에 있는 효소뿐만 아니라 그 사이에 들어가는 김칫소에 포함된 효소의 작용에 의해서도 발효가 일어날 수 있다.

김치의 발효 과정에 관여하는 미생물에는 여러 종류의 효모, 호기성 세균 그리고 유산균을 포함한 혐기성 세균이 있다. 갓 담근 김치의 발효가 시작될 때 호기성 세균과 혐기성 세균의 수가 두드러지게 증가하지만, 김치가 익어갈수록 호기성 세균의 수는 점점 줄어들어 나중에는 그 수가 완만하게 증가하는 효모의 수와 거의 비슷해진다. 그러나 혐기성 세균의 수는 김치가 익어갈수록 증가하며 결국 많이 익어서 시큼한 맛이 나는 김치에 있는 미생물 중 대부분을 차지한다. 김치를 익히는 데 관여하는 균과 매우 높은 산성의 환경에서도 잘 살 수 있는 유산균이 그 예이다.

김치를 익히는 데 관여하는 세균과 유산균뿐만 아니라 김치의 발효 초기에 증식하는 호기성 세균도 독특한 김치 맛을 내는 데 도움을 준다. 김치에 들어 있는 효모는 세균보다 그 수가 훨씬 적지만 여러 종류의 효소를 가지고 있어서 김치 안에 있는 여러 종류의 탄수화물을 분해할 수 있다. 또한 김치를 발효시키는 유산균은 당을 분해해서 시큼한 맛이 나는 젖산을 생산하는데, 김치가 익어가면서 김치 국물의 맛이 시큼해지는 것은 바로 이런 이유 때문이다.

김치가 익는 정도는 재료나 온도 등의 조건에 따라 달라지는데, 이는 유산균의 발효 정도가 달라지기 때문이다. 특히 이 미생물들이 만들어 내는 여러 종류의 향미 성분이 더해지면서 특색 있는 김치 맛이 만들어진다. 김치가 익는 기간에 따라 여러 가지 맛을 내는 것도 모두 유산균의 발효 정도가 다른 데서 비롯된다.

① 김치를 담글 때 넣는 풀은 효모에 의해 효소로 바뀐다.
② 강한 산성 조건에서도 생존할 수 있는 혐기성 세균이 있다.
③ 김치 국물의 시큼한 맛은 호기성 세균의 작용에 의한 것이다.
④ 특색 있는 김치 맛을 만드는 것은 효모가 만든 향미 성분 때문이다.
⑤ 시큼한 맛이 나는 김치에 있는 효모의 수는 호기성 세균이나 혐기성 세균보다 훨씬 많다.

정답 ②

오답분석
① 풀에 들어 있는 여러 가지 물질이 김칫소에 있는 미생물을 쉽게 자랄 수 있도록 해주는 영양분의 역할을 한다.
③ 김치 국물의 맛이 시큼해지는 것은 유산균이 당을 분해해 시큰한 맛이 나는 젖산을 생산하기 때문이다.
④ 미생물들이 만들어 내는 여러 종류의 향미 성분이 더해지면서 특색 있는 김치 맛이 만들어진다.
⑤ 호기성 세균의 수는 김치가 익어갈수록 점점 줄어들어 나중에는 효모의 수와 비슷해진다. 하지만 혐기성 세균의 수는 김치가 익어갈수록 증가하며 결국 많이 익어서 시큼한 맛이 나는 김치에 있는 미생물 중 대부분을 차지한다.

30초 컷 풀이 Tip

제시문의 내용과 일치하는 것 또는 일치하지 않는 것을 고르는 문제의 경우 지문을 읽기 전에 문제와 선택지를 먼저 읽어보는 것이 좋다. 이를 통해 지문 속에서 찾아내야 할 정보가 무엇인지를 먼저 인지한 후 제시문을 읽어야 문제 푸는 시간을 단축할 수 있다.

대표기출유형 01 기출응용문제

※ 다음 글의 내용으로 적절하지 않은 것을 고르시오. [1~2]

01

> 경제학자인 사이먼 뉴컴이 소개한 화폐와 실물 교환의 관계식인 '교환방정식'을 경제학자인 어빙 피셔가 발전시켜 재소개한 것이 바로 '화폐수량설'이다. 사이먼 뉴컴의 교환방정식은 'MV=PQ'로 나타나는데, M(Money)은 화폐의 공급, V(Velocity)는 화폐유통속도, P(Price)는 상품 및 서비스의 가격, Q(Quantity)는 상품 및 서비스의 수량이다. 즉 화폐 공급과 화폐유통속도의 곱은 상품의 가격과 거래된 상품 수의 곱과 같다는 항등식이다.
> 어빙 피셔는 이러한 교환방정식을 인플레이션율과 화폐공급의 증가율 간 관계를 나타내는 이론인 화폐수량설로 재탄생시켰다. 이중 기본 모형이 되는 피셔의 거래모형에 따르면 교환방정식은 'MV=PT'로 나타나는데, M은 명목화폐수량, V는 화폐유통속도, P는 상품 및 서비스의 평균가격, T(Trade)는 거래를 나타낸다. 다만 거래의 수를 측정하기 어렵기 때문에 최근에는 총거래 수인 T를 총생산량인 Y로 대체하여 소득모형인 'MV=PY'로 사용되고 있다.

① 사이먼 뉴컴의 교환방정식 'MV=PQ'에서 Q는 상품 및 서비스의 수량을 의미한다.
② 어빙 피셔의 화폐수량설은 최근 총거래 수를 총생산량으로 대체하여 사용되고 있다.
③ 교환방정식 'MV=PT'는 화폐수량설의 기본 모형이 된다.
④ 어빙 피셔의 교환방정식 'MV=PT'의 V는 교환방정식 'MV=PY'에서 Y와 함께 대체되어 사용되고 있다.
⑤ 어빙 피셔는 사이먼 뉴컴의 교환방정식을 인플레이션율과 화폐공급의 증가율 간 관계를 나타내는 이론으로 재탄생시켰다.

Easy

02

> 우리 민족은 고유한 주거문화로 바닥 난방 기술인 구들을 발전시켜 왔는데, 구들은 우리 민족에 다양한 영향을 주었다. 우선 오랜 구들 생활은 우리 민족의 인체에 적지 않은 변화를 초래하였다. 태어나면서부터 따뜻한 구들에 누워 자는 것이 습관이 된 우리 아이들은 사지의 활동량이 적어 발육이 늦어졌다. 구들에서 자란 우리 아이들은 다른 어떤 민족의 아이들보다 따뜻한 곳에서 안정감을 느꼈으며, 우리 민족은 아이들에게 따뜻함을 만들어주기 위해 여러 가지를 고안하여 발전시켰다.
> 구들은 농경을 주업으로 하는 우리 민족의 생산도구의 제작과 사용에 많은 영향을 주었다. 구들에 앉아 오랫동안 활동하는 습관은 하반신보다 상반신의 작업량을 증가시켰고 상반신의 움직임이 상대적으로 정교하게 되었다. 구들 생활에 익숙해진 우리 민족은 방 안에서의 작업뿐만 아니라 농사를 비롯한 야외의 많은 작업에서도 앉아서 하는 습관을 갖게 되었는데 이는 큰 농기구를 이용하여 서서 작업을 하는 서양과는 완전히 다른 방식이었다.

① 우리 민족은 하반신 활동보다 상반신 활동이 많은 대신 상반신 작업이 정교한 특징이 있다.
② 구들의 영향으로 우리 민족은 앉아서 하는 작업방식이 일반화되었다.
③ 구들은 실내뿐 아니라 실외활동에도 영향을 끼쳤다.
④ 구들은 아이들의 체온을 높여 발육을 방해한다.
⑤ 우리 민족은 앉아서 작업하는 습관이 있다.

03 다음 글의 내용으로 가장 적절한 것은?

> 특허출원이란 발명자가 자신의 발명을 개인 또는 변리사를 통해 특허출원 명세서에 기재한 후 특허청에 등록 여부 판단을 받기 위해 신청하는 행위의 전반을 의미한다. 특허출원은 주로 경쟁자로부터 자신의 제품이나 서비스를 지키기 위해 이루어진다. 그러나 선두업체로 기술적 우위를 표시하기 위해 또는 벤처기업 등의 인증을 받기 위해 이루어지기도 한다. 단순하게 발명의 보호를 받아 타인의 도용을 막는 것뿐만 아니라 다양한 이유로 진행되고 있는 것이다.
>
> 특허출원 시에는 특허출원서와 특허명세서를 제출해야 한다. 특허출원서는 출원인 정보, 발명자 정보 등의 서지사항을 기재하는 문서이며, 특허명세서는 발명의 구체적인 내용을 기재하는 문서이다. 특허명세서에는 발명의 명칭, 발명의 효과, 발명의 실시를 위한 구체적인 내용, 청구범위, 도면 등의 항목들을 작성하는데, 이때 권리로 보호받고자 하는 사항을 기재하는 청구범위가 명세서의 가장 핵심적인 부분이 된다. 청구범위를 별도로 구분하는 이유는 특허등록 후 권리 범위가 어디까지인지 명확히 구분하기 위한 것이다. 청구범위가 존재하지 않는다면 상세한 설명으로 권리 범위를 판단해야 하는데, 권리 범위가 다양하게 해석된다면 분쟁의 원인이 될 수 있다.
>
> 특허를 출원할 때 많은 부분을 보호받고 싶은 마음에 청구범위를 넓게 설정하는 경우가 있다. 그러나 이는 다른 선행기술들과 저촉되는 일이 발생하게 되므로 특허가 거절될 가능성이 매우 높아진다. 그렇다고 특허등록 가능성을 높이기 위해 청구범위를 너무 좁게 설정해서도 안 된다. 청구범위가 좁을 경우 특허등록 가능성은 높아지지만, 보호 범위가 좁아져 제3자가 특허 범위를 회피할 가능성이 높아지게 된다. 따라서 기존에 존재하는 선행기술에 저촉되지 않는 범위 내에서 청구범위를 설정하는 것이 중요하다.

① 기업체의 특허출원은 타사로부터의 기술 도용을 방지하기 위한 것일 뿐 이를 통해 기술적 우위를 나타낼 순 없다.
② 자신의 발명을 특허청에 등록하기 위해서는 반드시 본인이 특허출원 명세서를 기재해야 한다.
③ 특허출원서는 발명의 명칭, 발명의 효과, 청구범위 등의 항목을 모두 작성하여야 한다.
④ 청구범위가 넓을 경우 제3자가 특허 범위를 회피할 가능성이 높아지게 된다.
⑤ 청구범위가 넓으면 특허 등록의 가능성이 줄어들고, 좁으면 특허등록 가능성이 커진다.

02 나열하기

| 유형분석 |

- 문장 및 문단의 전체적인 흐름을 파악하고 이에 맞춰 논리적 순서대로 나열하는 유형이다.
- 각 문장의 지시어나 접속어에 주의해야 한다.

다음 문단을 논리적 순서대로 바르게 나열한 것은?

(가) 상품의 가격은 기본적으로 수요와 공급의 힘으로 결정된다. 시장에 참여하고 있는 경제 주체들은 자신이 가진 정보를 기초로 하여 수요와 공급을 결정한다.
(나) 이런 경우에는 상품의 가격이 우리의 상식으로는 도저히 이해하기 힘든 수준까지 일시적으로 뛰어오르는 현상이 나타날 가능성이 있다. 이런 현상은 특히 투기의 대상이 되는 자산의 경우 자주 나타나는데, 우리는 이를 '거품 현상'이라고 부른다.
(다) 그러나 현실에서는 사람들이 서로 다른 정보를 갖고 시장에 참여하는 경우가 많다. 어떤 사람은 특정한 정보를 갖고 있는데 거래 상대방은 그 정보를 갖고 있지 못한 경우도 있다.
(라) 일반적으로 거품 현상이란 것은 어떤 상품 – 특히 자산 – 의 가격이 지속해서 급격히 상승하는 현상을 가리킨다. 이와 같은 지속적인 가격 상승이 일어나는 이유는 애초에 발생한 가격 상승이 추가적인 가격 상승의 기대로 이어져 투기 바람이 형성되기 때문이다.
(마) 이들이 똑같은 정보를 함께 갖고 있으며 이 정보가 아주 틀린 것이 아닌 한, 상품의 가격은 어떤 기본적인 수준에서 크게 벗어나지 않을 것이라고 예상할 수 있다.

① (가) – (다) – (나) – (라) – (마)
② (가) – (마) – (다) – (나) – (라)
③ (가) – (마) – (다) – (라) – (나)
④ (라) – (가) – (다) – (나) – (마)
⑤ (라) – (가) – (다) – (마) – (나)

정답 ②

제시문은 가격을 결정하는 요인과 현실적인 여러 요인으로 인해 나타나는 '거품 현상'에 대해 설명하는 글이다. 따라서 (가) 수요와 공급에 의해 결정되는 가격 – (마) 상품의 가격에 대한 일반적인 예상 – (다) 가격의 현실적인 상황 – (나) 현실적인 가격 결정 '거품 현상' – (라) '거품 현상'에 대한 구체적인 설명 순으로 나열하는 것이 적절하다.

30초 컷 풀이 Tip

글의 전체적인 진행 중에 반전이 되는 내용이나 접속어가 나온다면 그 다음 내용이 중심 내용인 경우가 많다. 따라서 글의 분위기가 반전되는 경우 이에 집중하여 독해한다.

대표기출유형 02 기출응용문제

※ 다음 문단을 논리적 순서대로 바르게 나열한 것을 고르시오. [1~4]

01

(가) 과거에 한 월간 잡지가 여성 모델이 정치인과 사귄다는 기사를 내보냈다가 기자는 손해배상을 하고 잡지도 폐간된 경우가 있었다. 일부는 추측 기사이고 일부는 사실도 있었지만, 사실이든 허위든 관계없이 남의 명예와 인권을 침해하였기에 그 책임을 진 것이다.
(나) 인권이라는 이름으로 남의 사생활을 침해하는 일은 자기 인권을 내세워 남의 불행을 초래하는 것이므로 보호받을 수 없다. 통상 대중 스타나 유명인들의 사생활은 일부 노출되어 있고, 이러한 공개성 속에서 상품화되므로 비교적 보호 강도가 약하기는 하지만 그들도 인간으로서 인권이 보호되는 것은 마찬가지다.
(다) 우리 사회에서 이제 인권이라는 말은 강물처럼 넘쳐 흐른다. 과거에는 인권을 말하면 붙잡혀 가고 감옥에도 가곤 했지만, 이제는 누구나 인권을 스스럼없이 주장한다. 그러나 중요한 점은 인권이라 하더라도 무제한 보장되는 것이 아니라 남의 행복과 공동체의 이익을 침해하지 않는 범위 안에서만 보호된다는 것이다.
(라) 그런데 남의 명예를 훼손하여도 손해배상을 해주면 그로써 충분하고, 자기 잘못을 사죄하는 광고를 신문에 강제로 싣게 할 수는 없다. 헌법재판소는 남의 명예를 훼손한 사람이라 하더라도 강제로 사죄 광고를 싣게 하는 것은 양심에 반하는 가혹한 방법이라 하여 위헌으로 선고했다.

① (가) - (나) - (다) - (라)
② (나) - (가) - (다) - (라)
③ (다) - (나) - (가) - (라)
④ (다) - (나) - (라) - (가)
⑤ (라) - (다) - (나) - (가)

02

(가) 상품 생산자, 즉 판매자는 화폐를 얻기 위해 자신의 상품을 시장에 내놓는다. 하지만 생산자가 만들어 낸 상품이 시장에 들어서서 다른 상품이나 화폐와 관계를 맺게 되면, 이제 그 상품은 주인에게 복종하기를 멈추고 자립적인 삶을 살아가게 된다.
(나) 이처럼 상품이나 시장 법칙은 인간에 의해 산출된 것이지만, 이제 거꾸로 상품이나 시장 법칙이 인간을 지배하게 된다. 이때 인간 및 인간들 간의 관계가 소외되는 현상이 나타난다.
(다) 상품은 그것을 만들어 낸 생산자의 분신이지만, 시장 안에서는 상품이 곧 독자적인 인격체가 된다. 즉, 사람이 주체가 아니라 상품이 주체가 된다.
(라) 또한 사람들이 상품들을 생산하여 교환하는 과정에서 시장의 경제 법칙을 만들어 냈지만, 이제 거꾸로 상품들은 인간의 손을 떠나 시장 법칙에 따라 교환된다. 이런 시장 법칙의 지배 아래에서는 사람과 사람 간의 관계가 상품과 상품, 상품과 화폐 등 사물과 사물 간의 관계에 가려 보이지 않게 된다.

① (가) - (다) - (나) - (라)
② (가) - (다) - (라) - (나)
③ (다) - (가) - (라) - (나)
④ (다) - (라) - (가) - (나)
⑤ (다) - (라) - (나) - (가)

03

(가) 오히려 클레나 몬드리안의 작품을 우리 조각보의 멋에 비견되는 것으로 보아야 할 것이다. 조각보는 몬드리안이나 클레의 작품보다 100여 년 이상 앞서 제작된 공간 구성미를 가진 작품이며, 시대적으로 앞설 뿐 아니라 평범한 여성들의 일상에서 시작되었다는 점 그리고 정형화되지 않은 색채감과 구성미로 독특한 예술성을 지닌다는 점에서 차별화된 가치를 지닌다.

(나) 조각보는 일상생활에서 쓰다 남은 자투리 천을 이어서 만든 것으로, 옛 서민들의 절약 정신과 소박한 미의식을 보여준다. 조각보의 색채와 공간구성 면은 공간 분할의 추상화가로 유명한 클레(Paul Klee)나 몬드리안(Peit Mondrian)의 작품과 비견되곤 한다. 그만큼 아름답고 훌륭한 조형미를 지녔다는 의미이기도 하지만 일견 돌이켜 보면 이것은 잘못된 비교이다.

(다) 기하학적 추상을 표방했던 몬드리안의 작품보다 세련된 색상 배치로 각 색상이 가진 느낌을 살렸으며, 동양적 정서가 담김 '오방색'이라는 원색을 통해 강렬한 추상성을 지닌다. 또한 조각보를 만드는 과정과 그 작업의 내면에 가족의 건강과 행복을 기원하는 마음이 담겨 있어 단순한 오브제이기 이전에 기복신앙적인 부분이 있다. 조각보가 아름답게 느껴지는 이유는 이처럼 일상 속에서 삶과 예술을 함께 담았기 때문일 것이다.

① (가) - (나) - (다) ② (나) - (가) - (다)
③ (나) - (다) - (가) ④ (다) - (가) - (나)
⑤ (다) - (나) - (가)

04

(가) 교정 중에는 치아뿐 아니라 교정 장치를 부착하고 있기 때문에 교정 장치까지 닦아주어야 하는데요. 교정용 칫솔은 가운데 홈이 있어 장치와 치아를 닦을 수 있는 칫솔을 선택하게 되고, 가운데 파여진 곳을 교정 장치에 위치시킨 후 옆으로 왔다 갔다 전체적으로 닦아줍니다. 그다음 칫솔을 비스듬히 하여 장치의 위아래를 꼼꼼하게 닦아줍니다.

(나) 치아를 가지런하게 하기 위해 교정하시는 분들 중에 간혹 교정 중에 칫솔질이 잘되지 않아 충치가 생기고 잇몸이 내려가 버리는 경우를 종종 보곤 합니다. 그러므로 교정 중에는 더 신경 써서 칫솔질을 해야 하죠.

(다) 마지막으로 칫솔질을 할 때 잊지 말아야 할 것은 우리 입안에 치아만 있는 것이 아니므로 혀와 잇몸에 있는 플라그들도 제거해주셔야 입 냄새도 예방할 수 있다는 것입니다. 올바른 칫솔질 방법으로 건강한 치아를 잘 유지하시길 바랍니다.

(라) 또 장치 때문에 닦이지 않는 부위는 치간 칫솔을 이용해 위아래 오른쪽 왼쪽 넣어 잘 닦아줍니다. 치실은 치아에 C자 모양으로 감아준 후 치아 방향으로 쓸어내려 줍니다. 그리고 교정 중에는 워터픽이라는 물 분사 장치를 이용해 양치해 주시는 것도 많은 도움이 됩니다. 잘하실 수 있으시겠죠?

① (가) - (나) - (라) - (다) ② (가) - (다) - (나) - (라)
③ (가) - (라) - (나) - (다) ④ (나) - (가) - (라) - (다)
⑤ (나) - (라) - (다) - (가)

03 주제·제목 찾기

| 유형분석 |

- 글의 중심 내용을 정확히 판단할 수 있는지 평가하는 유형이다.
- 글의 전체 내용을 포괄할 수 있는 제목이나 주제를 골라야 한다.
- 글의 일부 내용의 주제만을 담은 보기가 오답으로 섞여있을 수도 있으므로 주의하도록 한다.

다음 글의 제목으로 가장 적절한 것은?

맥주의 주원료는 양조용수·보리·홉 등이다. 맥주를 양조하기 위해서는 일반적으로 맥주생산량의 10~20배 정도 되는 물이 필요하며, 이것을 양조용수라고 한다. 양조용수는 맥주의 종류와 품질을 좌우하므로, 무색·무취·투명해야 한다. 보리를 싹틔워 맥아로 만든 것을 사용하여 맥주를 제조하는데, 맥주용 보리로는 곡립이 고르고 녹말질이 많으며 단백질이 적은 것, 그리고 곡피(穀皮)가 얇으며 발아력이 왕성한 것이 좋다. 홉은 맥주 특유의 씁쌀한 향과 쓴맛을 만들어 내는 주요 첨가물이며, 맥주를 맑게 하고 잡균의 번식을 막아주는 역할을 한다.

맥주의 제조공정을 살펴보면 맥아제조, 담금, 발효, 저장, 여과의 다섯 단계로 나눌 수 있다.

이 중 발효공정은 맥즙이 발효되어 술이 되는 과정을 말하는데, 효모가 발효탱크 속에서 맥즙에 있는 당분을 알코올과 탄산가스로 분해한다. 이 공정은 1주일간 이어지며, 그동안 맥즙 안에 있던 당분은 점점 줄어들고 알코올과 탄산가스가 늘어나 맥주가 되는 것이다. 이때 발효 중 맥즙의 온도 상승을 막기 위해 탱크를 냉각 코일로 감고 그 표면을 하얀 폴리우레탄으로 단열시키는데, 그 모습이 마치 남극의 이글루처럼 보이기도 한다. 발효의 방법에 따라 하면발효 맥주와 상면발효 맥주로 구분되는데, 이는 어떤 온도에서 발효시키느냐에 달려있다. 세계 맥주 생산량의 70%를 차지하는 하면발효 맥주는 발효 중 밑으로 가라앉는 효모를 사용해 저온에서 발효시킨 맥주를 말한다. 요즘 유행하는 드래프트비어가 바로 여기에 속한다. 반면, 상면발효 맥주는 주로 영국, 미국, 캐나다, 벨기에 등에서 생산되며 발효 중 표면에 떠오르는 효모로 비교적 높은 온도에서 발효시킨 맥주를 말한다. 에일, 스타우트 등이 상면발효 맥주에 포함된다.

① 맥주의 제조공정
② 맥주의 발효 과정
③ 주원료에 따른 맥주의 발효 방법 분류
④ 홉과 발효 방법의 종류에 따른 맥주 구분법
⑤ 맥주의 주원료와 발효 방법에 따른 맥주의 종류

정답 ⑤

제시문의 내용은 크게 두 부분으로 나눌 수 있다. 처음부터 두 번째 문단까지는 맥주의 주원료에 대해서 설명하고, 그 이후부터 글의 마지막 부분까지는 맥주의 제조공정 중 발효에 대해 설명하며 이에 따른 맥주의 종류에 대해 설명하고 있다.

30초 컷 풀이 Tip

글의 중심이 되는 내용은 주로 글의 맨 앞이나 맨 뒤에 위치한다. 따라서 글의 맨 첫 문단과 마지막 문단을 먼저 확인해보고 필요한 경우 그 문단을 보충해주는 부분을 읽어가면서 주제를 파악해 나간다.

대표기출유형 03 기출응용문제

※ 다음 글의 제목으로 가장 적절한 것을 고르시오. [1~2]

01 `Easy`

> 사회보장제도는 사회구성원에게 생활의 위험이 발생했을 때 사회적으로 보호하는 대응체계를 가리키는 포괄적 용어로 크게 사회보험, 공공부조, 사회서비스가 있다. 예를 들면 실직자들이 구직활동을 포기하고 다시 노숙자가 되지 않도록 지원하는 것 등이 있다.
> 사회보험은 보험의 기전을 이용하여 일반주민들을 질병, 상해, 폐질, 실업, 분만 등으로 인한 생활의 위협으로부터 보호하기 위하여 국가가 법에 의하여 보험가입을 의무화하는 제도로 개인적 필요에 따라 가입하는 민간보험과 차이가 있다.
> 공공부조는 극빈자, 불구자, 실업자 또는 저소득계층과 같이 스스로 생계를 영위할 수 없는 계층의 생활을 그들이 자립할 수 있을 때까지 국가가 재정기금으로 보호하여 주는 일종의 구빈제도이다. 사회서비스는 복지사회를 건설할 목적으로 법률이 정하는 바에 의하여 특정인에게 사회보장 급여를 국가 재정부담으로 실시하는 제도로 군경, 전상자, 배우자 사후, 고아, 지적 장애아 등과 같은 특별한 사유가 있는 자나 노령자 등이 해당된다.

① 사회보험제도와 민간보험제도의 차이
② 사회보장제도의 의의
③ 우리나라의 사회보장제도
④ 사회보장제도의 대상자
⑤ 사회보장제도와 소득보장의 차이점

02
일반적으로 소비자들은 합리적인 경제 행위를 추구하기 때문에 최소 비용으로 최대 효과를 얻으려 한다는 것이 소비의 기본 원칙이다. 그들은 '보이지 않는 손'이라고 일컬어지는 시장 원리 아래에서 생산자와 만난다. 그러나 이러한 일차적 의미의 합리적 소비가 언제나 유효한 것은 아니다. 생산보다는 소비가 화두가 된 소비 자본주의 시대에 소비는 단순히 필요한 재화, 그리고 경제학적으로 유리한 재화를 구매하는 행위에 머물지 않는다. 최대 효과 자체에 정서적이고 사회 심리학적인 요인이 개입하면서, 이제 소비는 개인이 세계와 만나는 다분히 심리적인 방법이 되어버린 것이다. 곧 인간의 기본적인 생존 욕구를 충족시켜 주는 합리적 소비 수준에 머물지 않고, 자신을 표현하는 상징적 행위가 된 것이다. 이처럼 오늘날의 소비문화는 물질적 소비 차원이 아닌 심리적 소비 형태를 띠게 된다.

소비 자본주의의 화두는 과소비가 아니라 '과시 소비'로 넘어간 것이다. 과시 소비의 중심에는 신분의 논리가 있다. 신분의 논리는 유용성의 논리, 나아가 시장의 논리로 설명되지 않는 것들을 설명해 준다. 혈통으로 이어지던 폐쇄적 계층 사회는 소비 행위에 대해 계급에 근거한 제한을 부여했다. 먼 옛날 부족 사회에서 수장들만이 걸칠 수 있었던 장신구에서부터, 제아무리 권문세가의 정승이라도 아흔아홉 칸을 넘을 수 없던 집이 좋은 예이다. 권력을 가진 자는 힘을 통해 자기의 취향을 주위 사람들과 분리시킴으로써 경외감을 강요하고, 그렇게 자기 취향을 과시함으로써 잠재적 경쟁자들을 통제한 것이다.

가시적 신분 제도가 사라진 현대 사회에서도 이러한 신분의 논리는 여전히 유효하다. 이제 개인은 소비를 통해 자신의 물질적 부를 표현함으로써 신분을 과시하려 한다.

① '보이지 않는 손'에 의한 합리적 소비의 필요성
② 소득을 고려하지 않은 무분별한 과소비의 폐해
③ 계층별 소비 규제의 필요성
④ 신분사회에서 의복 소비와 계층의 관계
⑤ 소비가 곧 신분이 되는 과시 소비의 원리

03 다음 글의 중심 내용으로 가장 적절한 것은?

우주 개발이 왜 필요한가에 대한 주장은 크게 다음 세 가지로 구분할 수 있다. 먼저 칼 세이건이 우려하는 것처럼 인류가 혜성이나 소행성의 지구 충돌과 같은 재앙에서 살아남으려면 지구 이외의 다른 행성에 식민지를 건설해야 한다는 것이다. 소행성의 지구 충돌로 절멸한 공룡의 전철을 밟지 않기 위해서 말이다. 여기에는 자원 고갈이나 환경오염과 같은 전 지구적 재앙에 대비하자는 주장도 포함된다. 그다음으로 우리의 관심을 지구에 한정한다는 것은 인류의 숭고한 정신을 가두는 것이라는 호킹의 주장을 들 수 있다. 지동설, 진화론, 상대성 이론, 양자역학, 빅뱅 이론과 같은 과학적 성과들은 인류의 문명뿐만 아니라 정신적 패러다임의 변화에 지대한 영향을 끼쳤다. 마지막으로 우주 개발의 노력에 따르는 부수적인 기술의 파급 효과를 근거로 한 주장을 들 수 있다. 실제로 우주 왕복선 프로그램을 통해 산업계에 이전된 새로운 기술이 100여 가지나 된다고 한다. 인공심장, 신분 확인 시스템, 비행추적 시스템 등이 대표적이다. 그러나 우주 개발에서 얻는 이익이 과연 인류 전체의 이익을 대변할 수 있는가에 대해서는 쉽게 답할 수가 없다. 역사적으로 볼 때 탐사의 주된 목적은 새로운 사실의 발견이라기보다 영토와 자원, 힘의 우위를 선점하기 위한 것이었기 때문이다. 이러한 이유로 우주 개발에 의심의 눈길을 보내는 사람들도 적지 않다. 그들은 우주 개발에 드는 자금과 노력을 지구의 가난과 자원 고갈, 환경 문제 등을 해결하는 데 사용하는 것이 더 현실적이라고 주장한다.

과연 그 주장을 따른다고 해서 이러한 문제들을 해결할 수 있는가? 인류가 우주 개발에 나서지 않고 지구 안에서 인류의 미래를 위해 노력한다고 가정해 보자. 그렇더라도 인류가 사용할 수 있는 자원이 무한한 것은 아니며, 인구의 자연 증가를 막을 수 없다는 문제는 여전히 남는다. 지구에 자금과 노력을 투자해야 한다고 주장하는 사람들은 지금 당장은 아니더라도 언젠가는 이러한 문제들을 해결할 수 있다는 논리를 펼지도 모른다. 그러나 이러한 논리는 우주 개발을 지지하는 쪽에서 마찬가지로 내세울 수 있다. 오히려 인류가 미래에 닥칠 문제를 해결할 방법은 지구 밖에서 찾게 될 가능성이 더 크지 않을까?

우주를 개발하려는 시도가 최근에 등장한 것은 아니다. 인류가 의식을 갖게 되면서부터 우주를 꿈꾸어 왔다는 증거는 세계 여러 민족의 창세 신화에서 발견된다. 수천 년 동안 우주에 대한 인류의 꿈은 줄 몰랐다. 그리고 그 결과가 오늘날의 우주 개발이라는 현실로 다가온 것이다. 이제 인류는 우주의 시초를 밝히게 되었고, 우주의 끄트머리를 바라볼 수 있게 되었으며, 우주 공간에 인류의 거주지를 만들 수 있게 되었다. 우주 개발을 할 것이냐 말 것이냐는 이제 문제의 핵심이 아니다. 우리가 선택해야 할 문제는 우주 개발을 어떻게 해야 할 것인가이다. "달과 다른 천체들은 모든 나라가 함께 탐사하고 이용할 수 있도록 자유지역으로 남아 있어야 한다. 어느 국가도 영유권을 주장할 수는 없다."라는 린든 B. 존슨의 경구는 우주 개발의 방향을 일러주는 시금석이 되어야 한다.

① 우주 개발의 한계
② 지구의 당면 과제
③ 우주 개발의 정당성
④ 친환경적인 지구 개발
⑤ 우주 개발 기술의 발달

04 다음 글의 주제로 가장 적절한 것은?

유전학자들의 최종 목표는 결함이 있는 유전자를 정상적인 유전자로 대체하는 것이다. 이렇게 가장 기본적인 세포 내 차원에서 유전병을 치료하는 것을 '유전자 치료'라 일컫는다. '유전자 치료'를 하기 위해서는 이상이 있는 유전자를 찾아야 한다. 이를 위해 과학자들은 DNA의 특성을 이용한다. DNA는 두 가닥이 나선형으로 꼬여 있는 이중 나선 구조로 이루어진 분자이다. 그런데 이 두 가닥에 늘어서 있는 염기들은 임의적으로 배열되어 있는 것이 아니다. 한쪽에 늘어선 염기에 따라 다른 쪽 가닥에 늘어선 염기들의 배열이 결정되는 것이다. 즉 한쪽에 A염기가 존재하면 거기에 연결되는 반대쪽에는 반드시 T염기가, 그리고 C염기에 대응해서는 반드시 G염기가 존재하게 된다. 염기들이 짝을 지을 때 나타나는 이러한 선택적 특성을 이용하여 유전병을 일으키는 유전자를 찾아낼 수 있다. 유전자를 찾기 위해 사용하는 첫 번째 도구는 DNA 한 가닥 중 극히 일부이다. '프로브(Probe)'라 불리는 이 DNA 조각은, 염색체상의 위치가 알려져 있는 이십여 개의 염기들로 이루어진다. 한 가닥으로 이루어져 있는 특성으로 인해, 프로브는 자신의 염기 배열에 대응하는 다른 쪽 가닥의 DNA 부분에 가서 결합할 것이다. 대응하는 두 가닥의 DNA가 이렇게 결합하는 것을 '교잡'이라고 일컫는다. 조사 대상인 염색체로부터 추출한 많은 한 가닥의 염색체 조각들과 프로브를 섞어 놓았을 때, 프로브는 신비스러울 정도로 자신의 짝을 정확하게 찾아 교잡한다. 두 번째 도구는 '겔 전기영동'이라는 방법이다. 생물을 구성하고 있는 단백질·핵산 등 많은 분자들은 전하를 띠고 있어서 전기장 속에서 각 분자마다 독특하게 이동을 한다. 이러한 성질을 이용해 생물을 구성하고 있는 물질의 분자량, 각 물질의 전하량이나 형태의 차이를 이용하여 물질을 분리하는 것이 전기영동법이다. 이를 활용하여 DNA를 분리하려면 우선 DNA 조각들을 전기장에서 이동시키고, 이것을 젤라틴 판을 통과하게 함으로써 분리하면 된다.

이러한 조사 도구들을 갖추고서, 유전학자들은 유전병을 일으키는 유전자를 추적하는 데 나섰다. 유전학자들은 먼저 겔 전기영동법으로 유전병을 일으키는 유전자로 의심되는 부분과 동일한 부분에 존재하는 프로브를 건강한 사람에게서 떼어내었다. 그리고 건강한 사람에게서 떼어낸 프로브에 방사성이나 형광성을 띠게 하였다. 그 후에 유전병 환자들에게서 채취한 DNA 조각들과 함께 교잡 실험을 반복하였다. 유전병과 관련된 유전 정보가 담긴 부분의 염기 서열이 정상인과 다르므로 이 부분은 프로브와 교잡하지 않는다는 점을 이용하는 것이다. 교잡이 일어난 후 프로브가 위치하는 곳은 X선 필름을 통해 쉽게 찾아낼 수 있고, 이로써 DNA의 특정 조각은 염색체상에서 프로브와 같은 위치에 존재한다는 것을 알 수 있다.

언뜻 보기에는 대단한 진보를 이룬 것 같지 않지만, 유전자 치료는 최근 들어 공상 과학을 방불케 하는 첨단 의료 기술의 대표적인 주자로 부각되고 있다. DNA 연구 결과로 인해 우리는 지금까지 절망적이라고 여겨 온 질병들을 치료할 수 있다는 희망을 갖게 되었다.

① 유전자의 종류와 기능
② 유전자 추적의 도구와 방법
③ 유전자 치료의 의의와 한계
④ 유전자 치료의 상업적 가치
⑤ 유전 질환의 종류와 발병 원인

대표기출유형 04 추론하기

유형분석

- 글에 드러나지 않은 부분을 추론하여 답을 도출해야 하는 유형이다.
- 글의 '주장'에 대한 반박을 찾는 경우, '근거'에 대한 반박을 찾지 않도록 주의해야 한다.
- 자신의 주관적인 판단보다는 글의 세부적 내용에 대한 이해를 기반으로 문제를 풀어야 한다.

다음 글을 읽고 추론할 수 있는 내용으로 가장 적절한 것은?

지식의 본성을 다루는 학문인 인식론은 흔히 지식의 유형을 나누는 데에서 이야기를 시작한다. 지식의 유형은 '안다'는 말의 다양한 용례들이 보여주는 의미 차이를 통해서 드러나기도 한다. 예컨대 '그는 자전거를 탈 줄 안다.'와 '그는 이 사과가 둥글다는 것을 안다.'에서 '안다'가 바로 그런 경우이다. 전자의 '안다'는 능력의 소유를 의미하는 것으로 '절차적 지식'이라 부르고, 후자의 '안다'는 정보의 소유를 의미하는 것으로 '표상적 지식'이라고 부른다.

어떤 사람이 자전거에 대해서 많은 정보를 갖고 있다고 해서 자전거를 탈 수 있게 되는 것은 아니며, 자전거를 탈 줄 알기 위해서 반드시 자전거에 대해서 많은 정보를 갖고 있어야 하는 것도 아니다. 아무 정보 없이 그저 넘어지거나 다치거나 하는 과정을 거쳐 자전거를 탈 줄 알게 될 수도 있다. 자전거 타기와 같은 절차적 지식을 갖기 위해서는 훈련을 통하여 몸과 마음을 특정한 방식으로 조직화해야 한다. 그러나 정보를 마음에 떠올릴 필요는 없다.

반면, '이 사과는 둥글다.'는 것을 알기 위해서는 둥근 사과의 이미지가 되었건 '이 사과는 둥글다.'는 명제가 되었건 어떤 정보를 마음 속에 떠올려야 한다. '마음속에 떠올린 정보'를 표상이라고 할 수 있으므로, 이러한 지식을 표상적 지식이라고 부른다. 그런데 어떤 표상적 지식을 새로 얻게 됨으로써 이전에 할 수 없었던 어떤 것을 하게 될지는 분명하지 않다. 이런 점에서 표상적 지식은 절차적 지식과 달리 특정한 일을 수행하는 능력과 직접 연결되어 있지 않다.

① 인식론은 머릿속에서 처리되는 정보의 유형만을 다루는 학문이다.
② 표상적 지식은 특정 능력의 습득에 전혀 도움을 주지 못한다.
③ '이 사과는 둥글다.'라는 지식은 이미지 정보에만 해당한다.
④ 절차적 지식을 통해 표상적 지식을 얻는 것이 가능하다.
⑤ 절차적 지식은 정보가 없이도 습득할 수 있다.

정답 ⑤

두 번째 문단 마지막 문장에서, 절차적 지식을 갖기 위해 정보를 마음에 떠올릴 필요가 없다고 하였다.

오답분석
① 인식론에서 나눈 지식의 유형에는 능력의 소유를 의미하는 절차적 지식과 정보의 소유를 의미하는 표상적 지식이 모두 포함된다.
② 마지막 문단에서 표상적 지식은 절차적 지식과 달리 특정한 일을 수행하는 능력과 직접 연결되어 있지 않다고 하였으나, 특정 능력의 습득에 전혀 도움을 줄 수 없는지 아닌지는 제시문의 내용을 통해서는 알 수 없다.
③ 마지막 문단에 따르면 '이 사과는 둥글다.'라는 지식은 둥근 사과의 이미지일 수도, '이 사과는 둥글다.'는 명제일 수도 있다.
④ 절차적 지식을 통해 표상적 지식을 얻는다는 내용은 제시문에 나와있지 않다.

대표기출유형 04 기출응용문제

01 다음 글을 읽고 추론한 내용으로 가장 적절한 것은?

> 모필은 붓을 말한다. 붓은 종이, 먹과 함께 문인들이 인격화해 불렀던 문방사우(文房四友)에 속하는데, 문인들은 이것을 품성과 진리를 탐구하는 데에 없어서는 안 되는 중요한 벗으로 여기고 글씨를 쓰거나 그림을 그렸다. 이렇게 그려진 그림을 동양에서는 문인화(文人畵)라 불렀으며 이 방면에 뛰어난 면모를 보인 이들을 문인화가라고 하였다. 문인들은 화공(畵工)과는 달리 그림을 심성을 기르고 심의(心意)와 감흥을 표현하는 교양적 매체로 보았고, 전문적이고 정교한 기법이나 기교에 바탕을 둔 장식적인 채색 풍을 의식적으로 멀리했다. 또한 시나 서예와의 관계를 중시하여 시서화일치(詩書畵一致)의 경지를 지향하고 대상물의 정신, 고매한 인품을 지닌 작가의 내면을 구현하는 것이 그림이라고 보았다. 이런 의미에서 모필로 대표되는 지·필·묵(紙·筆·墨, 종이·붓·먹)은 문인들이 자신의 세계를 표현하는 데 알맞은 도구가 되면서 동양의 문화현상으로 자리 잡게 되었다.
>
> 중국 명나라 말기의 대표적 문인인 동기창(董其昌)은 정통적인 화공들의 그림보다 문인 사대부들이 그린 그림을 더 높이 평가했다. 동양에서 전문적인 화공의 그림과 문인 사대부들의 그림이 대립하는 양상을 형성한 것은 이에서 비롯되는데, 이처럼 두 개의 회화적 전통이 성립된 곳은 오로지 극동문화권뿐이다. 전문 화가들의 그림보다 아마추어 격인 문인 사대부들의 그림을 더 높이 사는 이러한 풍조야말로 동양 특유의 문화 현상에서만 나타나는 것이다.
>
> 동양에서 지·필·묵은 단순한 그림의 매체라는 좁은 영역에 머무는 것이 아니라 동양의 문화를 대표한다는 보다 포괄적인 의미를 지닌다. 지·필·묵이 단순한 도구나 재료의 의미를 벗어나 그것을 통해 파생되는 모든 문화적 현상 자체를 대표하는 것이다. 나아가 수학(修學)의 도구로 사용되었던 지·필·묵이 점차 자기 생각과 예술을 담아내는 매체로 발전하면서 이미 그것은 단순한 도구가 아니라 하나의 사유 매체로서 기능하게 되었다. 말하자면 종이와 붓과 먹을 통해 사유하게 되었다는 것이다.

① 동기창(董其昌)은 정교한 기법이나 기교에 바탕을 둔 그림을 높이 평가했을 것이다.
② 동양 문화와 같이 서양 문화에도 두 개의 회화적 전통이 성립되어 있었을 것이다.
③ 정통적인 화공(畵工)들은 주로 문인화(文人畵)를 그렸을 것이다.
④ 서양 문화에서는 문인 사대부들보다 전문 화가들의 그림을 더 높게 평가할 것이다.
⑤ 지·필·묵은 동서양의 문화적 차이를 극복하고 사유 매체로서의 기능을 담당하였을 것이다.

02 다음 글을 읽고 추론할 수 있는 내용으로 적절하지 않은 것은?

> 사회 구성원들이 경제적 이익을 추구하는 과정에서 불법 행위를 감행하기 쉬운 상황일수록 이를 억제하는 데에는 금전적 제재 수단이 효과적이다.
> 현행법상 불법 행위에 대한 금전적 제재 수단에는 민사적 수단인 손해 배상, 형사적 수단인 벌금, 행정적 수단인 과징금이 있으며, 이들은 각각 피해자의 구제, 가해자의 징벌, 법 위반 상태의 시정을 목적으로 한다. 예를 들어 기업들이 담합하여 제품 가격을 인상했다가 적발된 경우, 그 기업들은 피해자에게 손해 배상 소송을 제기당하거나 법원으로부터 벌금형을 선고받을 수 있고 행정 기관으로부터 과징금도 부과받을 수 있다. 이처럼 하나의 불법 행위에 대해 세 가지 금전적 제재가 내려질 수 있지만 제재의 목적이 서로 다르므로 중복 제재는 아니라는 것이 법원의 판단이다.
> 그런데 우리나라에서는 기업의 불법 행위에 대해 손해 배상 소송이 제기되거나 벌금이 부과되는 사례는 드물어서 과징금 등 행정적 제재 수단이 억제 기능을 수행하는 경우가 많다. 이런 상황에서는 과징금 등 행정적 제재의 강도를 높임으로써 불법 행위의 억제력을 끌어올릴 수 있다. 그러나 적발 가능성이 매우 낮은 불법 행위의 경우에는 과징금을 올리는 방법만으로는 억제력을 유지하는 데 한계가 있다. 또한 피해자에게 귀속되는 손해 배상금과는 달리 벌금과 과징금은 국가에 귀속되므로 과징금을 올려도 피해자에게는 직접적인 도움이 되지 못한다.

① 금전적 제재 수단은 불법 행위를 억제하기 위해서 사용된다.
② 과징금은 가해자를 징벌하기 위해 부과된다.
③ 기업의 불법 행위에 대해 벌금과 과징금 모두 부과 가능하다.
④ 우리나라에서 주로 사용하는 방법은 행정적 제재이다.
⑤ 행정적 제재는 피해자에게 직접적인 도움이 되지 못한다.

Hard

03 다음 글을 토대로 〈보기〉를 바르게 해석한 것은?

> 제2차 세계대전이 끝나고 나서 미국과 소련 및 그 동맹국들 사이에서 공공연하게 전개된 제한적 대결 상태를 냉전이라고 한다. 냉전의 기원에 관한 논의는 냉전이 시작된 직후부터 최근까지 계속 진행되었다. 이는 단순히 냉전의 발발 시기와 이유에 대한 논의만이 아니라, 그 책임 소재를 묻는 것이기도 하다. 그 연구의 결과를 편의상 세 가지로 나누어 볼 수 있다.
>
> 가장 먼저 나타난 전통주의는 냉전을 유발한 근본적 책임이 소련의 팽창주의에 있다고 보았다. 소련은 세계를 공산화하기 위한 계획을 수립했고, 이 계획을 실행하기 위해 특히 동유럽 지역을 시작으로 적극적인 팽창 정책을 수행하였다. 그리고 미국이 자유 민주주의 세계를 지켜야 한다는 도덕적 책임감에 기초하여 그에 대한 봉쇄 정책을 추구하는 와중에 냉전이 발생했다고 본다. 그리고 미국의 봉쇄 정책이 성공적으로 수행된 결과 냉전이 종식되었다는 것이 이들의 입장이다.
>
> 여기에 비판을 가한 수정주의는 기본적으로 냉전의 책임이 미국 쪽에 있고, 미국의 정책은 경제적 동기에서 비롯했다고 주장했다. 즉, 미국은 전후 세계를 자신들이 주도해 나가야 한다고 생각했고, 전쟁 중에 급증한 생산력을 유지할 수 있는 시장을 얻기 위해 세계를 개방 경제 체제로 만들고자 했다. 그러므로 미국 정책 수립의 기저에 깔린 것은 이념이 아니라는 것이다. 무엇보다 소련은 미국에 비해 국력이 미약했으므로 적극적 팽창 정책을 수행할 능력이 없었다는 것이 수정주의의 기본적 입장이었다. 오히려 미국이 유럽에서 공격적인 정책을 수행했고, 소련은 이에 대응했다는 것이다.

보기

> 탈수정주의는 냉전의 책임을 일방적으로 어느 한쪽에 부과해서는 안 된다고 보았다. 즉, 냉전은 양국이 추진한 정책의 '상호 작용'에 의해 발생했다는 것이다. 또 경제를 중심으로만 냉전을 보아서는 안 되며 안보 문제 등도 같이 고려하여 파악해야 한다고 보았다. 소련의 목적은 주로 안보 면에서 제한적으로 추구되었는데, 미국은 소련의 행동에 과잉 반응했고, 이것이 상황을 악화시켰다는 것이다. 이로 인해 냉전 책임론은 크게 후퇴하고 구체적인 정책 형성에 대한 연구가 부각되었다.

① 탈수정주의는 전통주의와 마찬가지로 냉전의 책임을 소련에게 부여하고 있다.
② 탈수정주의는 수정주의와 마찬가지로 냉전의 책임을 미국에게 부여하고 있다.
③ 탈수정주의와 달리 전통주의는 미국의 봉쇄 정책으로 인해 냉전이 발생했다고 본다.
④ 탈수정주의와 달리 수정주의는 소련의 적극적인 팽창 정책을 냉전의 원인으로 본다.
⑤ 수정주의와 탈수정주의 모두 냉전을 파악하는 데 있어 경제적인 측면을 고려한다.

04 다음 글의 필자가 '아재 개그'에 대해 가지고 있는 견해로 옳지 않은 것은?

> 아재 개그는 '아재'가 하는 개그입니다. 아재의 의미가 '아저씨의 낮춤말' 정도로 해석이 되니, 나이가 좀 있는 남자가 실없는 농담, 웃긴 이야기를 하는 것이라 할 수 있습니다. 일본에서는 비슷한 상황에서 '오야지 개그'라는 표현을 합니다. 오야지가 아버지라는 의미이니까 '아버지의 농담'이라는 뜻입니다. 나이 든 남자의 농담은 국경을 초월해서 어색한 것 같습니다.
>
> 아재 개그를 보면 하는 사람은 무지 웃긴데 듣는 사람의 반응은 제각각입니다. 보통은 헛웃음을 웃는 경우가 많고, 얼굴 표정이 잠시 굳어 있는 경우도 있습니다. 어이가 없다는 반응이지요. 하지만 대부분의 경우는 어떤 모습으로든 서로 웃게 됩니다. 싱겁다는 반응도 나옵니다. 그래서일까요? 아재 개그는 여러 번 생각하면 웃긴 경우도 많습니다. 어이없다고 이야기해 놓고서는 다른 사람에게 전달하는 경우도 있습니다. 누가 이렇게 어이없는 아재 개그를 했다고 말입니다. 뜻밖에도 아재 개그는 이렇게 파급력도 있습니다.
>
> 아재 개그의 주요 소재는 말장난입니다. 한자로 이야기할 때는 언어유희(言語遊戱)라고도 합니다. 비슷한 발음의 단어를 이용해서 웃기는 거죠. 동음이의어는 오래 전부터 개그의 소재가 되었습니다. '친구가 군대에서 전역했어요.'라는 아들의 이야기를 듣고, '점심은 안 했냐?'라고 반응하면 아재 개그가 됩니다. 처음에는 무슨 이야기인지 몰라 어리둥절하다가 표정이 잠시 굳는 거죠.
>
> 예측이 되는 말장난은 아재 개그에도 속하지 못합니다. 그렇게 말할 줄 알았다는 게 아재 개그에서는 가장 치명적인 반응입니다. 청자의 허점을 찌르는 빠른 말장난이 핵심입니다. 어이없지만 웃어줄 만한 개그여야 합니다. 그런 의미에서라면 아재 개그는 언어 감각이 좋아야 할 수 있습니다. 타고난 거라고도 할 수 있습니다. 아재 개그에 천재적인 사람도 있습니다. 그런 사람은 예능계로 나가거나 글을 써야 할 겁니다.
>
> 물론 아재 개그는 노력도 필요합니다. 아재 개그를 하는 사람에게 물어보면 생각나는 아재 개그를 다 말하는 게 아닙니다. 고민 끝에 열 개 중 몇 개만 입 밖으로 내 놓는 겁니다. 너무 많이 아재 개그를 하면 사람들의 반응이 차갑습니다. 아재 개그계에서 퇴출될 수도 있습니다. 아재들의 피나는 노력이 아재 개그를 오래 가게 합니다. 치고 빠질 줄도 알아야 합니다.

① 아재 개그는 실없는 농담이나 어느 정도의 파급력도 가지고 있다.
② 아재 개그 중에서는 몇 번 생각해야 웃긴 것들이 있다.
③ 아재 개그를 너무 많이 하는 것은 오히려 분위기를 굳게 만들 수 있다.
④ 아재 개그에는 동음이의어나 발음의 유사성을 활용한 말장난이 많다.
⑤ 아재 개그를 잘하기 위해서는 노력이 중요하지, 타고난 능력이 중요하지는 않다.

대표기출유형

05 빈칸추론

| 유형분석 |

- 글의 흐름과 내용을 잘 파악할 수 있는지를 평가하는 유형이다.
- 주어진 선택지와 빈칸의 앞뒤 문장을 읽으며 각각 어떤 내용이 들어갈지 유추해 본다.

다음 글의 밑줄 친 빈칸에 들어갈 내용으로 가장 적절한 것은?

포논(Phonon)이라는 용어는 소리(Pho-)라는 접두어에 입자(-non)라는 접미어를 붙여 만든 단어로, 실제로 포논이 고체 안에서 소리를 전달하기 때문에 이런 이름이 붙었다. 어떤 고체의 한쪽을 두드리면 포논이 전파해 반대쪽에서 소리를 들을 수 있다.

아인슈타인이 새롭게 만든 고체의 비열 공식(아인슈타인 모형)은 실험결과와 상당히 잘 맞았다. 그런데 그의 성공은 고체 내부의 진동을 포논으로 해석한 데에만 있지 않다. 그는 포논이 보존(Boson) 입자라는 사실을 간파하고, 고체 내부의 세상에 보존의 물리학(보즈 – 아인슈타인 통계)을 적용했다. 비로소 고체의 비열이 온도에 따라 달라진다는 결론을 얻을 수 있었다.

양자역학의 세계에서 입자는 스핀 상태에 따라 분류된다. 스핀이 1/2의 홀수배(1/2, 3/2, …)인 입자들은 원자로를 개발한 유명한 물리학자 엔리코 페르미의 이름을 따 '페르미온'이라고 부른다. 오스트리아의 이론 물리학자 볼프강 파울리는 페르미온들은 같은 에너지 상태를 가질 수 없고 서로 배척한다는 사실을 알아냈다(즉, 같은 에너지 상태에서는 +/- 반대의 스핀을 갖는 페르미온끼리만 같이 존재할 수 있다). 이를 '파울리의 배타원리'라고 한다. 페르미온은 대개 양성자, 중성자, 전자 같은 물질을 구성하며, 파울리의 배타원리에 따라 페르미온 입자로 이뤄진 물질은 우리가 손으로 만질 수 있다.

스핀이 0, 1, 2, … 등 정수 값인 입자도 있다. 바로 보존이다. 인도의 무명 물리학자였던 사티엔드라 나트 보즈의 이름을 본 땄다. 보즈는 페르미가 개발한 페르미 통계를 공부하고 보존의 물리학을 만들었다. 당시 그는 박사학위도 없는 무명의 물리학자여서 논문을 작성한 뒤 아인슈타인에게 편지로 보냈다. 다행히 아인슈타인은 그 논문을 쓰레기통에 넣지 않고 꼼꼼히 읽어본 뒤 자신의 생각을 첨가하고 독일어로 번역해 학술지에 제출했다. 바로 보존 입자의 물리학(보즈 – 아인슈타인 통계)이다. 이에 따르면, 보존 입자는 페르미온과 달리 파울리의 배타원리를 따르지 않는다. 따라서 같은 에너지 상태를 지닌 입자라도 서로 겹쳐서 존재할 수 있다. 만져지지 않는 에너지 덩어리인 셈이다. 이들 보존 입자는 대개 힘을 매개한다.

빛 알갱이, 즉 _____ 빛은 실험을 해보면 입자의 특성을 보이지만, 질량이 없고 물질을 투과하며 만져지지 않는다. 포논은 어떨까? 원자 사이의 용수철 진동을 양자화 한 것이므로 물질이 아니라 단순한 에너지의 진동으로서 파울리의 배타원리를 따르지 않는다. 즉, 포논은 광자와 마찬가지로 스핀이 0인 보존 입자다.

① 광자는 보존의 대표적인 예다.
② 광자는 페르미온의 대표적인 예다.
③ 광자는 파울리의 배타원리를 따른다.
④ 광자는 스핀 상태에 따라 분류할 수 없다.
⑤ 광자는 스핀이 1/2의 홀수배인 입자의 대표적인 예다.

정답 ①

빈칸의 전 문단에서 '보존 입자는 페르미온과 달리 파울리의 배타원리를 따르지 않는다. 따라서 같은 에너지 상태를 지닌 입자라도 서로 겹쳐서 존재할 수 있다. 만져지지 않는 에너지 덩어리인 셈이다.'라고 하였고, 빈칸 다음 문장에서 '빛은 실험을 해보면 입자의 특성을 보이지만, 질량이 없고 물질을 투과하며 만져지지 않는다.'라고 하였다. 또한 마지막 문장에서 '포논은 광자와 마찬가지로 스핀이 0인 보존 입자다.'라고 하였으므로 광자는 스핀이 0인 보존 입자라는 것을 알 수 있다. 따라서 빈칸에 들어갈 내용으로는 ①이 가장 적절하다.

오답분석

③ 광자가 파울리의 배타원리를 따른다면, 파울리의 배타원리에 따라 페르미온 입자로 이뤄진 물질은 우리가 손으로 만질 수 있어야 한다. 그러나 광자는 질량이 없고 물질을 투과하며 만져지지 않는다고 하였으므로 적절하지 않은 내용이다.
④ '포논은 광자와 마찬가지로 스핀이 0인 보존 입자다.'라는 문장에서 광자는 스핀 상태에 따라 분류할 수 있는 입자임을 알 수 있으므로 적절하지 않은 내용이다.
⑤ 스핀이 1/2의 홀수배인 입자들은 페르미온이라고 하였고, 광자는 스핀이 0인 보존 입자이므로 적절하지 않은 내용이다.

30초 컷 풀이 Tip

제시문을 모두 읽고 풀기에는 시간이 부족하다. 따라서 빈칸의 전후 문장만을 통해 내용을 파악할 수 있어야 한다. 주어진 문장을 각각 빈칸에 넣었을 때 그 흐름이 어색하지 않은지 살펴보는 것도 좋은 방법이다.

대표기출유형 05 기출응용문제

※ 다음 글의 밑줄 친 빈칸에 들어갈 내용으로 가장 적절한 것을 고르시오. [1~4]

Easy
01

> 자율주행차란 운전자가 핸들과 가속페달, 브레이크 등을 조작하지 않아도 정밀한 지도, 위성항법시스템(GPS) 등 차량의 각종 센서로 상황을 파악해 스스로 목적지까지 찾아가는 자동차를 말한다. 국토교통부는 자율주행차의 상용화를 위해 '부분 자율주행차(레벨 3)' 안전기준을 세계 최초로 도입했다고 밝혔다. 이에 따라 7월부터는 자동으로 차로를 유지하는 기능이 탑재된 레벨 3 자율주행차의 출시와 판매가 가능해진다. 국토부가 마련한 안전기준에 따르면 레벨 3 부분 자율주행차는 운전자 탑승이 확인된 후에만 작동할 수 있다. 자동 차로 유지 기능은 운전자가 직접 운전하지 않아도 자율주행시스템이 차선을 유지하면서 주행하고 긴급 상황 등에 대응하는 기능이다. 기존 '레벨 2'는 차로 유지 기능을 작동했을 때 차량이 차선을 이탈하면 경고 알람이 울리는 정도여서 운전자가 직접 운전을 해야 했지만, 레벨 3 안전기준이 도입되면 지정된 작동 영역 안에서는 자율주행차의 책임 아래 _____

① 운전자가 탑승하지 않더라도 자율주행이 가능해진다.
② 운전자가 직접 조작하지 않더라도 자동으로 속도 조절이 가능해진다.
③ 운전자가 운전대에서 손을 떼고도 차로를 유지하며 자율주행이 가능해진다.
④ 운전자가 직접 조작하지 않더라도 차량 간 일정한 거리 유지가 가능해진다.
⑤ 운전자가 차선을 이탈할 경우 경고 알람이 울리므로 운전자의 집중이 요구된다.

Hard
02

최근 경제·시사분야에서 빈번하게 등장하는 탄소배출권(CER; Certified Emission Reduction)에 대한 개념을 이해하기 위해서는 먼저 교토메커니즘(Kyoto Mechanism)과 탄소배출권거래제(Emission Trading)를 알아둘 필요가 있다.

교토메커니즘은 지구 온난화의 규제 및 방지를 위한 국제 협약인 기후변화협약의 수정안인 교토 의정서에서, 온실가스를 보다 효과적이고 경제적으로 줄이기 위해 도입한 세 유연성체제인 '공동이행제도', '청정개발체제', '탄소배출권거래제'를 묶어 부르는 것이다.

이 중 탄소배출권거래제는 교토의정서 6대 온실가스인 이산화탄소, 메테인, 아산화질소, 과불화탄소, 수소불화탄소, 육불화황의 배출량을 줄여야 하는 감축의무국가가 의무감축량을 초과 달성하였을 경우에 그 초과분을 다른 국가와 거래할 수 있는 제도로, _____ 결국 탄소배출권이란 현금화가 가능한 일종의 자산이자 가시적인 자연보호성과인 셈이며, 이에 따라 많은 국가 및 기업에서 탄소배출을 줄임과 동시에 탄소감축활동을 통해 탄소배출권을 획득하기 위해 동분서주하고 있다. 특히 기업들은 탄소배출권을 확보하는 주요 수단인 청정개발체제 사업을 확대하는 추세인데, 청정개발체제 사업은 개발도상국에 기술과 자본을 투자해 탄소배출량을 줄였을 경우에 이를 탄소배출량 감축목표달성에 활용할 수 있도록 한 제도이다.

① 다른 국가를 도왔을 때 그로 인해 줄어든 탄소배출량을 감축목표량에 더할 수 있는 것이 특징이다.
② 교토메커니즘의 세 유연성체제 중에서도 가장 핵심이 되는 제도라고 할 수 있다.
③ 6대 온실가스 중에서도 특히 이산화탄소를 줄이기 위해 만들어진 제도이다.
④ 의무감축량을 준수하지 못한 경우에도 다른 국가로부터 감축량을 구입할 수 있는 것이 특징이다.
⑤ 다른 감축의무국가를 도움으로써 획득한 탄소배출권이 사용되는 배경이 되는 제도이다.

03

미세먼지와 황사는 여러모로 비슷하면서도 뚜렷한 차이점을 지니고 있다. 삼국사기에도 기록되어 있는 황사는 중국 내륙 내몽골 사막에 강풍이 불면서 날아오는 모래와 흙먼지를 일컫는데, 장단점이 존재했던 과거와 달리 중국 공업지대를 지난 황사에 미세먼지와 중금속 물질이 더해지며 심각한 환경문제로 대두되었다. 이와 달리 미세먼지는 일반적으로는 대기오염물질이 공기 중에 반응하여 형성된 황산염이나 질산염 등 이온 성분, 석탄·석유 등에서 발생한 탄소화합물과 검댕, 흙먼지 등 금속화합물의 유해성분으로 구성된다.

미세먼지의 경우 통념적으로는 먼지를 미세먼지와 초미세먼지로 구분하고 있지만, 대기환경과 환경보전을 목적으로 하는 환경정책기본법에서는 미세먼지를 PM(Particulate Matter)이라는 단위로 구분한다. 즉, 미세먼지(PM_{10})의 경우 입자의 크기가 $10\mu m$ 이하인 먼지이고, 미세먼지($PM_{2.5}$)는 입자의 크기가 $2.5\mu m$ 이하인 먼지로 정의하고 있다. 이에 비해 황사는 통념적으로는 입자 크기로 구분하지 않으나 주로 지름 $20\mu m$ 이하의 모래로 구분하고 있다. 때문에 _____.

① 황사 문제를 해결하기 위해서는 근본적으로 황사의 발생 자체를 억제할 필요가 있다.
② 황사와 미세먼지의 차이를 입자의 크기만으로 구분 짓긴 어렵다.
③ 미세먼지의 역할 또한 분명히 존재함을 기억해야 할 것이다.
④ 황사와 미세먼지의 근본적인 구별법은 그 역할에서 찾아야 할 것이다.
⑤ 초미세먼지를 차단할 수 있는 마스크라 해도 황사와 초미세먼지를 동시에 차단하긴 어렵다.

04

오늘날 인류가 왼손보다 오른손을 선호하는 경향은 어디서 비롯되었을까? 오른손을 귀하게 여기고 왼손을 천대하는 현상은 어쩌면 산업화 이전 사회에서 배변 후 사용할 휴지가 없었다는 사실과 관련이 있을 법하다. 맨손으로 배변 뒤처리를 하는 것은 불쾌할 뿐더러 병균을 옮길 위험을 수반하는 일이었다. 이런 위험성을 낮추는 간단한 방법은 음식을 먹거나 인사할 때 다른 손을 사용하는 것이었다. 기술 발달 이전의 사회는 대개 왼손을 배변 뒤처리에, 오른손을 먹고 인사하는 일에 사용했다. 나는 이런 배경이 인간 사회에 널리 나타나는 '오른쪽'에 대한 긍정과 '왼쪽'에 대한 반감을 어느 정도 설명해 줄 수 있으리라고 생각했다. 그러나 이 설명은 왜 애초에 오른손이 먹는 일에, 그리고 왼손이 배변 처리에 사용되었는지 설명해주지 못한다. _____ 따라서 근본적인 설명은 다른 곳에서 찾아야 할 것 같다.

한쪽 손을 주로 쓰는 경향은 뇌의 좌우반구의 기능 분화와 관련되어 있는 것으로 보인다. 보고된 증거에 따르면, 왼손잡이는 읽기와 쓰기, 개념적·논리적 사고 같은 좌반구 기능에서 오른손잡이보다 상대적으로 미약한 대신 상상력, 패턴 인식, 창의력 등 전형적인 우반구 기능에서는 상대적으로 기민한 경우가 많다.

나는 이성 대 직관의 힘겨루기, 뇌의 두 반구 사이의 힘겨루기가 오른손과 왼손의 힘겨루기로 표면화된 것이 아닐까 생각한다. 즉 오른손이 원래 왼손보다 더 능숙했기 때문이 아니라 뇌의 좌반구가 인간의 행동을 지배하는 권력을 갖게 되었기 때문에 오른손 선호에 이르렀다는 생각이다.

① 동서양을 막론하고 왼손잡이 사회는 확인된 바 없기 때문이다.
② 기능적으로 왼손이 오른손보다 섬세하기 때문이다.
③ 모든 사람들이 오른쪽을 선호하는 것이 아니기 때문이다.
④ 양손의 기능을 분담시키지 않는 사람이 존재할 수도 있기 때문이다.
⑤ 현대사회에 들어서 왼손잡이가 늘어나고 있기 때문이다.

CHAPTER 02 수리력

합격 CHEAT KEY

수리력은 응용수리, 자료해석을 평가하기 위한 영역으로 응용수리는 방정식이나 경우의 수 등의 일반적인 응용수리 유형이 출제되고 있으며, 자료해석은 일반적인 표와 그래프를 해석하고 이를 활용하여 풀이하는 문제가 출제된다.

01 응용수리

수의 관계에 대해 알고 미지수를 구하기 위해 필요한 계산식을 세울 수 있는지를 평가하는 유형이다. 농도·시간·거리·속도·일(작업시간) 등과 관련된 방정식 문제가 주로 출제되며, 기타 방정식, 경우의 수·확률 문제도 출제된다. 따라서 이와 관련된 기본 공식을 외워두어야 한다.

> **학습 포인트**
> - 정형화된 유형을 풀어보고 숙지하여 기본을 튼튼히 해야 한다.
> - 경우의 수나 확률과 같은 유형은 고등학교 수준의 문제를 풀어보는 것이 도움이 될 수 있다.

02 자료해석

표나 그래프 등 주어진 자료를 보고 필요한 정보를 빠르게 찾아 해석할 수 있는지를 평가하는 유형이다. 자료해석은 모든 기업의 인적성검사에서 출제되고 있는 영역이므로 꾸준히 연습한다면 충분히 좋은 결과를 얻을 수 있다.

학습 포인트

- 표, 꺾은선 그래프, 막대 그래프, 원 그래프 등 다양한 형태의 자료를 눈에 익힌다. 그래야 실제 시험에서 자료가 제시되었을 때 중점을 두고 파악해야 할 부분이 빠르게 보일 것이다.
- 한 문제당 제시되는 정보의 양이 매우 많으므로 시간을 절약하기 위해서는 문제를 읽고 바로 풀이에 들어가는 것보다는, 선택지를 먼저 읽고 필요한 정보만 추출하여 답을 찾는 것이 좋다.

CHAPTER 02 이론점검

01 응용수리

1. 수의 관계

(1) 약수와 배수
a가 b로 나누어떨어질 때, a는 b의 배수, b는 a의 약수

(2) 소수
1과 자기 자신만을 약수로 갖는 수. 즉, 약수의 개수가 2개인 수

(3) 합성수
1과 자신 이외의 수를 약수로 갖는 수. 즉, 소수가 아닌 수 또는 약수의 개수가 3개 이상인 수

(4) 최대공약수
2개 이상의 자연수의 공통된 약수 중에서 가장 큰 수

(5) 최소공배수
2개 이상의 자연수의 공통된 배수 중에서 가장 작은 수

(6) 서로소
1 이외에 공약수를 갖지 않는 두 자연수. 즉, 최대공약수가 1인 두 자연수

(7) 소인수분해
주어진 합성수를 소수의 거듭제곱의 형태로 나타내는 것

(8) 약수의 개수
자연수 $N = a^m \times b^n$에 대하여, N의 약수의 개수는 $(m+1) \times (n+1)$개

(9) 최대공약수와 최소공배수의 관계
두 자연수 A, B에 대하여, 최소공배수와 최대공약수를 각각 L, G라고 하면 $A \times B = L \times G$가 성립함

2. 방정식의 활용

(1) 날짜·요일·시계

① 날짜·요일
  ㉠ 1일=24시간=1,440분=86,400초
  ㉡ 날짜·요일 관련 문제는 대부분 나머지를 이용해 계산한다.

② 시계
  ㉠ 시침이 1시간 동안 이동하는 각도 : 30°
  ㉡ 시침이 1분 동안 이동하는 각도 : 0.5°
  ㉢ 분침이 1분 동안 이동하는 각도 : 6°

(2) 시간·속력·거리

① (시간)=$\frac{(거리)}{(속력)}$

② (속력)=$\frac{(거리)}{(시간)}$
  ㉠ 흐르는 물에서 배를 타는 경우
    • (하류로 내려갈 때의 속력)=(배 자체의 속력)+(물의 속력)
    • (상류로 올라갈 때의 속력)=(배 자체의 속력)−(물의 속력)

③ (거리)=(속력)×(시간)
  ㉠ 기차가 터널을 통과하거나 다리를 지나가는 경우
    • (기차가 움직인 거리)=(기차의 길이)+(터널 또는 다리의 길이)
  ㉡ 두 사람이 반대 방향 또는 같은 방향으로 움직이는 경우
    • (두 사람 사이의 거리)=(두 사람이 움직인 거리의 합 또는 차)

(3) 나이·인원·개수

구하고자 하는 것을 미지수로 놓고 식을 세운다. 동물의 경우 다리의 개수에 유의해야 한다.

(4) 원가·정가

① (정가)=(원가)+(이익), (이익)=(정가)−(원가)

② a원에서 $b\%$ 할인한 가격=$a \times \left(1 - \frac{b}{100}\right)$원

(5) 일률·톱니바퀴

① 일률

전체 일의 양을 1로 놓고, 시간 동안 한 일의 양을 미지수로 놓고 식을 세운다.

- (일률) = $\dfrac{(작업량)}{(작업기간)}$

- (작업기간) = $\dfrac{(작업량)}{(일률)}$

- (작업량) = (일률)×(작업기간)

② 톱니바퀴

(톱니 수)×(회전수) = (총 맞물린 톱니 수)

즉, A, B 두 톱니에 대하여, (A의 톱니 수)×(A의 회전수) = (B의 톱니 수)×(B의 회전수)가 성립한다.

(6) 농도

① (농도) = $\dfrac{(용질의 양)}{(용액의 양)}$

② (용질의 양) = $\dfrac{(농도)}{100}$ ×(용액의 양)

(7) 수 I

① 연속하는 세 자연수 : $x-1,\ x,\ x+1$
② 연속하는 세 짝수(홀수) : $x-2,\ x,\ x+2$

(8) 수 II

① 십의 자릿수가 x, 일의 자릿수가 y인 두 자리 자연수 : $10x+y$

   이 수에 대해, 십의 자리와 일의 자리를 바꾼 수 : $10y+x$

② 백의 자릿수가 x, 십의 자릿수가 y, 일의 자릿수가 z인 세 자리 자연수 : $100x+10y+z$

(9) 증가·감소에 관한 문제

① x가 $a\%$ 증가 : $\left(1+\dfrac{a}{100}\right)x$

② y가 $b\%$ 감소 : $\left(1-\dfrac{b}{100}\right)y$

3. 경우의 수·확률

(1) 경우의 수

① 경우의 수 : 어떤 사건이 일어날 수 있는 모든 가짓수

② 합의 법칙

　㉠ 두 사건 A, B가 동시에 일어나지 않을 때, A가 일어나는 경우의 수를 m, B가 일어나는 경우의 수를 n이라고 하면, 사건 A 또는 B가 일어나는 경우의 수는 $m+n$이다.

　㉡ '또는', '~이거나'라는 말이 나오면 합의 법칙을 사용한다.

③ 곱의 법칙

　㉠ A가 일어나는 경우의 수를 m, B가 일어나는 경우의 수를 n이라고 하면, 사건A와 B가 동시에 일어나는 경우의 수는 $m \times n$이다.

　㉡ '그리고', '동시에'라는 말이 나오면 곱의 법칙을 사용한다.

④ 여러 가지 경우의 수

　㉠ 동전 n개를 던졌을 때, 경우의 수 : 2^n

　㉡ 주사위 m개를 던졌을 때, 경우의 수 : 6^m

　㉢ 동전 n개와 주사위 m개를 던졌을 때, 경우의 수 : $2^n \times 6^m$

　㉣ n명을 한 줄로 세우는 경우의 수 : $n! = n \times (n-1) \times (n-2) \times \cdots \times 2 \times 1$

　㉤ n명 중, m명을 뽑아 한 줄로 세우는 경우의 수 : $_n P_m = n \times (n-1) \times \cdots \times (n-m+1)$

　㉥ n명을 한 줄로 세울 때, m명을 이웃하여 세우는 경우의 수 : $(n-m+1)! \times m!$

　㉦ 0이 아닌 서로 다른 한 자리 숫자가 적힌 n장의 카드에서, m장을 뽑아 만들 수 있는 m자리 정수의 개수 : $_n P_m$

　㉧ 0을 포함한 서로 다른 한 자리 숫자가 적힌 n장의 카드에서, m장을 뽑아 만들 수 있는 m자리 정수의 개수 : $(n-1) \times {_{n-1}P_{m-1}}$

　㉨ n명 중, 자격이 다른 m명을 뽑는 경우의 수 : $_n P_m$

　㉩ n명 중, 자격이 같은 m명을 뽑는 경우의 수 : $_n C_m = \dfrac{_n P_m}{m!}$

　㉪ 원형 모양의 탁자에 n명을 앉히는 경우의 수 : $(n-1)!$

⑤ 최단거리 문제 : A에서 B 사이에 P가 주어져 있다면, A와 P의 최단거리, B와 P의 최단거리를 각각 구하여 곱한다.

(2) 확률

① (사건 A가 일어날 확률) = $\dfrac{(\text{사건 A가 일어나는 경우의 수})}{(\text{모든 경우의 수})}$

② 여사건의 확률
  ㉠ 사건 A가 일어날 확률이 p일 때, 사건 A가 일어나지 않을 확률은 $(1-p)$이다.
  ㉡ '적어도'라는 말이 나오면 주로 사용한다.

③ 확률의 계산
  ㉠ 확률의 덧셈
    두 사건 A, B가 동시에 일어나지 않을 때, A가 일어날 확률을 p, B가 일어날 확률을 q라고 하면, 사건 A 또는 B가 일어날 확률은 $p+q$이다.
  ㉡ 확률의 곱셈
    A가 일어날 확률을 p, B가 일어날 확률을 q라고 하면, 사건 A와 B가 동시에 일어날 확률은 $p \times q$이다.

④ 여러 가지 확률
  ㉠ 연속하여 뽑을 때, 꺼낸 것을 다시 넣고 뽑는 경우 : 처음과 나중의 모든 경우의 수는 같다.
  ㉡ 연속하여 뽑을 때, 꺼낸 것을 다시 넣지 않고 뽑는 경우 : 나중의 모든 경우의 수는 처음의 모든 경우의 수보다 1만큼 작다.
  ㉢ (도형에서의 확률) = $\dfrac{(\text{해당하는 부분의 넓이})}{(\text{전체 넓이})}$

02 자료해석

(1) 꺾은선(절선)그래프
   ① 시간적 추이(시계열 변화)를 표시하는 데 적합하다.
      예 연도별 매출액 추이 변화 등
   ② 경과·비교·분포를 비롯하여 상관관계 등을 나타낼 때 사용한다.

〈중학교 장학금, 학비감면 수혜현황〉

(2) 막대그래프
   ① 비교하고자 하는 수량을 막대 길이로 표시하고, 그 길이를 비교하여 각 수량 간의 대소 관계를 나타내는 데 적합하다.
      예 영업소별 매출액, 성적별 인원 분포 등
   ② 가장 간단한 형태로 내역·비교·경과·도수 등을 표시하는 용도로 사용한다.

〈연도별 암 발생 추이〉

(3) 원그래프
① 내역이나 내용의 구성비를 분할하여 나타내는 데 적합하다.
   예 제품별 매출액 구성비 등
② 원그래프를 정교하게 작성할 때는 수치를 각도로 환산해야 한다.

〈C국의 가계 금융자산 구성비〉

(4) 점그래프
① 지역 분포를 비롯하여 도시, 지방, 기업, 상품 등의 평가나 위치, 성격을 표시하는 데 적합하다.
   예 광고 비율과 이익률의 관계 등
② 종축과 횡축에 두 요소를 두고, 보고자 하는 것이 어떤 위치에 있는가를 알고자 할 때 사용한다.

〈OECD 국가의 대학졸업자 취업률 및 경제활동인구 비중〉

(5) 층별그래프

① 합계와 각 부분의 크기를 백분율로 나타내고 시간적 변화를 보는 데 적합하다.
② 합계와 각 부분의 크기를 실수로 나타내고 시간적 변화를 보는 데 적합하다.
   예 상품별 매출액 추이 등
③ 선의 움직임보다는 선과 선 사이의 크기로써 데이터 변화를 나타내는 그래프이다.

〈우리나라 세계유산 현황〉

(6) 레이더 차트(거미줄그래프)

① 다양한 요소를 비교할 때, 경과를 나타내는 데 적합하다.
   예 매출액의 계절변동 등
② 비교하는 수량을 직경, 또는 반경으로 나누어 원의 중심에서의 거리에 따라 각 수량의 관계를 나타내는 그래프이다.

〈외환위기 전후 한국의 경제상황〉

거리 · 속력 · 시간

| 유형분석 |

- (거리)=(속력)×(시간) 공식을 활용한 문제이다.
  (속력)=$\frac{(거리)}{(시간)}$, (시간)=$\frac{(거리)}{(속력)}$
- 기차와 터널의 길이, 물과 같이 속력이 있는 장소 등 추가적인 거리나 속력, 시간에 대한 조건과 결합하여 난도 높은 문제로 출제된다.

S사원은 지하철을 타고 출근한다. 속력이 60km/h인 지하철에 이상이 생겨 평소 속력의 0.4배로 운행하게 되었다. 지하철이 평소보다 45분 늦게 도착하였다면, S사원이 출발하는 역부터 도착하는 역까지 지하철의 이동거리는 얼마인가?

① 20km
② 25km
③ 30km
④ 35km
⑤ 40km

정답 ③

지하철의 이동거리를 $x$km라 하자.
이상이 생겼을 때 지하철의 속력은 60×0.4=24km/h이고, 평소보다 45분 늦게 도착하였으므로 다음과 같은 식이 성립한다.
$$\frac{x}{24} - \frac{x}{60} = \frac{45}{60}$$
→ $5x - 2x = 90$
→ $3x = 90$
∴ $x = 30$
따라서 지하철의 이동거리는 30km이다.

30초 컷 풀이 Tip

1. 미지수를 정할 때에는 문제에서 묻는 것을 정확하게 파악해야 한다.
2. 속력과 시간의 단위를 처음에 정리하여 계산하면 계산 실수 없이 풀이할 수 있다.
   - 1시간=60분=3,600초
   - 1km=1,000m=100,000cm

대표기출유형 01 기출응용문제

Hard

01 서로 직선상에 있는 A지점과 B지점의 거리는 16km이다. 갑은 A지점에서 B지점을 향해 3km/h의 속력으로 걸어서 이동하고, 을은 B지점에서 A지점을 향해 5km/h의 속력으로 자전거를 타고 이동한다. 두 사람은 출발한 지 몇 시간 만에 만나게 되며, 두 사람이 이동한 거리의 차를 바르게 짝지은 것은?

① 1시간, 3km ② 1시간, 5km
③ 2시간, 2km ④ 2시간, 4km
⑤ 3시간, 2km

02 둘레가 6km인 공원에서 나래는 자전거를 타기로 했고, 진혁이는 걷기로 했다. 같은 방향으로 돌면 1시간 30분 후에 다시 만나고, 서로 반대 방향으로 돌면 1시간 후에 만난다. 나래의 속력은?(단, 나래의 속력이 더 빠르다)

① 4.5km/h ② 5km/h
③ 5.5km/h ④ 6km/h
⑤ 6.5km/h

03 운송업체에서 택배 기사로 일하고 있는 S씨는 5곳에 배달을 할 때, 첫 배송지에서 마지막 배송지까지 총 1시간 20분이 걸린다. 이와 같은 속도로 12곳에 배달을 하려고 할 때, 첫 배송지에서 출발해서 마지막 배송지까지 택배를 마치는 데까지 걸리는 시간은?(단, 배송지에서 머무는 시간은 고려하지 않는다)

① 3시간 12분 ② 3시간 25분
③ 3시간 36분 ④ 3시간 40분
⑤ 3시간 52분

대표기출유형

02 농도

| 유형분석 |

- (농도)=$\dfrac{(용질의\ 양)}{(용액의\ 양)} \times 100$ 공식을 활용한 문제이다.
- (소금물의 양)=(물의 양)+(소금의 양)이라는 것에 유의하고, 더해지거나 없어진 것을 미지수로 두고 풀이한다.

농도 9%의 소금물 800g이 있다. 이 소금물을 증발시켜 농도 16%의 소금물을 만들려면 몇 g을 증발시켜야 하는가?

① 300g
② 325g
③ 350g
④ 375g
⑤ 400g

정답 ③

증발시킬 물의 양을 xg이라고 하자.

$$\dfrac{9}{100} \times 800 = \dfrac{16}{100} \times (800-x)$$

→ $7,200 = 12,800 - 16x$

∴ $x = 350$

따라서 농도 16%의 소금물을 만들기 위해 350g의 물을 증발시켜야 한다.

30초 컷 풀이 Tip

1. 숫자의 크기를 최대한 간소화해야 한다. 특히, 농도의 경우 분수와 정수가 같이 제시되고, 최근에는 비율을 활용한 문제가 많이 출제되고 있으므로 통분이나 약분을 통해 수를 간소화시켜 계산 실수를 줄일 수 있도록 한다.
2. 항상 미지수를 구해서 그 값을 계산하여 풀이해야 하는 것은 아니다. 문제에서 원하는 값은 정확한 미지수를 구하지 않아도 풀이과정에서 답이 제시되는 경우가 있으므로 문제에서 묻는 것을 명확히 해야 한다.

대표기출유형 02 기출응용문제

01 농도가 30%인 설탕물을 창가에 두고 물 50g을 증발시켜 농도가 35%인 설탕물을 만들었다. 여기에 설탕을 더 넣어 농도 40%의 설탕물을 만든다면 몇 g의 설탕을 더 넣어야 하는가?

① 20g
② 25g
③ 30g
④ 35g
⑤ 40g

02 S씨는 25% 농도의 코코아 700mL를 즐겨 마신다. S씨가 마시는 코코아에 들어간 코코아 분말의 양은?(단, 1mL=1g이다)

① 170g
② 175g
③ 180g
④ 185g
⑤ 190g

Hard
03 농도가 15%인 소금물을 5% 증발시킨 후 농도가 30%인 소금물 200g을 섞어서 농도가 20%인 소금물을 만들었다. 증발 전 농도가 15%인 소금물의 양은?

① 350g
② 400g
③ 450g
④ 500g
⑤ 550g

대표기출유형 03 일률

유형분석

- 전체 일의 양을 1로 두고 풀이하는 유형이다.
- 분이나 초 단위 계산이 가장 어려운 유형으로 출제되고 있다.
- (일률)=$\frac{(작업량)}{(작업기간)}$, (작업기간)=$\frac{(작업량)}{(일률)}$, (작업량)=(일률)×(작업기간)

한 공장에서는 기계 2대를 운용하고 있다. 이 공장의 전체 작업을 수행할 때 A기계로는 12시간이 걸리며, B기계로는 18시간이 걸린다. 이미 절반의 작업이 수행된 상태에서, A기계로 4시간 동안 작업하다가 이후로는 A, B 두 기계를 모두 동원해 작업을 수행했다면 남은 절반의 작업을 완료하는 데 소요되는 총시간은?

① 1시간
② 1시간 12분
③ 1시간 20분
④ 1시간 30분
⑤ 1시간 40분

정답 ②

전체 일의 양을 1이라고 하자.

A기계가 한 시간 동안 작업할 수 있는 일의 양은 $\frac{1}{12}$이고, B기계가 한 시간 동안 작업할 수 있는 일의 양은 $\frac{1}{18}$이다.

이미 절반의 작업이 진행되었으므로 남은 일의 양은 $1-\frac{1}{2}=\frac{1}{2}$이다.

이 중 A기계로 4시간 동안 작업을 진행했으므로 A기계와 B기계가 함께 작업해야 하는 일의 양은 $\frac{1}{2}-\left(\frac{1}{12}\times 4\right)=\frac{1}{6}$이다.

따라서 남은 $\frac{1}{6}$을 수행하는 데 걸리는 시간은 $\frac{\frac{1}{6}}{\left(\frac{1}{12}+\frac{1}{18}\right)}=\frac{\frac{1}{6}}{\frac{5}{36}}=\frac{6}{5}$시간, 즉 1시간 12분이다.

30초 컷 풀이 Tip

1. 전체의 값을 모르는 상태에서 비율을 묻는 문제의 경우 전체를 1이라고 하면 쉽게 풀이할 수 있다.

   [예] S가 1개의 빵을 만드는 데 3시간이 걸린다. 1개의 빵을 만드는 일의 양을 1이라고 하면 S는 한 시간에 $\frac{1}{3}$만큼의 빵을 만든다.

2. 난도가 높은 일의 양 문제를 접근할 때 전체 일의 양을 막대 그림으로 표현하면서 풀이하면 한눈에 파악할 수 있다.

   [예]

$\frac{1}{2}$ 수행됨	A기계로 4시간 동안 작업	A, B 두 기계를 모두 동원해 작업

대표기출유형 03 기출응용문제

Hard

01 민사원과 안사원이 함께 보고 자료를 만들고 있다. 민사원은 30장의 보고 자료를 만드는 데 2시간, 안사원은 50장을 만드는 데 3시간이 걸린다. 이 둘이 함께 일을 하면 평소보다 10% 느리게 자료를 만들게 된다. 이들이 함께 맡은 새로운 업무를 차장에게 보고하기 위한 자료 120장을 만드는 데 걸리는 최소 시간은?

① $\dfrac{80}{19}$ 시간 ② $\dfrac{81}{20}$ 시간

③ $\dfrac{82}{21}$ 시간 ④ $\dfrac{83}{22}$ 시간

⑤ $\dfrac{81}{22}$ 시간

02 S빌딩 시설관리팀에서 건물 화단 보수를 위해 두 팀으로 나누었다. 한 팀은 작업 하나를 마치는 데 15분이 걸리지만 작업을 마치면 도구 교체를 위해 5분이 걸리고, 다른 한 팀은 작업 하나를 마치는 데 30분이 걸리지만 한 작업을 마치면 도구 교체 없이 바로 다른 작업을 시작한다고 한다. 오후 1시부터 두 팀이 쉬지 않고 작업한다고 할 때, 두 팀이 세 번째로 동시에 작업을 시작하는 시각은?

① 오후 3시 30분 ② 오후 4시
③ 오후 4시 30분 ④ 오후 5시
⑤ 오후 5시 30분

03 화물 운송 A ~ C트럭은 하루 2회 운행하며 192톤을 옮겨야 한다. A트럭만 운행하였을 때 12일이 걸렸고, A트럭과 B트럭을 동시에 운행하였을 때 8일이 걸렸으며, B트럭과 C트럭을 동시에 운행하였을 때 16일이 걸렸다. 이때 C트럭의 적재량은?

① 1톤 ② 2톤
③ 3톤 ④ 4톤
⑤ 5톤

대표기출유형

04 금액

| 유형분석 |

- 원가, 정가, 할인가, 판매가 등의 개념을 명확히 한다.
  (정가)=(원가)+(이익)
  (이익)=(정가)-(원가)
  a원에서 b% 할인한 가격=$a \times \left(1-\dfrac{b}{100}\right)$원
- 난이도가 어려운 편은 아니지만 비율을 활용한 계산 문제이기 때문에 실수하기 쉽다.
- 최근에는 경우의 수와 결합하여 출제되기도 했다.

대학 서적을 도서관에서 빌리면 10일간 무료이고 그 이상은 하루에 100원의 연체료가 부과되며 연체료가 부과되는 시점부터 한 달 단위마다 연체료는 두 배로 늘어난다. 1학기 동안 대학 서적을 도서관에서 빌려 사용하는 데 얼마의 비용이 드는가?(단, 1학기의 기간은 15주이고, 한 달은 30일이다)

① 18,000원 ② 20,000원
③ 23,000원 ④ 25,000원
⑤ 28,000원

정답 ④

- 1학기의 기간 : 15×7=105일
- 연체료가 부과되는 기간 : 105-10=95일
- 연체료가 부과되는 시점에서부터 한 달 동안의 연체료 : 30×100=3,000원
- 두 번째 달 동안의 연체료 : 30×(100×2)=6,000원
- 세 번째 달 동안의 연체료 : 30×(100×2×2)=12,000원
- 95일(3개월 5일) 연체료 : 3,000+6,000+12,000+{5×(100×2×2×2)}=25,000원

30초 컷 풀이 Tip

전체 금액을 구하는 것이 아니라 할인된 금액을 구하면 수의 크기도 작아지고, 풀이 과정을 단축시킬 수 있다. 난이도가 어려운 편은 아니지만, 비율을 활용한 계산 문제이기 때문에 실수하지 않도록 유의한다.

대표기출유형 04 기출응용문제

01 어느 가정의 1월과 6월의 전기요금 비율이 5 : 2이다. 1월의 전기요금에서 6만 원을 뺐을 때 그 비율이 3 : 2라면, 1월의 전기요금은?

① 9만 원
② 10만 원
③ 12만 원
④ 15만 원
⑤ 18만 원

02 철수는 친구들을 초대하여 생일 파티를 열기로 했다. 10,000원짜리 피자와 7,000원짜리 치킨, 그리고 5,000원짜리 햄버거를 주문하려고 하며 피자와 치킨, 햄버거의 개수는 총 10개이다. 각 음식마다 적어도 1개 이상 주문해야 하고 피자는 치킨의 2배 개수를 주문할 때, 총 주문 금액이 가장 큰 경우와 가장 적은 경우의 금액 차이는?

① 6,000원
② 8,000원
③ 12,000원
④ 24,000원
⑤ 36,000원

Easy

03 세희네 가족의 올해 여름 휴가비용은 작년 대비 교통비는 15%, 숙박비는 24% 증가하여 전체 휴가비용이 20% 증가하였다. 작년 전체 휴가비용이 36만 원일 때, 올해 숙박비는?(단, 전체 휴가비는 교통비와 숙박비의 합이다)

① 160,000원
② 184,000원
③ 200,000원
④ 248,000원
⑤ 268,000원

05 경우의 수

| 유형분석 |

- 순열(P)과 조합(C)을 활용한 문제이다.
  $_nP_m = n \times (n-1) \times \cdots \times (n-m+1)$
  $_nC_m = \dfrac{_nP_m}{m!} = \dfrac{n \times (n-1) \times \cdots \times (n-m+1)}{m!}$
- 벤 다이어그램을 활용한 문제가 출제되기도 한다.

A, B 두 명이 호텔에 묵으려고 한다. 선택할 수 있는 호텔 방이 301, 302, 303호 3개일 때, 호텔 방을 선택할 수 있는 경우의 수는?(단, 한 명당 한 방만 선택할 수 있고, 둘 중 한 명이 방을 선택하지 않거나 두 명 모두 방을 선택하지 않을 수도 있다)

① 10가지
② 11가지
③ 12가지
④ 13가지
⑤ 14가지

정답 ④

ⅰ) 둘 다 호텔 방을 선택하는 경우 : $_3P_2 = 3 \times 2 = 6$가지
ⅱ) 둘 중 한 명만 호텔 방을 선택하는 경우 : 호텔 방을 선택하는 사람은 A, B 둘 중에 한 명이고, 한 명이 호텔 방을 선택할 수 있는 경우의 수는 3가지이므로 $2 \times 3 = 6$가지
따라서 두 명이 호텔 방을 선택하는 경우의 수는 두 명 다 선택 안 하는 경우까지 포함한 $6+6+1=13$가지이다.

30초 컷 풀이 Tip

경우의 수 문제는 빠르게 계산할 수 있는 방법을 생각해야 한다. 특히 '이상'과 같은 표현이 사용됐다면 전체(1)에서 나머지를 빼는 방법이 편리하다.

대표기출유형 05 기출응용문제

01 S사의 마케팅부, 영업부, 영업지원부에서 2명씩 대표로 회의에 참석하기로 하였다. 원탁에 같은 부서 사람이 옆자리에 앉는 방식으로 자리배치를 한다고 할 때, 6명이 앉을 수 있는 경우의 수는 모두 몇 가지인가?

① 15가지 ② 16가지
③ 17가지 ④ 18가지
⑤ 19가지

Hard

02 S유치원에 다니는 남자아이 2명과 여자아이 3명에게 고무공을 나누어 주려고 한다. 고무공은 빨간색 5개, 노란색 5개가 있으며 빨간색 공은 남자아이들에게 적어도 1개씩 나누어 주고, 노란색 공은 여자아이들에게 적어도 1개 이상의 같은 개수를 나누어 주기로 하였다. 이때 나누어 줄 수 있는 경우의 수는?

① 85가지 ② 90가지
③ 95가지 ④ 100가지
⑤ 105가지

03 어느 대학교 동아리에서 테니스 경기를 토너먼트 방식으로 진행하려고 한다. 총 16명의 참가자들이 참여했을 때, 최종 우승자가 나올 때까지 진행되는 경기의 수는?(단, 동점자는 없다)

① 11번 ② 12번
③ 13번 ④ 14번
⑤ 15번

06 확률

유형분석

- 순열(P)과 조합(C)을 활용한 문제이다.
- 조건부 확률 문제가 출제되기도 한다.

0, 1, 2, 3, 4가 적힌 5장의 카드가 있다. A와 B는 이 중 3장의 카드를 뽑아 큰 숫자부터 나열하여 가장 큰 세 자리 숫자를 만든 사람이 이기는 게임을 하기로 했다. A가 0, 2, 3을 뽑았을 때, B가 이길 확률은?

① 60%   ② 65%
③ 70%   ④ 75%
⑤ 80%

정답 ③

A는 0, 2, 3을 뽑았으므로 만들 수 있는 가장 큰 세 자리 숫자는 320이다. 이처럼 5장 중 3장의 카드를 뽑을 때 카드의 순서를 고려하지 않고 뽑는 전체 경우의 수는 $_5C_3=10$가지이다.
B가 이기려면 4가 적힌 카드를 뽑거나 1, 2, 3이 적힌 카드를 뽑아야 한다.
4가 적힌 카드를 뽑는 경우의 수는 4를 제외하고 나머지 2장의 카드를 뽑아야 하므로 $_4C_2=6$가지이고, 1, 2, 3이 적힌 카드를 뽑는 경우는 1가지이다.
따라서 B가 이길 확률은 $\frac{6+1}{10} \times 100 = 70\%$이다.

30초 컷 풀이 Tip

여사건의 확률
㉠ 사건 A가 일어날 확률이 p일 때, 사건 A가 일어나지 않을 확률은 $(1-p)$이다.
㉡ '적어도'라는 말이 나오면 주로 사용한다.

확률의 덧셈
두 사건 A, B가 동시에 일어나지 않을 때, A가 일어날 확률을 p, B가 일어날 확률을 q라고 하면, 사건 A 또는 B가 일어날 확률은 $p+q$이다.

확률의 곱셈
A가 일어날 확률을 p, B가 일어날 확률을 q라고 하면, 사건 A와 B가 동시에 일어날 확률은 $p \times q$이다.

대표기출유형 06 기출응용문제

Easy

01 비가 온 다음 날 비가 올 확률은 $\frac{1}{3}$, 비가 안 온 다음 날 비가 올 확률은 $\frac{1}{8}$이다. 내일 비가 올 확률이 $\frac{1}{5}$일 때, 모레 비가 안 올 확률은?

① $\frac{1}{4}$
② $\frac{5}{6}$
③ $\frac{5}{7}$
④ $\frac{6}{11}$
⑤ $\frac{7}{11}$

02 같은 회사에 다니는 A사원과 B사원이 건물 맨 꼭대기인 9층에서 엘리베이터를 함께 탔다. 두 사원이 서로 다른 층에 내릴 확률은?(단, 두 사원 모두 지하에서는 내리지 않는다)

① $\frac{5}{27}$
② $\frac{8}{27}$
③ $\frac{2}{3}$
④ $\frac{8}{9}$
⑤ $\frac{77}{81}$

03 어느 학교의 학생은 A과목과 B과목 중 한 과목만을 선택하여 수업을 받는다고 한다. A과목과 B과목을 선택한 학생의 비율이 각각 전체의 40%, 60%이고, A과목을 선택한 학생 중 여학생은 30%, B과목을 선택한 학생 중 여학생은 40%라고 하자. 이 학교의 3학년 학생 중에서 임의로 뽑은 학생이 여학생일 때, 그 학생이 B과목을 선택한 학생일 확률은?

① $\frac{1}{3}$
② $\frac{2}{3}$
③ $\frac{1}{4}$
④ $\frac{3}{4}$
⑤ $\frac{2}{5}$

07 자료추론

유형분석

- 자료를 보고 해석하거나 추론한 내용을 고르는 문제가 출제된다.
- 증감 추이를 판단하거나 증감률, 증감폭 등의 간단한 계산이 포함되어 있다.
- %와 %p의 차이점을 알고 적용할 수 있어야 한다.

다음은 성별 국민연금 가입자 현황이다. 이에 대한 설명으로 옳은 것은?

〈성별 국민연금 가입자 수〉

(단위 : 명)

구분	사업장 가입자	지역 가입자	임의 가입자	임의계속 가입자	합계
남성	8,059,994	3,861,478	50,353	166,499	12,138,324
여성	5,775,011	3,448,700	284,127	296,644	9,804,482
합계	13,835,005	7,310,178	334,480	463,143	21,942,806

① 가입자 수가 많은 순서대로 나열하면 '사업장 가입자 – 지역 가입자 – 임의 가입자 – 임의계속 가입자' 순서이다.
② 여성 사업장 가입자 수는 나머지 여성 가입자 수를 모두 합친 것보다 적다.
③ 전체 지역 가입자 수는 전체 사업장 가입자 수의 50% 미만이다.
④ 남성 사업장 가입자 수는 남성 지역 가입자 수의 2배 미만이다.
⑤ 전체 가입자 중 여성 가입자 수의 비율은 40% 이상이다.

정답 ⑤

전체 가입자 중 여성 가입자 수의 비율은 $\frac{9,804,482}{21,942,806} \times 100 ≒ 44.7\%$이다.

오답분석

① 가입자 수가 많은 집단 순서는 '사업장 가입자 – 지역 가입자 – 임의계속 가입자 – 임의 가입자' 순서이다.
② 여성 가입자 전체 수인 9,804,482명에서 여성 사업장 가입자 수인 5,775,011명을 빼면 4,029,471명이므로 여성 사업장 가입자 수가 나머지 여성 가입자 수를 모두 합친 것보다 많다.
③ 전체 지역 가입자 수는 전체 사업장 가입자 수의 $\frac{7,310,178}{13,835,005} \times 100 ≒ 52.8\%$이다.
④ 남성 사업장 가입자 수는 8,059,994명으로 남성 지역 가입자 수의 2배인 3,861,478×2=7,722,956명보다 많다.

30초 컷 풀이 Tip

계산이 필요 없거나 생각하지 않아도 되는 선택지부터 먼저 해결하여 시간을 단축한다.

대표기출유형 07 기출응용문제

01 다음 자료는 어느 나라의 2023년과 2024년의 노동 가능 인구구성의 변화를 나타낸 것이다. 2023년과 비교한 2024년의 상황을 바르게 설명한 것은?

〈노동 가능 인구구성의 변화〉

구분	취업자	실업자	비경제활동인구
2023년	55%	25%	20%
2024년	43%	27%	30%

① 이 자료에서 실업자의 수는 알 수 없다.
② 실업자의 비율은 감소하였다.
③ 경제활동인구는 증가하였다.
④ 취업자 비율의 증감폭이 실업자 비율의 증감폭보다 작다.
⑤ 비경제활동인구의 비율은 감소하였다.

02 다음은 2017 ~ 2023년 우리나라 지진 발생 현황에 대한 자료이다. 이에 대한 설명으로 옳은 것은?

〈우리나라 지진 발생 현황〉

구분	지진 횟수	최고 규모
2017년	42회	3.3
2018년	52회	4.0
2019년	56회	3.9
2020년	93회	4.9
2021년	49회	3.8
2022년	44회	3.9
2023년	492회	5.8

① 지진 횟수가 증가할 때 지진의 최고 규모도 커진다.
② 2020년에는 2019년보다 지진이 44회 더 발생했다.
③ 2017년 이후 지진 발생 횟수가 꾸준히 증가하고 있다.
④ 2023년에 발생한 지진은 2017년부터 2022년까지의 평균 지진 발생 횟수에 비해 약 8.8배 급증했다.
⑤ 2020년에 일어난 규모 4.9의 지진은 2017년 이후 우리나라에서 발생한 지진 중 가장 강력한 규모이다.

03 S카드사는 카드 이용 시 제공되는 할인 서비스에 대한 기존 고객의 선호도를 조사하여 신규 상품에 적용하고자 한다. S카드사 이용 고객 2,000명을 대상으로 실시한 선호도 조사 결과가 다음과 같을 때, 이에 대한 〈보기〉의 설명 중 옳은 것을 모두 고르면?

〈할인 서비스 선호도 조사 결과〉

(단위 : %)

구분	남성	여성	전체
주유	18	22	20
온라인 쇼핑	10	18	14
영화관	24	23	23.5
카페	8	13	10.5
제과점	22	17	19.5
편의점	18	7	12.5

※ 응답자들은 가장 선호하는 할인 서비스 항목 1개를 선택하였음

보기

ㄱ. 선호도 조사 응답자 2,000명의 남녀 비율은 동일하다.
ㄴ. 편의점 할인 서비스는 남성보다 여성 응답자가 더 선호한다.
ㄷ. 온라인 쇼핑 할인 서비스를 선택한 남성은 모두 130명이다.
ㄹ. 남성과 여성 응답자는 모두 영화관 할인 서비스를 가장 선호한다.

① ㄱ, ㄴ ② ㄱ, ㄹ
③ ㄴ, ㄷ ④ ㄴ, ㄹ
⑤ ㄷ, ㄹ

04 다음은 S연구소에서 제습기 A~E의 습도별 연간소비전력량을 측정한 자료이다. 이에 대한 〈보기〉의 설명 중 옳은 것을 모두 고르면?

〈제습기 A~E의 습도별 연간소비전력량〉

(단위 : kWh)

습도 제습기	40%	50%	60%	70%	80%
A	550	620	680	790	840
B	560	640	740	810	890
C	580	650	730	800	880
D	600	700	810	880	950
E	660	730	800	920	970

보기

ㄱ. 습도가 70%일 때, 연간소비전력량이 가장 적은 제습기는 A이다.
ㄴ. 각 습도에서 연간소비전력량이 많은 제습기부터 순서대로 나열하면, 습도 60%일 때와 습도 70%일 때의 순서는 동일하다.
ㄷ. 습도가 40%일 때 제습기 E의 연간소비전력량은 습도가 50%일 때 제습기 B의 연간소비전력량보다 많다.
ㄹ. 제습기 각각에서 연간소비전력량은 습도가 80%일 때가 40%일 때의 1.5배 이상이다.

① ㄱ, ㄴ 　　　　　② ㄱ, ㄷ
③ ㄴ, ㄹ 　　　　　④ ㄱ, ㄷ, ㄹ
⑤ ㄴ, ㄷ, ㄹ

08 자료계산

| 유형분석 |

- 자료상에 주어진 공식을 활용하는 계산 문제와 증감률, 비율, 합, 차 등을 활용한 문제가 출제된다.
- 많은 문제가 출제되지는 않지만, 숫자가 큰 경우가 많으므로 정확한 수치와 제시된 조건을 꼼꼼히 확인하여 실수를 하지 않는 것이 중요하다.
- 단위를 반드시 확인한다.

다음은 방송통신위원회가 발표한 2024년 지상파방송의 프로그램 수출입 현황이다. 프로그램 수입에서 영국이 차지하는 비율은?(단, 비율은 소수점 둘째 자리에서 반올림한다)

① 45.2% ② 43.8%
③ 41.1% ④ 39.5%
⑤ 37.7%

정답 ④

도표에 나타난 프로그램 수입비용을 모두 합하면 380만 달러이며, 이 중 영국에서 수입하는 액수는 150만 달러이므로 그 비중은 약 39.5%에 달한다.

30초 컷 풀이 Tip

기준 값이 동일한 경우에는 정확한 수치를 계산하지 않고, 비율로 계산해도 동일한 결과를 얻을 수 있다.

대표기출유형 08 기출응용문제

01 S사는 휴대폰 부품 A, B를 생산하고 있다. 각 부품에 대한 불량률이 다음과 같을 때, 한 달간 생산되는 A, B부품의 불량품 개수 차는?

〈부품별 한 달 생산 개수 및 불량률〉

구분	A부품	B부품
생산 개수	3,000개	4,100개
불량률	25%	15%

① 120개
② 125개
③ 130개
④ 135개
⑤ 140개

02 황대리는 자동차업계 매출현황에 대한 보고서를 작성 중이었다. 그런데 실수로 커피를 쏟아 매출평균 부분이 얼룩지게 되었다. 황대리가 기억하는 총매출은 246억 원이고, 3분기까지의 평균은 22억 원이었다. 남아있는 매출현황을 보고 4분기의 평균을 바르게 구한 것은?

〈월별 매출현황〉

(단위 : 억 원)

1월	2월	3월	4월	5월	6월	7월	8월	9월	10월	11월	12월
-	-	-	16	-	-	12	-	18	-	20	-

① 14억 원
② 16억 원
③ 18억 원
④ 20억 원
⑤ 22억 원

03 다음은 의약품 종류별 가격 및 상자 수에 대한 자료이다. 종류별 상자 수를 가중치로 적용하여 가격에 대한 가중평균을 구하면 66만 원이다. 이때 빈칸에 들어갈 알맞은 수는?

〈의약품 종류별 가격 및 상자 수〉

(단위 : 만 원, 개)

구분	A	B	C	D
가격	( )	70	60	65
상자 수	30	20	30	20

① 60
② 65
③ 70
④ 75
⑤ 80

[Hard]

04 다음은 S마트의 과자 종류에 따른 가격 및 할인율에 대한 자료이다. S마트는 A ~ C과자에 기획 상품 할인을 적용하여 팔고 있다. 모든 과자를 정상가로 각각 2봉지씩 구매할 수 있는 금액을 가지고 할인율이 적용된 가격으로 각각 2봉지씩 과자를 구매했다. 남은 돈으로 A과자를 더 산다고 할 때, A과자를 몇 봉지를 더 살 수 있는가?

〈과자별 가격 및 할인율〉

구분	A	B	C
정상가	1,500원	1,200원	2,000원
할인율		20%	40%

① 5봉지
② 4봉지
③ 3봉지
④ 2봉지
⑤ 1봉지

05 다인이와 5명의 친구들이 몸무게와 키를 측정하였다. 다음 6명 중 두 번째로 키가 큰 사람은 누구이며, 그 사람의 몸무게는 몇 번째로 가벼운가?

① 연준, 4번째
② 연준, 3번째
③ 재성, 4번째
④ 재성, 3번째
⑤ 재성, 2번째

CHAPTER 03 추리력

합격 CHEAT KEY

S-OIL의 추리력은 지원자의 형태지각 능력 및 공간지각 능력을 평가한다. 매 시험마다 다른 유형의 문제가 번갈아 출제되는데, 크게는 도형의 변화를 보고 적용된 규칙을 유추하여 빈칸을 채우는 유형과 여러 가지 규칙이 적용된 결과물을 찾는 유형으로 나눌 수 있다. 그러나 적용되는 규칙은 크게 벗어나지 않고 있으므로 지난 기출문제 등을 통해 다양한 유형을 학습하는 것이 가장 효과적이다.

주어진 도형의 배열로부터 규칙성을 발견해내거나 도형의 변화 관계를 파악하여 문제에 제시된 도형이 어떻게 변화하는지 신속하고 정확하게 유추하는 유형으로 실제 시험에서는 문제를 풀기 전 예제 문제를 통해 유형을 파악할 시간이 주어진다. 다양한 도형추리 문제를 풀어보면서 일정한 규칙을 파악하고 빠른 시간 내에 규칙을 인지해야 하며, 정답을 찾는 연습을 통해 실제 연습에서 효과적으로 대처할 수 있다.

학습 포인트

- 색 반전, 회전, 대칭, 교환 등 모든 문제에 적용되는 규칙은 한정되어 있다. 따라서 최대한 기출 유형을 모두 풀어보면서 다양한 규칙을 익혀 두면 실제 시험에서 규칙을 빠르게 찾아내는 데 유리할 것이다.
- 조건이 여러 번 적용되어 한 번이라도 규칙을 잘못 적용하면 결과가 전혀 달라질 수 있다. 단계별로 정확히 흐름을 따라가며 실수하지 않도록 주의해야 한다.

대표기출유형

도형추리 ①

| 유형분석 |

- 3×3의 칸에 나열된 각 도형들 사이의 규칙을 찾아 ?에 들어갈 알맞은 도형을 찾는 유형이다.
- 이때 규칙은 가로 또는 세로로 적용되며, 회전, 색 반전, 대칭, 겹치는 부분 지우기 / 남기기 / 색 반전 등 다양한 규칙이 적용된다.

다음 도형의 규칙을 보고 ?에 들어갈 도형으로 알맞은 것을 고르면?

①   ②

③   ④

⑤

정답 ①

규칙은 세로로 적용된다.
첫 번째 도형과 두 번째 도형을 합쳤을 때, 만들어지는 면에 색을 칠한 도형이 세 번째 도형이다.

대표기출유형 01 기출응용문제

※ 다음 도형의 규칙을 보고 ?에 들어갈 도형으로 알맞은 것을 고르시오. **[1~3]**

01

①

②

③

④

⑤

Easy 02

03

①
②
③
④
⑤

02 도형추리 ②

| 유형분석 |

- 평면도형에 대한 형태지각 능력과 추리 능력을 평가하는 유형이다.
- 내부 도형 이동, 색 반전, 회전 등 다양한 규칙이 적용된다.

다음 도형 또는 내부의 기호들은 일정한 규칙으로 변화한다. ?에 들어갈 도형으로 알맞은 것은?

① 　②

③ 　④

⑤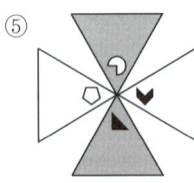

정답 ③

가장 큰 4개의 정삼각형 도형 안에서 회색 정삼각형 안의 작은 도형의 경우 모서리 쪽으로 시계 방향으로 이동하고 있으며, 흰색 정삼각형 안의 작은 도형의 경우 모서리 쪽으로 시계 반대 방향으로 이동하고 있다. 작은 도형들 중 흰색 도형은 시계 방향으로 90° 회전하고 있으며, 검은색 도형은 시계 반대 방향으로 90° 회전하고 있다.

대표기출유형 02 기출응용문제

※ 다음 도형 또는 내부의 기호들은 일정한 규칙을 가지고 변화한다. ?에 들어갈 도형으로 알맞은 것을 고르시오. [1~3]

Hard
01

Easy 02

   ?

① 　　②

③ 　　④

⑤

03

①

②

③

03 도형추리 ③

| 유형분석 |

- 제시된 도형을 보고 규칙을 찾는 유형이다.
- 내부 도형 이동, 색 반전, 회전 등 다양한 규칙이 적용된다.

다음 기호들은 일정한 규칙에 따라 도형을 변화시킨다. 기호에 해당하는 규칙을 파악하여 ?에 들어갈 도형으로 알맞은 것은?

보기

①   ②

③   ④

⑤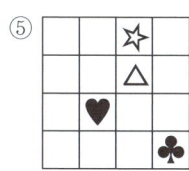

정답 ④

㉠ : 흰색 도형만 왼쪽으로 한 칸 이동
㉡ : 검은색 도형만 시계 방향으로 90° 회전

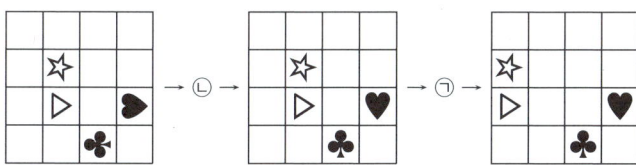

대표기출유형 03　기출응용문제

※ 다음 기호들은 일정한 규칙에 따라 도형을 변화시킨다. 기호에 해당하는 규칙을 파악하여 ?에 들어갈 도형으로 알맞은 것을 고르시오. **[1~2]**

01

① 　②

③ 　④

⑤

02

PART 3

최종점검 모의고사

- **제1회** 최종점검 모의고사
- **제2회** 최종점검 모의고사
- **제3회** 최종점검 모의고사

S-OIL 온라인 인적성검사	
도서 동형 온라인 실전연습 서비스	ATLH-00000-6D77C

S-OIL 온라인 인적성검사		
영역	문항 수	제한시간
언어력	15문항	20분
수리력	20문항	25분
추리력	15문항	15분

제1회 최종점검 모의고사

문항 수 : 50문항   응시시간 : 60분

정답 및 해설 p.032

01 언어력

01 다음 글의 빈칸에 들어갈 내용으로 가장 적절한 것은?

> 어떻게 그 공이 세 가지가 있다고 말하는가, 그 하나는 직통(直通)이요 다른 하나는 합통(合通)이요 또 다른 하나는 추통(推通)이다. 직통(直通)이라는 것은 많은 여러 물건을 일일이 취하되 순수하고, 섞이지 않는 것이다. 합통(合通)이라는 것은 두 물건을 화합하여 아울러서 거두되 그렇고 그렇지 않은 것을 분별한다. 추통(推通)이라는 것은 이 물건으로써 전 물건에 합하고 또 다른 물건에 유추하는 것이다. 직통(直通)은 모두 참되고 오류가 없으니 하나의 사물이 스스로 하나의 사물이 되기 때문이다. 합통(合通)과 추통(推通)은 참도 있고 오류도 있으니 이것으로써 저것에 합하고, 맞는 것도 있고 맞지 않은 것도 있다. _____ 더욱 많으면 맞지 않은 경우가 있기 때문이다.
>
> — 최한기, 『기학』

① 이것으로 저것에 합하는 것은 참이고, 이것으로 저것을 분별하는 것은 거짓이니
② 이것으로써 저것에 합하고 또 다른 것을 유추하는 데는 위험이 더욱 많으니
③ 이것으로써 저것에 합하는 것은 맞지 않는 것보다 맞는 것이 더욱 많으니
④ 무릇 추통은 다만 사람만이 가능하고 유추하는 데는 위험이 더욱 적으니
⑤ 무릇 추통은 다만 사람은 가능하지만 금수는 추통을 하지 못하니

Easy

02 다음 글의 제목으로 가장 적절한 것은?

> 제4차 산업혁명은 인공지능이 기존의 자동화 시스템과 연결되어 효율이 극대화되는 산업 환경의 변화를 의미한다. 2016년 세계경제포럼에서 언급되어, 유행처럼 번지는 용어가 되었다. 학자에 따라 바라보는 견해는 다르지만 대체로 기계학습과 인공지능의 발달이 그 수단으로 꼽힌다.
> 2010년대 중반부터 드러나기 시작한 제4차 산업혁명은 현재진행형이며, 그 여파는 사회 곳곳에서 드러나고 있다. 현재도 사람을 기계와 인공지능이 대체하고 있으며, 현재 일자리의 80~99%까지 대체될 것이라고 보는 견해도 있다.
> 만약 우리가 현재의 경제 구조를 유지한 채로 이와 같은 극단적인 노동 수요 감소를 맞이 한다면, 전후 미국의 대공황 등과는 차원이 다른 끔찍한 대공황이 발생할 것이다. 계속해서 일자리가 줄어들수록 중·하위 계층은 사회에서 밀려날 수밖에 없는데, 자본주의 사회의 특성상 많은 비용을 수반하는 과학기술의 연구는 자본에 종속될 수밖에 없기 때문이다. 물론 지금도 이러한 현상이 없는 것은 아니지만, 아직은 단순노동이 필요하므로 노동력을 제공하는 중·하위층들도 불합리한 부분들에 파업과 같은 실력 행사를 할 수 있었다. 그러나 앞으로 자동화가 더욱 진행되어 노동의 필요성이 사라진다면 그들을 배려해야 할 당위성은 법과 제도가 아닌 도덕이나 인권과 같은 윤리적인 영역에만 남게 되는 것이다.
> 반면에, 이를 긍정적으로 생각한다면 이처럼 일자리가 없어졌을 때 극소수에 해당하는 경우를 제외한 나머지 사람들은 노동에서 완전히 해방되어, 인공지능이 제공하는 무제한적인 자원을 마음껏 향유할 수도 있을 것이다. 하지만 이러한 미래는 지금의 자본주의보다는 사회주의 경제 체제에 가깝다. 이 때문에 많은 경제학자와 미래학자들은 제4차 산업혁명 이후의 미래를 장밋빛으로 바꿔나가기 위해, 기본소득제 도입 등의 시도와 같은 고민들을 이어가고 있다.

① 제4차 산업혁명의 의의
② 제4차 산업혁명의 빛과 그늘
③ 제4차 산업혁명의 위험성
④ 제4차 산업혁명에 대한 준비
⑤ 제4차 산업혁명의 시작

03 다음 글의 중심 내용으로 가장 적절한 것은?

> 최근에 사이버공동체를 중심으로 한 시민의 자발적 정치 참여 현상이 많은 관심을 끌고 있다. 이러한 현상과 관련하여 A의 연구가 새삼 주목 받고 있다. A의 연구에 따르면 공동체의 구성원이 됨으로써 얻게 되는 '사회적 자본'이 시민사회의 성숙과 민주주의 발전을 가져오는 원동력이다. A의 이론에서는 공동체에 대한 자발적 참여를 통해 사회 구성원 간의 상호 의무감과 신뢰, 구성원들이 공유하는 규칙과 관행, 사회적 유대 관계와 같은 사회적 자본이 늘어나면, 사회 구성원 간의 협조적인 행위가 가능하게 된다고 보았다. 더 나아가 A는 자원봉사자와 같이 공동체 참여도가 높은 사람이 투표할 가능성이 높고 정부 정책에 대한 의견 개진도 활발해지는 등 정치 참여도가 높아진다고 주장하였다.
>
> 몇몇 학자들은 A의 이론을 적용하여 면대면 접촉에 따른 인간관계의 산물인 사회적 자본이 사이버공동체에서도 충분히 형성될 수 있다고 보았다. 그리고 사이버공동체에서 사회적 자본의 증가는 곧 정치 참여도 활성화시킬 것으로 기대했다. 하지만 이러한 기대와는 달리 정치 참여가 활성화되지 않았다. 요즘 젊은이들을 보면 각종 사이버공동체에 자발적으로 참여하는 수준은 높지만 투표나 다른 정치 활동에는 무관심하거나 심지어 정치를 혐오하기도 한다. 이런 측면에서 A의 주장은 사이버공동체가 활성화된 오늘날에는 잘 맞지 않는다.
>
> 이러한 이유 때문에 오늘날 사이버공동체를 중심으로 한 정치 참여를 더 잘 이해하기 위해서 '정치적 자본' 개념의 도입이 필요하다. 정치적 자본은 사회적 자본의 구성 요소와는 달리 정치 정보의 습득과 이용, 정치적 토론과 대화, 정치적 효능감 등으로 구성된다. 정치적 자본은 사회적 자본과 마찬가지로 공동체 참여를 통해서 획득되지만, 정치 과정에의 관여를 촉진한다는 점에서 사회적 자본과는 구분될 필요가 있다. 사회적 자본만으로 정치 참여를 기대하기 어렵고, 사회적 자본과 정치 참여 사이를 정치적 자본이 매개할 때 비로소 정치 참여가 활성화된다.

① 사이버공동체를 통해 축적된 사회적 자본에 정치적 자본이 더해질 때 정치 참여가 활성화된다.
② 사회적 자본은 정치적 자본을 포함하기 때문에 그 자체로 정치 참여의 활성화를 가져온다.
③ 사회적 자본이 많은 사회는 정치 참여가 활발하기 때문에 민주주의가 실현된다.
④ 사이버공동체의 특수성으로 인해 시민들의 정치 참여가 어렵게 되었다.
⑤ 사이버공동체에의 자발적 참여 증가는 정치 참여를 활성화시킨다.

04 다음 문단을 논리적 순서대로 바르게 나열한 것은?

(가) 개념사를 역사학의 한 분과로 발전시킨 독일의 역사학자 코젤렉은 '개념은 실재의 지표이자 요소'라고 하였다. 이 말은 실타래처럼 얽혀 있는 개념과 정치・사회적 실재, 개념과 역사적 실재의 관계를 정리하기 위한 중요한 지침으로 작용한다. 그에 의하면 개념은 정치적 사건이나 사회적 변화 등의 실재를 반영하는 거울인 동시에 정치・사회적 사건과 변화의 실제적 요소이다.

(나) 개념은 정치적 사건과 사회적 변화 등에 직접 관련되어 있거나 그것을 기록, 해석하는 다양한 주체들에 의해 사용된다. 이러한 주체들, 즉 역사 행위자들이 사용하는 개념은 여러 의미가 포개어진 층을 이룬다. 개념사에서는 사회・역사적 현실과 관련하여 이러한 층들을 파헤치면서 개념이 어떻게 사용되어 왔는가, 이 과정에서 그 의미가 어떻게 변화했는가, 어떤 함의들이 거기에 투영되었는가, 그 개념이 어떠한 방식으로 작동했는가 등에 대해 탐구한다.

(다) 이상에서 보듯이 개념사에서는 개념과 실재를 대조하고 과거와 현재의 개념을 대조함으로써, 그 개념이 대응하는 실재를 정확히 드러내고 있는가, 아니면 실재의 이해를 방해하고 더 나아가 왜곡하는가를 탐구한다. 이를 통해 코젤렉은 과거에 대한 '단 하나의 올바른 묘사'를 주장하는 근대 역사학의 방법을 비판하고, 과거의 역사 행위자가 구성한 역사적 실재와 현재 역사가가 만든 역사적 실재를 의미있게 소통시키고자 했다.

(라) 사람들이 '자유', '민주', '평화' 등과 같은 개념들을 사용할 때, 그 개념이 서로 같은 의미를 갖는 것은 아니다. '자유'의 경우, '구속당하지 않는 상태'를 강조하는 개념으로 쓰이는가 하면, '자발성'이나 '적극적인 참여'를 강조하는 개념으로 쓰이기도 한다. 이러한 정의와 해석의 차이로 인해 개념에 대한 논란과 논쟁이 늘 있어 왔다. 바로 이러한 현상에 주목하여 출현한 것이 코젤렉의 '개념사'이다.

(마) 또한 개념사에서는 '무엇을 이야기 하는가.'보다는 '어떤 개념을 사용하면서 그것을 이야기하는가.'에 관심을 갖는다. 개념사에서는 과거의 역사 행위자가 자신이 경험한 현재를 서술할 때 사용한 개념과 오늘날의 입장에서 과거의 역사 서술을 이해하기 위해 사용한 개념의 차이를 밝힌다. 그리고 과거의 역사를 현재의 역사로 번역하면서 양자가 어떻게 수렴될 수 있는가를 밝히는 절차를 밟는다.

① (가) – (나) – (다) – (라) – (마)
② (나) – (라) – (마) – (다) – (가)
③ (나) – (마) – (가) – (다) – (라)
④ (라) – (가) – (나) – (마) – (다)
⑤ (라) – (나) – (가) – (다) – (마)

05 다음 글의 빈칸에 들어갈 내용으로 가장 적절한 것은?

> 기분 관리 이론은 사람들의 기분과 선택 행동의 관계에 관해 설명하기 위한 이론이다. 이 이론의 핵심은 사람들이 현재의 기분을 최적 상태로 유지하려고 한다는 것이다. 따라서 기분관리 이론은 흥분 수준이 최적 상태보다 높을 때는 사람들이 이를 낮출 수 있는 수단을 선택한다고 예측한다. 반면에 흥분 수준이 낮을 때는 이를 회복시킬 수 있는 수단을 선택한다고 예측한다. 예를 들어, 음악 선택의 상황에서 전자의 경우에는 차분한 음악을 선택하고 후자의 경우에는 흥겨운 음악을 선택한다는 것이다. 기분 조정 이론은 기분 관리 이론이 현재 시점에만 초점을 맞추고 있다는 점을 지적하고 이를 보완하고자 한다. 기분 조정 이론을 음악 선택의 상황에 적용하면, _____ 고 예측할 수 있다.
>
> 연구자 A는 음악 선택 상황을 통해 기분 조정 이론을 검증하기 위해 실험을 했다. 그는 실험 참가자들을 두 집단으로 나누고 집단1에는 한 시간 후 재미있는 놀이를 하게 된다고 말했고, 집단2에는 한 시간 후 심각한 과제를 하게 된다고 말했다. 집단1은 최적 상태 수준에서 즐거워했고, 집단2는 최적 상태 수준을 벗어날 정도로 기분이 가라앉았다. 이때 연구자 A는 참가자들에게 기다리는 동안 음악을 선택하게 했다. 그랬더니 집단1은 다소 즐거운 음악을 선택했지만, 집단2는 과도하게 흥겨운 음악을 선택했다. 그런데 30분이 지나고 각 집단이 기대하는 일을 하게 될 시간이 다가오자 두 집단 사이에는 뚜렷한 차이가 나타났다. 집단1의 선택에는 큰 변화가 없었으나, 집단2는 기분을 가라앉히는 차분한 음악을 선택하는 쪽으로 변하는 경향을 보인 것이다. 이러한 선택의 변화는 기분조정 이론을 뒷받침하는 것으로 간주했다.

① 사람들은 현재의 기분을 지속하는 데 도움이 되는 음악을 선택한다.
② 사람들은 다음에 올 상황을 고려해 흥분을 유발할 수 있는 음악을 선택한다.
③ 사람들은 다음에 올 상황에 맞추어 현재의 기분을 조정하는 음악을 선택한다.
④ 사람들은 현재의 기분과는 상관없이 자신이 평소 선호하는 음악을 선택한다.
⑤ 사람들은 현재의 기분이 즐거운 경우에는 그것을 조정하기 위해 그와 반대되는 기분을 자아내는 음악을 선택한다.

06 다음 글의 주제로 가장 적절한 것은?

기온이 높아지는 여름이 되면 운전자들은 자동차 에어컨을 켜기 시작한다. 그러나 겨우내 켜지 않았던 에어컨에서는 간혹 나오는 바람이 시원하지 않거나 퀴퀴한 냄새가 나는 경우가 있다. 이러한 증상이 나타난다면 에어컨 필터를 점검해 봐야 한다. 자동차에서 에어컨을 켜게 되면 외부의 공기가 냉각기를 거쳐 차량 내부로 들어오게 되는데, 이때 에어컨 필터는 외부의 미세먼지, 매연, 세균 등의 오염물질을 걸러주는 역할을 한다. 이 과정에서 필터 표면에 먼지가 쌓이는데 필터를 교체하지 않고 오랫동안 방치하면 먼지에 들러붙은 습기로 인해 곰팡이가 생겨 퀴퀴한 냄새의 원인이 된다. 이를 방치하여 에어컨 바람을 타고 곰팡이의 포자가 차량 내부에 유입되면 알레르기나 각종 호흡기 질환의 원인이 된다. 그러므로 자동차 에어컨 필터는 주기적으로 교체해 주어야 한다. 일반적인 교체 주기는 봄·가을처럼 6개월마다 교체하거나, 주행거리 10,000km마다 하는 것이 적당하다. 최근에는 심한 미세먼지로 인해 3개월 주기로 교체하기도 하며, 운전자가 비포장도로 등의 먼지가 많은 곳을 자주 주행한다면 5,000km에 한 번씩 교체해야 한다. 자동차 에어컨 필터 교체는 정비소에 가서 교체하거나, 운전자 스스로 교체할 수 있다. 운전자가 혼자서 교체하는 경우 다양한 필터를 자신의 운전 환경에 맞춰 선택할 수 있고, 비용도 1만 원 안팎으로 저렴하게 교체할 수 있다. 제품 설명서나 교체 동영상 등을 참고하면 혼자서도 쉽게 에어컨 필터를 교체할 수 있다. 에어컨 필터는 필터의 종류에 따라 크게 순정 필터, 헤파(HEPA; High Efficiency Particulate Air) 필터, 활성탄 필터로 구분된다. 순정 필터는 자동차 출고 시 장착되는 진품 필터로 호환성이 좋고 일정한 품질이 보장되는 장점이 있다. 미세먼지 포집력이 뛰어난 헤파 필터는 일반적으로 공기 중의 0.3 이상의 먼지를 99.97% 걸러주는 고성능 필터로서 거를 수 있는 크기에 따라 울파, 헤파, 세미헤파 등급으로 구분된다. 마지막으로 활성탄 필터는 숯처럼 정화 능력이 좋은 탄소질이 포함된 필터로 오염물질 흡착력이 뛰어나고 공기 중의 불쾌한 냄새나 포름알데히드 등의 화학물질을 걸러주는 필터이다. 이와 같이 에어컨 필터는 다양한 종류가 있으며 평소 운전자의 주행 환경과 가격을 고려하여 교체하는 것이 가장 바람직하다.

① 자동차 에어컨 필터의 종류
② 자동차 에어컨 필터의 교체 시기
③ 자동차 에어컨 필터의 관리 방법
④ 여름철 자동차 에어컨의 취급 유의사항
⑤ 호흡기 질환을 유발하는 자동차 에어컨 필터

※ 다음 글의 내용으로 적절하지 않은 것을 고르시오. [7~8]

07

최근 국내 건설업계에서는 3D 프린팅 기술을 건설 분야와 접목하고자 노력하고 있다. 해외 건설사들도 3D 프린팅 기술을 이용한 건축 시장을 선점하기 위한 경쟁이 활발히 이루어지고 있으며 이미 미국 텍사스 지역에서 3D 프린팅 기술을 이용하여 주택 4채를 1주일 만에 완공한 바 있다. 또한 우리나라에서도 인공 조경 벽 등 건설 현장에서 3D 프린팅 건축물을 차차 도입해 가고 있다.

왜 건설업계에서는 3D 프린팅 기술을 주목하게 되었을까? 3D 프린팅 건축 방식은 전통 건축 방식과 비교하여 비용을 절감할 수 있고 공사 기간이 단축되는 점을 장점으로 꼽을 수 있다. 특히 공사 기간이 짧은 점은 천재지변으로 인한 이재민 등을 위한 주거시설을 빠르게 준비할 수 있다는 점에서 호평받고 있다. 또한 전통 건축 방식으로는 구현하기 힘든 다양한 디자인을 구현할 수 있는 점과 건축 폐기물 감소 및 CO_2 배출량 감소 등 환경보호 면에서도 긍정적인 평가를 받고 있으며 각 국가 간 이해관계 충돌로 인한 직·간접적 자재 수급난을 해결할 수 있는 점도 긍정적 평가를 받는 요인이다.

어떻게 3D 프린터로 건축물을 세우는 것일까? 먼저 일반적인 3D 프린팅의 과정을 알아야 한다. 일반적인 3D 프린팅은 컴퓨터로 물체를 3D 형태로 모델링한 후 용융성 플라스틱이나 금속 등을 3D 프린터 노즐을 통해 분사하여 아래부터 층별로 겹겹이 쌓는 과정을 거친다.

3D 프린팅 건축 방식도 마찬가지이다. 컴퓨터를 통해 건축물을 모델링 후 모델링한 정보에 따라 콘크리트, 금속, 폴리머 등의 건축자재를, 노즐을 통해 분사시켜 층층이 쌓아 올리면서 컴퓨터로 설계한 대로 건축물을 만든다. 기계가 대신 건축물을 만든다는 점에서 사람의 힘으로 한계가 있는 기존 건축 방식의 보완은 물론 코로나19 사태로 인한 인건비 상승 및 전문 인력 수급난을 해결할 수 있다는 점 또한 호평받고 있다.

하지만 아쉽게도 우리나라에서의 3D 프린팅 건설 사업은 관련 인증 및 안전 규정 미비 등의 제도적 한계와 기술적 한계가 있어 상용화 단계가 이루어지기는 힘들다. 특히 3D 프린터로 구조물을 적층하여 구조물을 쌓아 올리는 데에는 로봇 팔이 필요한데 아직은 5층 이하의 저층 주택 준공이 한계이고 현 대한민국 주택시장은 고층 아파트 등 고층 건물이 주력이므로 3D 프린터 고층 건축물 제작 기술을 개발해야 한다는 주장도 더러 나오고 있다.

① 3D 프린터 건축 기술로 인해 대량의 실업자가 발생할 것이다.
② 이미 해외에서는 3D 프린터를 이용하여 주택을 시공한 바 있다.
③ 3D 프린터 건축 기술은 인력난을 해소할 수 있는 새로운 기술이다.
④ 3D 프린터 건축 기술은 전통 건축 기술과는 달리 환경에 영향을 덜 끼친다.
⑤ 현재 우리나라는 3D 프린터 건축 기술의 제도적 장치 및 기술적 한계를 해결해야만 하는 과제가 있다.

08

물은 상온에서 액체 상태이며, 100°C에서 끓어 기체인 수증기로 변하고, 0°C 이하에서는 고체인 얼음으로 변한다. 만일 물이 상온 상태에서 기체이거나 또는 보다 높은 온도에서 액화돼 고체 상태라면 물이 구성 성분의 대부분을 차지하는 생명체는 존재하지 않았을 것이다.

생물체가 생명을 유지하기 위해서 물에 의존하는 것은 무엇보다 물 분자 구조의 특징에서 비롯된다. 물 1분자는 1개의 산소 원자(O)와 2개의 수소 원자(H)가 공유 결합을 이루고 있는데, 2개의 수소 원자는 약 104.5°의 각도로 산소와 결합한다. 이때 산소 원자와 수소 원자는 전자를 1개씩 내어서 전자쌍을 만들고 이를 공유한다. 하지만 전자쌍은 전자친화도가 더 큰 산소 원자 쪽에 가깝게 위치하여 산소 원자는 약한 음전하(−)를, 수소는 약한 양전하(+)를 띠게 되어 물 분자는 극성을 가지게 된다. 따라서 극성을 띤 물 분자끼리는 서로 다른 물 분자의 수소와 산소 사이에 전기적 인력이 작용하는 결합이 형성된다. 물 분자가 극성을 가지고 있어서 물은 여러 가지 물질을 잘 녹이는 특성을 가진다.

그래서 우리 몸에서 용매 역할을 하며, 각종 물질을 운반하는 기능을 담당한다. 물은 혈액을 구성하고 있어 영양소, 산소, 호르몬, 노폐물 등을 운반하며, 대사 반응, 에너지 전달 과정의 매질 역할을 하고 있다. 또한 전기적 인력으로 결합한 구조는 물이 비열이 큰 성질을 갖게 한다.

비열은 물질 1g의 온도를 1°C 높일 때 필요한 열량을 말하는데, 물질의 고유한 특성이다. 체액은 대부분 물로 구성되어 있어서 상당한 추위에도 어느 정도까지는 체온이 내려가는 것을 막아 준다. 특히 우리 몸의 여러 생리 작용은 효소 단백질에 의해 일어나는데, 단백질은 온도 변화에 민감하므로 체온을 유지하는 것은 매우 중요하다.

① 물 분자는 극성을 띠어 전기적 인력을 가진다.
② 물의 분자 구조는 혈액의 역할에 영향을 미친다.
③ 물은 물질의 전달 과정에서 매질로 역할을 한다.
④ 물 분자를 이루는 산소와 수소는 전자를 공유한다.
⑤ 물의 비열은 쉽게 변하는 특징이 있다.

※ 다음 글의 내용으로 가장 적절한 것을 고르시오. [9~10]

09

> 플라톤의 '파이드로스'에는 소크라테스가 파이드로스에게 문자의 발명에 관한 옛이야기를 하는 대목이 있다. 이 옛이야기에 따르면 문자뿐 아니라 숫자와 여러 문명의 이기를 고안해 낸 발명의 신(토이트)이 이집트의 왕(타무스)에게 자신이 발명한 문자를 온 백성에게 사용하게 하면 이집트 백성이 더욱더 현명하게 될 것이라는 제안을 한다는 것이다.
>
> 그러나 문자가 인간을 더욱 이성적이게 만들고, 기억을 확장할 도구라는 주장에 대해서 타무스왕은 강한 거부감을 표현한다. '죽은' 문자는 백성들을 현명하게 만들기는커녕 도리어 생동감 있고 살아 있는 기억력을 퇴보시킬 것이고, 문자로 적힌 많은 글은 다른 여타의 상황 해석 없이 그저 글로 적힌 대로만 읽히고 원뜻과는 동떨어지게 오해될 소지가 다분하다는 것이다.
>
> 우리 시대의 주요한 화두이기도한 구어문화(Orality)에 대립하는 문자문화(Literacy)의 비역동성과 수동성에 대한 비판은 이제 막 알파벳이 보급되고 문자문화가 전래의 구술 신화 문화를 대체한 플라톤 시기에 이미 논의된 것이다.
>
> 실제 말과 사고는 본질적으로 언제나 인간끼리 주고받는 문맥 하에 존재하는데, 문자와 글쓰기는 이러한 문맥을 떠나 비현실적이고 비자연적인 세계 속에서 수동적으로 이뤄진다. 글쓰기와 마찬가지로 인쇄술과 컴퓨터는 끊임없이 동적인 소리를 정지된 공간으로 환원하고, 말을 그 살아있는 현재로부터 분리하고 있다.
>
> 인류의 문자화가 결코 '폐해'만을 낳았던 것이 아니라는 주장도 만만치 않다. 지난 20년간 컴퓨터공학과 인터넷의 발전이 얼마나 우리의 주변을 변화시켰던가. 고대의 신화적이고 구어 문화 중심적인 사회에서 문자 사회로의 이행기에 있어서 문자 사용은 신이나 지배자의 명령하는 목소리에 점령되지 않는 자유공간을 만들어 내기도 했다는 주장에 주목할 필요가 있을 것이다.
>
> 이러한 주장의 근저에는 마치 소크라테스의 입을 통해서 플라톤이 주장하는 바와 맥이 닿는 것이 아닐까. 언어 행위의 근간이 되는 변증법적 작용을 무시하는 언술행위의 문자적 고착화에 대한 비판은 궁극적으로 우리가 살아가는 세상은 결코 어떠한 규정적인 개념화와 그 기계적인 강제로도 담아낼 수 없다는 것이다. 역으로 현실적인 층위에서 물리적인 강제의 억압으로 말살될 위기에 처한 진리의 소리는 기념비적인 언술행위의 문자화를 통해서 저장되어야 한다는 것이 아닐까.
>
> 이러한 문화적 기억력의 여과 과정은 결국 삶의 의미에 대한 성찰에 기반한 문화적 구성원들의 가치 판단으로 이뤄질 몫이다. 문화적 기억력에 대한 성찰과 가치 판단이 부재한 시대의 새로운 매체는 단지 댓글 파노라마에 불과할 것이기 때문이다.

① 타무스 왕은 문자를 살아있고 생동감 있는 것으로 기억력을 죽은 것으로 생각했어.
② 플라톤 시기에는 문자문화가 구술적 신화문화를 대체하기 시작한 시기였어.
③ 문자와 글쓰기는 항상 콘텍스트하에서 이뤄지는 행위야.
④ 문자 문화로 인해 진리의 소리는 물리적인 강제의 억압으로 말살되었어.
⑤ 문화적 기억력이 바탕에 있다면 새로운 매체는 댓글 파노라마로 자리잡을 거야.

10

보름달 중에 가장 크게 보이는 보름달을 슈퍼문이라고 한다. 이때 보름달이 크게 보이는 이유는 달이 평소보다 지구에 가까이 있기 때문이다. 슈퍼문이 되려면 보름달이 되는 시점과 달이 지구에 가장 가까워지는 시점이 일치하여야 한다. 달의 공전 궤도가 완벽한 원이라면 지구에서 달까지의 거리가 항상 똑같을 것이다. 하지만 실제로는 타원 궤도여서 달이 지구에 가까워지거나 멀어지는 현상이 생긴다. 유독 달만 그런 것은 아니고 태양계의 모든 행성이 태양을 중심으로 타원 궤도로 돈다. 이것이 바로 그 유명한 케플러의 행성운동 제1법칙이다.

지구와 달의 평균 거리는 약 38만km인 반면 슈퍼문일 때는 그 거리가 35만 7,000km 정도로 가까워진다. 달의 반지름은 약 1,737km이므로, 지구와 달의 거리가 평균 정도일 때 지구에서 보름달을 바라보는 시각도*는 0.52도 정도인 반면, 슈퍼문일 때는 시각도가 0.56도로 커진다. 반대로 보름달이 가장 작게 보일 때, 다시 말해 보름달이 지구에서 제일 멀 때는 그 거리가 약 40만km여서 보름달을 보는 시각도가 0.49도로 작아진다.

밀물과 썰물이 생기는 원인은 지구에 작용하는 달과 태양의 중력 때문인데, 달이 태양보다는 지구에 훨씬 더 가깝기 때문에 더 큰 영향을 미친다. 달이 지구에 가까워지면 평소 달이 지구를 당기는 힘보다 더 강하게 지구를 당긴다. 그리고 달의 중력이 더 강하게 작용하면, 달을 향한 쪽의 해수면은 평상시보다 더 높아진다. 실제 우리나라에서도 슈퍼문일 때 제주도 등 해안가에 바닷물이 평소보다 더 높게 밀려 들어와서 일부 지역이 침수 피해를 겪기도 했다.

한편 달의 중력 때문에 높아진 해수면이 지구와 함께 자전을 하다보면 지구의 자전을 방해하게 된다. 일종의 브레이크가 걸리는 셈이다. 이 때문에 지구의 자전 속도가 느려지게 되고 그 결과 하루의 길이에 미세하게 차이가 생긴다. 실제 연구 결과에 따르면 100만 년에 17초 정도씩 길어지는 효과가 생긴다고 한다.

*시각도 : 물체의 양끝에서 눈의 결합점을 향하여 그은 두 선이 이루는 각

① 해수면의 높이는 지구와 달의 거리와 관계가 없다.
② 지구에서 태양까지의 거리는 1년 동안 항상 일정하다.
③ 달의 중력 때문에 지구가 자전하는 속도는 점점 빨라지고 있다.
④ 달이 지구에서 멀어지면 궤도에서 벗어나지 않기 위해 평소보다 더 강하게 지구를 잡아당긴다.
⑤ 지구와 달의 거리가 36만km 정도인 경우, 지구에서 보름달을 바라보는 시각도는 0.49도보다 크다.

11 다음 문단을 논리적 순서대로 바르게 나열한 것은?

> (가) 국어의 단어들은 어근과 어근이 결합해 만들어지기도 하고 어근과 파생 접사가 결합해 만들어지기도 한다. 어근과 파생 접사가 결합한 단어는 파생 접사가 어근의 앞에 결합한 것도 있고, 파생 접사가 어근의 뒤에 결합한 것도 있다. 어근이 용언 어간이나 체언일 때, 그 뒤에 결합한 파생 접사는 어미나 조사와 혼동될 수 있다.
> (나) 이러한 일반적인 단어 형성과 달리, 용언 어간에 어미가 결합한 형태나, 체언에 조사가 결합한 형태가 시간이 지나면서 새로운 단어가 된 예도 있다. 먼저 용언의 활용형이 역사적으로 굳어져 새로운 단어가 된 부사 '하지만'은 '하다'의 어간에 어미 '-지만'이 결합했던 것인데, 시간이 지나면서 굳어져 새로운 단어가 되었다.
> (다) 다음으로 체언에 조사가 결합한 형태가 역사적으로 굳어져 새로운 단어가 된 것도 있다. 명사 '아기'에 호격 조사 '아'가 결합했던 형태인 '아가'가 시간이 지나면서 새로운 단어가 되었다.
> (라) 그러나 파생 접사는 주로 새로운 단어를 만든다는 점에서 차이가 있다. 이에 비해 어미는 용언 어간과 결합해 용언이 문장 성분이 될 수 있도록 해 주고, 조사는 체언과 결합해 체언이 문장 성분임을 나타내 줄 뿐 새로운 단어를 만들지는 않는다. 이 점에서 어미와 조사는 파생 접사와 분명하게 구별된다.

① (가) - (나) - (다) - (라)
② (가) - (나) - (라) - (다)
③ (가) - (라) - (나) - (다)
④ (나) - (다) - (라) - (가)
⑤ (나) - (라) - (다) - (가)

Easy
12 다음 글의 빈칸에 들어갈 내용으로 가장 적절한 것은?

> 아리스토텔레스는 인간은 그 스스로 결정하는 일에 참여할 뿐만 아니라 그런 기회를 실제로 가짐으로써 비로소 결정하는 법을 배우게 되는 사회적 동물이라고 했다. 따라서 도덕적 결정을 어떻게 하는지 알기 위해서는 _____ 훌륭한 시민은 태어나는 것이 아니다. 사회 교육적으로 만들어지는 것이다. 그리스 도시는 그리스 청소년에게 전인격적 인간을 만들어주는 사회 교육의 장이었으며, 문명의 장이었던 것이다. 물론 도시를 학교화시키는 그리스의 사회 교육적 노력은 궁극적으로는 소수 시민이나 정치적 지배자를 양성하기 위한 정치 교육적 노력이었다는 점은 비판되어야 하지만, 사회가 교실이라는 논리만큼은 현대의 산업 사회에서도 적용될 수 있다고 판단된다.

① 그와 관계되는 교육적 프로그램을 다양하게 개발해야 한다.
② 그런 일에 직접 참여해 보는 경험보다 더 중요한 것은 없다.
③ 그 방면의 권위자의 견해를 학습하는 것이 선행되어야 한다.
④ 그와 관계되는 적절한 학습 동기를 부여하는 것이 중요하다.
⑤ 우선 사회와 개인에 대한 깊은 이해가 선행되어야 할 것이다.

13. 다음 글에서 앞뒤 문맥을 고려할 때 이어질 문장을 논리적 순서대로 바르게 나열한 것은?

전쟁 소설 중에는 실제로 일어났던 전쟁을 배경으로 한 작품들이 있다. 이런 작품들은 허구를 매개로 실제 전쟁을 새롭게 조명하고 있다.

(가) 가령, 작자 미상의 조선 후기 소설 『박씨전』의 후반부는 조선이 패전했던 병자호란에 등장하는 실존 인물 '용골대'와 그의 군대를 허구의 여성인 '박씨'가 물리치는 허구의 내용인데, 이는 패전의 치욕을 극복하고 싶은 수많은 조선인의 바람을 반영한 것이다.

(나) 한편, 1964년 박경리가 발표한 『시장과 전장』은 극심한 이념 갈등 사이에서 생존을 위해 몸부림치는 인물을 통해 6·25 전쟁이 남긴 상흔을 직시하고 이에 좌절하지 않으려는 작가의 의지를 드러낸다.

(다) 또한 『시장과 전장』에서는 전쟁터를 재현하여 전쟁의 폭력과 맞닥뜨린 개인의 연약함을 강조하고, 무고한 희생을 목격한 인물의 내면을 드러냄으로써 개인의 존엄을 탐색한다.

(라) 박씨와 용골대 사이의 대립 구도 아래 전개되는 허구의 이야기는 조선인들의 슬픔을 위로하고 희생자를 추모함으로써 공동체로서의 연대감을 강화하였다.

우리는 이러한 작품들을 통해 전쟁의 성격을 탐색할 수 있다. 전쟁이 폭력적인 것은 공동체 사이의 갈등 과정에서 사람들이 죽기 때문만은 아니다. 전쟁의 명분은 폭력을 정당화하기 때문에 적군의 죽음은 불가피한 것으로, 아군의 죽음은 불의의 적군에 의한 희생으로 간주한다. 전쟁은 냉혹하게도 피아(彼我)를 막론하고 민간인의 죽음조차 외면하거나 자신의 명분에 따라 이를 이용하게 한다는 점에서 폭력성을 띠는 것이다.

두 작품에서 사람들이 죽는 장소가 군사들이 대치하는 전선만이 아니라는 점도 주목할 수 있다. 전쟁터란 전장과 후방, 가해자와 피해자가 구분하기 힘든 혼돈의 현장이다.

이 혼돈 속에서 사람들은 고통을 받으면서도 생의 의지를 추구해야 한다는 점에서 전쟁의 비극성은 극대화된다. 이처럼 전쟁의 허구화를 통해 우리는 전쟁에 대한 인식을 새롭게 할 수 있다.

① (가) – (다) – (나) – (라)
② (가) – (라) – (나) – (다)
③ (가) – (라) – (다) – (나)
④ (나) – (가) – (다) – (라)
⑤ (나) – (가) – (라) – (다)

14 다음 글을 읽고 추론할 수 있는 내용으로 적절하지 않은 것은?

> 태양 빛은 흰색으로 보이지만 실제로는 다양한 파장의 가시광선이 혼합되어 나타난 것이다. 프리즘을 통과시키면 흰색 가시광선은 파장에 따라 붉은빛부터 보랏빛까지의 무지갯빛으로 분해된다. 가시광선의 파장 범위는 390 ~ 780nm* 정도인데 보랏빛이 가장 짧고 붉은빛이 가장 길다. 빛의 진동수는 파장과 반비례하므로 진동수는 보랏빛이 가장 크고 붉은빛이 가장 작다. 태양 빛이 대기층에 입사하여 산소나 질소 분자와 같은 공기 입자(직경 0.1 ~ 1nm 정도), 먼지 미립자, 에어로졸**(직경 1 ~ 100,000nm 정도) 등과 부딪치면 여러 방향으로 흩어지는데 이러한 현상을 산란이라 한다. 산란은 입자의 직경과 빛의 파장에 따라 '레일리(Rayleigh) 산란'과 '미(Mie) 산란'으로 구분된다.
> 레일리 산란은 입자의 직경이 파장의 1/10보다 작을 경우에 일어나는 산란을 말하는데 그 세기는 파장의 네제곱에 반비례한다. 대기의 공기 입자는 직경이 매우 작아 가시광선 중 파장이 짧은 빛을 주로 산란시키며, 파장이 짧을수록 산란의 세기가 강하다. 따라서 맑은 날에는 주로 공기 입자에 의한 레일리 산란이 일어나서 보랏빛이나 파란빛이 강하게 산란되는 반면 붉은빛이나 노란빛은 약하게 산란된다. 산란되는 세기로는 보랏빛이 가장 강하겠지만, 우리 눈은 보랏빛보다 파란빛을 더 잘 감지하기 때문에 하늘은 파랗게 보이는 것이다. 만약 태양 빛이 공기 입자보다 큰 입자에 의해 레일리 산란이 일어나면 공기 입자만으로는 산란이 잘되지 않던 긴 파장의 빛까지 산란되어 하늘의 파란빛은 상대적으로 엷어진다.
> 미 산란은 입자의 직경이 파장의 1/10보다 큰 경우에 일어나는 산란을 말하는데 주로 에어로졸이나 구름 입자 등에 의해 일어난다. 이때 산란의 세기는 파장이나 입자 크기에 따른 차이가 거의 없다. 구름이 흰색으로 보이는 것은 미 산란으로 설명된다. 구름 입자(직경 20,000nm 정도)처럼 입자의 직경이 가시광선의 파장보다 매우 큰 경우에는 모든 파장의 빛이 고루 산란된다. 이 산란된 빛이 동시에 우리 눈에 들어오면 모든 무지갯빛이 혼합되어 구름이 하얗게 보인다. 이처럼 대기가 없는 달과 달리 지구는 산란 효과에 의해 파란 하늘과 흰 구름을 볼 수 있다.
>
> *nm(나노미터) : 물리학적 계량 단위(1nm=10^{-9}m)
> **에어로졸 : 대기에 분산된 고체 또는 액체 입자

① 가시광선의 파란빛은 보랏빛보다 진동수가 작다.
② 프리즘으로 분해한 태양 빛을 다시 모으면 흰색이 된다.
③ 파란빛은 가시광선 중에서 레일리 산란의 세기가 가장 크다.
④ 빛의 진동수가 2배가 되면 레일리 산란의 세기는 16배가 된다.
⑤ 달의 하늘에서는 공기 입자에 의한 태양 빛의 산란이 일어나지 않는다.

15 다음 글을 읽고 추론할 수 있는 내용으로 가장 적절한 것은?

> 핀테크는 금융과 기술의 합성어로, 은행, 카드사 등의 금융기관이 기존 금융서비스에 ICT를 결합한 것으로 금융 전반에 나타난 디지털 혁신이다. 은행은 직접 방문하지 않아도 스마트폰 등을 이용하여 은행 업무를 처리할 수 있는 것이 대표적이다.
>
> 테크핀은 ICT 기업이 자신들의 기술을 통해 특색 있는 금융 서비스를 만드는 것으로, 핀테크와 비교했을 때, 기술을 금융보다 강조하는 점이 특징이다. ○○페이 등의 간편결제, 송금 서비스, 인터넷 전문은행 등이 대표적이다.
>
> 한국은 주로 금융기관이 주축이 되어 금융서비스를 개선하고 있었지만, 최근에는 비금융회사의 금융업 진출이 확대되고 있다. 국내의 높은 IT 인프라와 전자상거래 확산으로 인해 소비자들이 현재보다 편한 서비스를 필요하다고 생각하는 것이 원인이다. 또한 공인인증서 의무사용 폐지와 같은 규제가 완화되는 것 또한 ICT 기업이 금융으로 진출할 수 있는 좋은 상황으로 평가된다.
>
> 테크핀의 발전은 핀테크의 발전 역시 야기하였다. 테크핀으로 인한 위기를 느낀 금융기관은 이와 경쟁하기 위해 서비스를 개선하고 있다. 금융기관도 공인인증서, 보안카드 등이 필요 없는 서비스 등을 개선하고 모바일 뱅킹도 더 편리하게 개선하고 있다.
>
> 핀테크와 테크핀이 긍정적인 영향만을 가진 것은 아니다. 금융서비스 이용실태 조사에 따르면 금융혁신이 이루어지고 이에 대한 혜택을 받는 사람이 저연령층이나 고소득층이 높은 비율을 차지하고 있다. 따라서 핀테크와 테크핀을 발전시키는 동시에 모든 사람이 혜택을 누릴 수 있는 방안도 같이 찾아야 한다.

① 핀테크가 발전하면 저소득층부터 고소득층 모두 혜택을 누린다.
② IT 인프라가 높으면 테크핀이 발전하기 쉬워진다.
③ 핀테크는 비금융기관이 주도한 금융혁신이다.
④ 핀테크와 테크핀은 동시에 발전할 수 없다.
⑤ 테크핀은 기술보다 금융을 강조한다.

02 수리력

01 다음은 S회사의 구성원을 대상으로 한 2024년 전·후로 가장 선호하는 언론매체에 대한 설문조사 결과 자료이다. 이에 대한 설명으로 옳은 것은?

〈2024년 전·후로 선호하는 언론매체별 S회사의 구성원 수〉

(단위 : 명)

2024년 이전 \ 2024년 이후	TV	인터넷	라디오	신문
TV	40	55	15	10
인터넷	50	30	10	10
라디오	40	40	15	15
신문	35	20	20	15

① 2024년 이후에 가장 선호하는 언론매체는 인터넷이다.
② 2024년 전·후로 가장 인기 없는 매체는 라디오이다.
③ 2024년 이후에 인터넷을 선호하는 구성원 모두 2024년 이전에도 인터넷을 선호했다.
④ 2024년 이후에 가장 선호하는 언론매체를 신문에서 인터넷으로 바꾼 구성원은 20명이다.
⑤ TV에서 라디오를 선호하게 된 구성원 수는 인터넷에서 라디오를 선호하게 된 구성원 수와 같다.

Easy

02 어느 도서관에서 일정 기간 도서 대여 횟수를 작성한 자료이다. 이에 대한 설명으로 옳지 않은 것은?

〈도서 대여 횟수〉

(단위 : 회)

구분	비소설		소설	
	남자	여자	남자	여자
40세 미만	20	10	40	50
40세 이상	30	20	20	30

① 40세 미만보다 40세 이상의 전체 대여 횟수가 더 적다.
② 소설을 대여한 전체 횟수가 비소설을 대여한 전체 횟수보다 많다.
③ 남자가 소설을 대여한 횟수는 여자가 소설을 대여한 횟수의 70% 이하이다.
④ 40세 이상의 전체 대여 횟수에서 소설 대여 횟수가 차지하는 비율은 40% 이상이다.
⑤ 40세 미만의 전체 대여 횟수에서 비소설 대여 횟수가 차지하는 비율은 20%를 넘는다.

03 다음은 A ~ E과제에 대해 전문가 5명이 평가한 점수이다. 최종점수와 평균점수가 같은 과제끼리 바르게 짝지어진 것은?

〈과제별 점수 현황〉

(단위 : 점)

구분	A과제	B과제	C과제	D과제	E과제
전문가 1	100	80	60	80	100
전문가 2	70	60	50	100	40
전문가 3	60	40	100	90	( )
전문가 4	50	60	90	70	70
전문가 5	80	60	60	40	80
평균점수	( )	( )	( )	( )	70

※ 최종점수는 가장 낮은 점수와 가장 높은 점수를 제외한 평균점수임

① A, B
② B, C
③ B, D
④ B, E
⑤ D, E

Easy

04 다음은 병역자원 현황에 대한 자료이다. 총지원자 수에 대한 2016·2017년 평균과 2022·2023년 평균과의 차이는?

〈병역자원 현황〉

(단위 : 만 명)

구분	2016년	2017년	2018년	2019년	2020년	2021년	2022년	2023년
징·소집 대상	135.3	128.6	126.2	122.7	127.2	130.2	133.2	127.7
보충역 복무자 등	16.0	14.3	11.6	9.5	8.9	8.6	8.6	8.9
병력동원 대상	675.6	664.0	646.1	687.0	694.7	687.4	654.5	676.4
합계	826.9	806.9	783.9	819.2	830.8	826.2	796.3	813.0

① 11.25만 명
② 11.75만 명
③ 12.25만 명
④ 12.75만 명
⑤ 13.25만 명

05 다음은 어느 나라의 최종에너지 소비량에 대한 자료이다. 이에 대한 설명으로 〈보기〉에서 옳은 것을 모두 고르면?

〈2022~2024년 유형별 최종에너지 소비량 비중〉

(단위 : %)

구분	석탄		석유제품	도시가스	전력	기타
	무연탄	유연탄				
2022년	2.7	11.6	53.3	10.8	18.2	3.4
2023년	2.8	10.3	54.0	10.7	18.6	3.6
2024년	2.9	11.5	51.9	10.9	19.1	3.7

〈2024년 부문별·유형별 최종에너지 소비량〉

(단위 : 천)

구분	석탄		석유제품	도시가스	전력	기타	합계
	무연탄	유연탄					
산업	4,750	15,317	57,451	9,129	23,093	5,415	115,155
가정·상업	901	4,636	6,450	11,105	12,489	1,675	37,256
수송	0	0	35,438	188	1,312	0	36,938
기타	0	2,321	1,299	669	152	42	4,483
합계	5,651	22,274	100,638	21,091	37,046	7,132	193,832

보기

ㄱ. 2022~2024년 동안 전력 소비량은 매년 증가한다.
ㄴ. 2024년 산업 부문의 최종에너지 소비량은 전체 최종에너지 소비량의 50% 이상을 차지한다.
ㄷ. 2022~2024년 동안 석유제품 소비량 대비 전력 소비량의 비율이 매년 증가한다.
ㄹ. 2024년에는 산업 부문과 가정·상업 부문에서 유연탄 소비량 대비 무연탄 소비량의 비율이 각각 25% 미만이다.

① ㄱ, ㄴ
② ㄱ, ㄹ
③ ㄴ, ㄷ
④ ㄴ, ㄹ
⑤ ㄷ, ㄹ

06 다음은 2014 ~ 2023년 물이용부담금 총액에 대한 자료이다. 이에 대한 〈보기〉의 설명 중 옳지 않은 것을 모두 고르면?

※ 상수원 상류지역에서의 수질개선 및 주민지원 사업을 효율적으로 추진하기 위한 재원 마련을 위해 최종수요자에게 물 사용량에 비례하여 물이용부담금 부과함
※ 한강, 낙동강, 영·섬유역의 물이용부담금 단가는 170원/m^3, 금강유역은 160원/m^3임

보기

ㄱ. 물이용부담금 총액은 지속적으로 증가하는 추세를 보이고 있다.
ㄴ. 2015 ~ 2023년 중 물이용부담금 총액이 전년 대비 가장 많이 증가한 해는 2016년이다.
ㄷ. 2023년 물이용부담금 총액에서 금강유역 물이용부담금 총액이 차지하는 비중이 20%라면, 2023년 금강유역에서 사용한 물의 양은 약 10.83억m^3이다.
ㄹ. 2023년 물이용부담금 총액은 전년 대비 약 3.2% 이상 증가했다.

① ㄱ
② ㄴ
③ ㄷ
④ ㄱ, ㄹ
⑤ ㄴ, ㄷ

07 S회사는 LED를 생산할 수 있는 기계 A, B, C 3대를 가지고 있다. 기계에 따른 불량률이 다음과 같을 때, 3대를 하루 동안 가동할 경우 전체 불량률은 얼마인가?(단, 소수점 셋째 자리에서 버림한다)

〈기계별 하루 생산량 및 불량률〉

구분	하루 생산량(개)	불량률(%)
A기계	5,000	0.7
B기계	A기계보다 10% 더 생산	1.0
C기계	B기계보다 500개 더 생산	0.3

① 0.78% ② 0.75%
③ 0.71% ④ 0.65%
⑤ 0.62%

08 다음은 2019 ~ 2023년 S사의 경제 분야 투자규모에 대한 자료이다. 이에 대한 설명으로 옳지 않은 것은?

〈S사의 경제 분야 투자규모〉
(단위 : 억 원, %)

구분	2019년	2020년	2021년	2022년	2023년
경제 분야 투자규모	16	20	15	12	16
총지출 대비 경제 분야 투자규모 비중	6.5	7.5	8	7	5

① 2023년 총지출은 300억 원 이상이다.
② 2020년 경제 분야 투자규모의 전년 대비 증가율은 25%이다.
③ 2019 ~ 2023년 동안 경제 분야에 투자한 금액은 79억 원이다.
④ 2021년과 2022년의 경제 분야 투자규모의 전년 대비 감소율의 차이는 3%p이다.
⑤ 2020 ~ 2023년 동안 경제 분야 투자규모와 총지출 대비 경제 분야 투자규모 비중의 전년 대비 증감 추이는 동일하지 않다.

09 다음은 19세 이상 성별 흡연율에 대한 그래프이다. 이에 대한 설명으로 적절하지 않은 것은?

① 남자의 흡연율은 감소하고 있다.
② 여자의 흡연율은 감소에서 증가로 바뀌었다.
③ 남자와 여자의 흡연율 차이는 감소하고 있다.
④ 남자의 흡연율이 전년 대비 가장 많은 차이를 보이는 해는 2020년이다.
⑤ 여자의 흡연율이 전년 대비 가장 많은 차이를 보이는 해는 2021년이다.

Hard

10 S씨는 퇴직 후 네일아트 전문 뷰티숍을 개점하려고 평소 눈여겨본 지역의 고객 분포를 알아보기 위해 지난 1개월간 네일아트를 받아본 20~35세 여성 120명을 대상으로 뷰티숍 방문횟수와 직업에 대해 조사하였다. 설문조사 결과가 다음과 같을 때, S씨가 이해한 내용으로 옳은 것은?(단, 복수응답과 무응답은 없다)

〈응답자의 연령대별 방문횟수〉

(단위 : 명)

방문횟수 \ 연령대	20~25세	26~30세	31~35세	합계
1회	22	12	3	37
2~3회	30	30	4	64
4~5회	7	5	2	14
6회 이상	1	3	1	5
합계	60	50	10	120

〈직업별 응답자 수〉

(단위 : 명)

구분	학생	회사원	공무원	전문직	자영업	가정주부	합계
응답자 수	49	47	5	7	9	3	120

① 31~35세 응답자의 1인당 평균 방문횟수는 2회 미만이다.
② 전체 응답자 중 20~25세 응답자가 차지하는 비율은 50% 미만이다.
③ 26~30세 응답자 중 4회 이상 방문한 응답자가 차지하는 비율은 10% 이상이다.
④ 전체 응답자 중 직업이 학생 또는 공무원인 응답자가 차지하는 비율은 50% 이상이다.
⑤ 31~35세 응답자 중 1회 방문한 응답자가 차지하는 비율은 26~30세 응답자 중 1회 방문한 응답자가 차지하는 비율보다 5%p 높다.

Easy

11 A, B, C 세 명의 친구가 가위바위보를 할 때, 세 번 안에 한 명의 승자가 정해질 확률은?(단, 패자는 제외하지 않는다)

① $\dfrac{5}{2}$
② $\dfrac{1}{3}$
③ $\dfrac{1}{21}$
④ $\dfrac{19}{27}$
⑤ $\dfrac{4}{5}$

12 민석이의 지갑에는 1,000원, 5,000원, 10,000원짜리 지폐가 각각 8장씩 있다. 거스름돈 없이 물건 값 23,000원을 내려고 할 때, 돈을 낼 수 있는 경우의 수는?

① 2가지　　　　　　　　　　② 3가지
③ 4가지　　　　　　　　　　④ 5가지
⑤ 6가지

13 연경이와 효진이와 은이가 동시에 회사를 출발하여 식당까지 걸었다. 은이는 3km/h의 속력으로 걷고, 연경이는 4km/h의 속력으로 걷는다. 연경이가 은이보다 식당에 10분 일찍 도착하였고, 효진이는 은이보다 5분 일찍 식당에 도착했다고 할 때, 효진이의 속력은?

① $\frac{7}{2}$ km/h　　　　　　　② $\frac{10}{3}$ km/h
③ $\frac{13}{4}$ km/h　　　　　　　④ $\frac{18}{5}$ km/h
⑤ $\frac{24}{7}$ km/h

14 세빈이는 이번 주말에 등산을 하였다. 올라갈 때에는 4km/h의 속력으로 걷고 내려올 때에는 올라갈 때보다 2km 더 먼 거리를 6km/h의 속력으로 걸어 내려왔다. 올라갈 때와 내려올 때 걸린 시간이 같았다면 내려올 때 걸린 시간은?

① 1시간　　　　　　　　　　② 1.5시간
③ 2시간　　　　　　　　　　④ 2.5시간
⑤ 3시간

15 농도가 5%인 설탕물 500g을 가열하였다. 1분 동안 가열하면 50g의 물이 증발할 때, 5분 동안 가열하면 설탕물의 농도는 얼마인가?(단, 설탕물을 가열했을 때 시간에 따라 증발하는 물의 양은 일정하다)

① 6% ② 7%
③ 8% ④ 10%
⑤ 11%

16 서로 다른 8개의 컵 중에서 4개만 식탁 위에 원형으로 놓는 경우의 수는?

① 400가지 ② 410가지
③ 420가지 ④ 430가지
⑤ 440가지

17 작년 S사의 일반 사원 수는 400명이었다. 올해 진급하여 직책을 단 사원은 작년 일반 사원 수의 12%이고, 20%는 퇴사를 하였다. 올해 전체 일반 사원 수가 작년보다 6% 증가했을 때, 올해 채용한 신입사원의 수는?

① 144명 ② 146명
③ 148명 ④ 150명
⑤ 152명

18 남학생 4명과 여학생 3명을 원형 모양의 탁자에 앉힐 때, 여학생 3명이 이웃해서 앉을 확률은?

① $\frac{1}{21}$ ② $\frac{1}{7}$

③ $\frac{1}{5}$ ④ $\frac{1}{15}$

⑤ $\frac{1}{20}$

Hard

19 A와 B가 같이 일을 하면 12일이 걸리고, B와 C가 같이 일을 하면 6일, C와 A가 같이 일을 하면 18일이 걸리는 일이 있다. 만약 A~C 모두 함께 72일 동안 일을 하면 기존에 했던 일의 몇 배의 일을 할 수 있는가?

① 9배   ② 10배
③ 11배   ④ 12배
⑤ 13배

20 S사에서 판매 중인 두 제품 A와 B의 원가의 합은 50,000원이다. 각각 10%, 12% 이익을 붙여서 5개씩 팔았을 때 마진이 28,200원이라면 B의 원가는?

① 12,000원   ② 17,000원
③ 22,000원   ④ 27,000원
⑤ 32,000원

03 추리력

※ 다음 도형의 규칙을 보고 ?에 들어갈 도형으로 옳은 것을 고르시오. [1~5]

01

02

①

②

③

④

⑤

03

①   ②

③   ④

⑤

Easy
04

①   ②

③   ④

⑤

05

①

②

③

④

⑤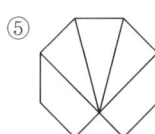

※ 다음 도형 또는 내부의 기호들은 일정한 규칙으로 변화한다. ?에 들어갈 도형으로 옳은 것을 고르시오.
[6~8]

Easy
06

①   ②

③   ④

⑤

07

① ②

③ ④

⑤

08

①   ②

③   ④

⑤

※ 다음 기호들은 일정한 규칙에 따라 도형을 변화시킨다. 기호에 해당하는 규칙을 파악하여 ?에 들어갈 도형으로 옳은 것을 고르시오. **[9~10]**

09

10 보기

 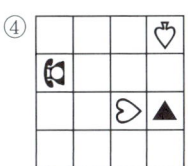

11 다음 숫자는 각각 일정한 규칙에 따라 도형을 변화시킨다. ?에 들어갈 도형으로 옳은 것은?(단, 해당 규칙이 적용되는 사각형 내부의 사각형 또한 규칙이 적용된다)

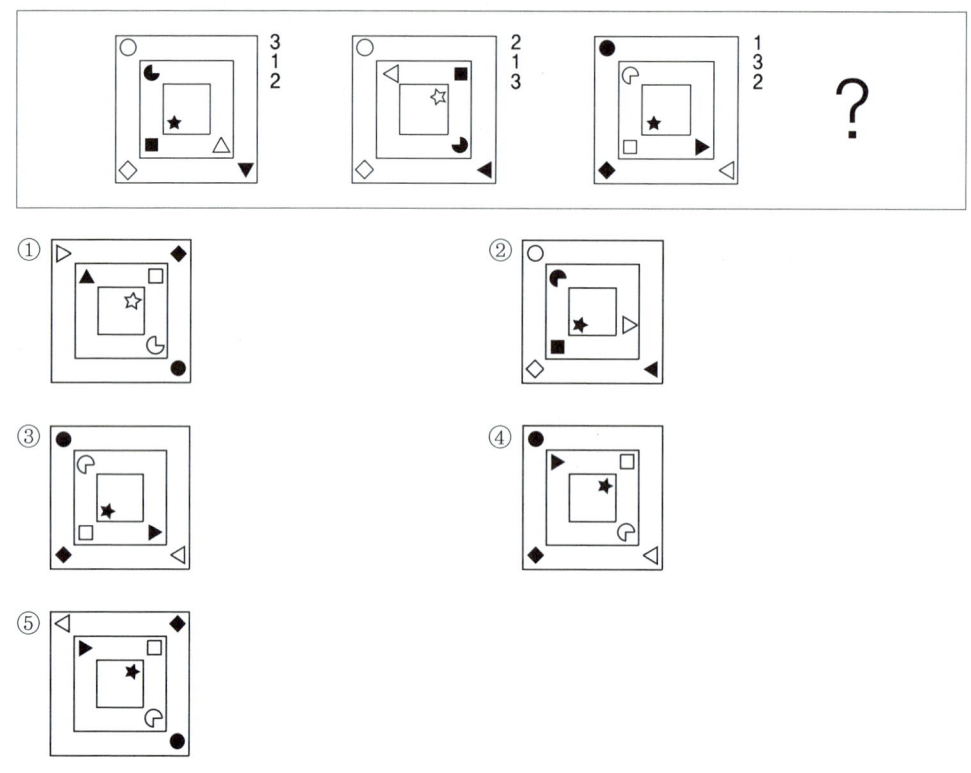

12 다음 제시된 도형의 규칙을 보고 〈조건〉에 따라 ?에 들어갈 도형으로 옳은 것은?

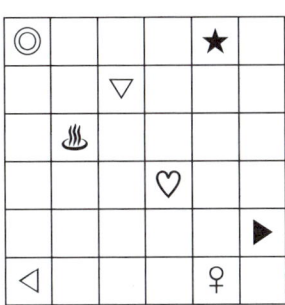

- 규칙 1 : 각 도형은 1초마다 아래로 한 칸씩 이동한다.
- 규칙 2 : 바닥에 닿은 도형은 더 이상 내려가지 않는다.

조건

3초 후 → 180° 회전 → 2초 후 → ?

①

②

③

④

⑤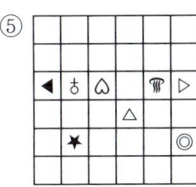

13 다음 기호들은 일정한 규칙에 따라 도형을 변화시킨다. 〈보기〉의 규칙을 찾고 ?에 들어갈 도형으로 옳은 것은?

①   ②

③   ④

⑤

Hard

14 오른쪽에 위치한 원은 행 또는 전체에 적용되는 일정한 규칙을 표시한다. 제시된 도형의 규칙을 이용하여 (A), (B), (C)에 들어갈 도형으로 옳은 것은?

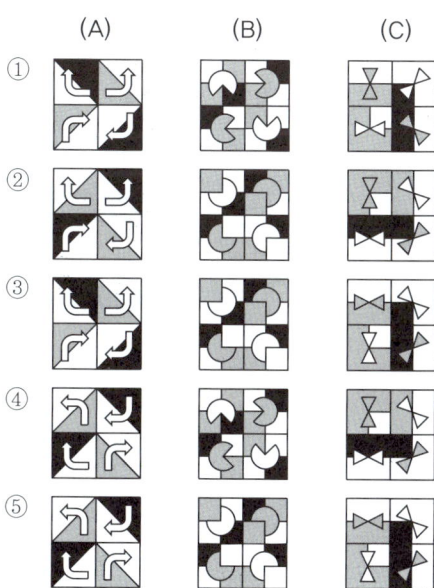

15 다음 도형의 규칙을 보고 (A), (B)에 들어갈 도형으로 옳은 것은?

제2회 최종점검 모의고사

문항 수 : 50문항 응시시간 : 60분

01 언어력

01 다음 글의 내용으로 적절하지 않은 것은?

> 고야의 마녀도 사실적이다. 이는 고야가 인간과 마녀를 분명하게 구별하지 않고, 마녀가 실존하는 것처럼 그렸기 때문이다. 따라서 우리는 고야가 마녀의 존재를 믿었는지 의심할 수 있다. 그러나 그것은 중요한 문제가 아니다. 고야는 마녀를 비이성의 상징으로 그려서 세상이 완전하게 이성에 의해서만 지배되지 않음을 표현하고 있을 뿐이다. 또한 악마가 사실 인간 자신의 정신 내면에 존재하는 것임을 시사한다. 그것이 바로 가장 유명한 작품인 제43번 「이성이 잠들면 괴물이 나타난다.」에서 그려진 것이다.

① 고야가 마녀의 존재를 믿었는가의 여부는 알 수 없다.
② 고야는 이성의 존재를 부정하였다.
③ 고야는 비이성이 인간 내면에 존재한다고 판단했다.
④ 고야는 세상을 이성과 비이성이 뒤섞인 상태로 이해했다.
⑤ 고야는 악마가 인간의 정신 내면에 존재하는 점을 시사하였다.

02 다음 글의 중심 내용으로 가장 적절한 것은?

> 통계는 다양한 분야에서 사용되며 막강한 위력을 발휘하고 있다. 그러나 모든 도구나 방법이 그렇듯 통계 수치에도 함정이 있다. 함정에 빠지지 않으려면 통계 수치의 의미를 정확히 이해하고, 도구와 방법을 올바르게 사용해야 한다. 친구 5명이 만나서 이야기를 나누다가 연봉이 화제가 되었다. 2천만 원이 4명, 7천만 원이 1명이었는데, 평균을 내면 3천만 원이다. 이 숫자에 대해 4명은 "나는 봉급이 왜 이렇게 적을까?"하며 한숨을 내쉬었다. 그러나 이 평균값 3천만 원이 5명의 집단을 대표하는 데에 아무 문제가 없을까? 물론 계산 과정에는 하자가 없지만, 평균을 집단의 대푯값으로 사용하는 데에 어떤 한계가 있을 수 있는지 깊이 생각해 보지 않는다면, 우리는 잘못된 생각에 빠질 수도 있다. 평균은 아웃라이어(다른 대상들보다 평균치에서 크게 벗어나 확연히 구분되는 표본)에 민감하다. 집단 내에 아웃라이어가 하나만 있어도 평균이 크게 바뀐다는 것이다. 위의 예에서 1명의 연봉이 7천만 원이 아니라 100억 원이었다고 하자. 그러면 평균은 20억 원이 넘게 된다.
>
> 나머지 4명은 자신의 연봉이 평균치의 100분의 1밖에 안 된다며 슬퍼해야 할까? 연봉 100억 원인 사람이 아웃라이어이듯이 처음의 예에서 연봉 7천만 원인 사람도 아웃라이어인 것이다. 두드러진 아웃라이어가 있는 경우에는 평균보다는 최빈값이나 중앙값이 대푯값으로서 더 나을 수 있다.

① 평균은 집단을 대표하는 수치로서는 매우 부적당하다.
② 통계는 숫자 놀음에 불과하므로 통계 수치에 일희일비할 필요가 없다.
③ 평균보다는 최빈값이나 중앙값을 대푯값으로 사용해야 한다.
④ 통계 수치의 의미와 한계를 정확히 인식하고 사용할 필요가 있다.
⑤ 통계는 올바르게 활용하면 다양한 분야에서 사용할 수 있는 도구이다.

03 다음 중 '스마트 그리드'에 대한 설명으로 가장 적절한 것은?

> 주니퍼 리서치(Juniper Research)는 글로벌 스마트 그리드 구축으로 인해 전 세계는 2021년 316TW/h(테라와트시)를 시작으로 2026년에는 연간 1,060TW/h의 에너지를 절약하게 될 것이라는 내용의 보고서를 발표했다. 이는 영국 런던의 보로오브 브렌트에 위치한 웸블리 스타디움에서 90분 동안 진행되는 축구 경기 4,200만 회 이상을 개최하는 에너지에 해당한다.
> 홈페이지에 게재한 보도자료에서 주니퍼 리서치는 '스마트 그리드; 산업 및 경쟁 동향, 시장 전망 2021 ~ 2026(Smart Grid; Industry Trends, Competitor Leaderboard and Market Forecasts 2021 ~ 2026)' 보고서 출판 사실을 공지하고 스마트 그리드가 에너지 시장의 지속 가능성을 확보하는데 중요한 역할을 수행할 것이라고 예상했다.
> 보고서는 에너지 운영 회사에 최적의 운영 방법론을 제공한다. 저렴한 센서 및 연결성을 가장 잘 결합하는 에너지 공급업체가 앞으로 가장 큰 성공을 거둘 것이라는 예측이다. 스마트 그리드는 적절한 분석을 제공하며, 네트워크는 수요에 자동으로 반응한다. 재생 에너지 중심의 미래에 지속 가능한 에너지 보안을 제공한다는 것이다.
> 보고서에 따르면 실시간으로 에너지 사용량을 분석하여 유틸리티 회사의 응답 기능을 지원하는 스마트 그리드 소프트웨어는 에너지 및 비용 절감을 제공하는 중요한 역할을 수행한다.
> 이러한 장점으로 인해 스마트 그리드 소프트웨어 시장은 2021년 120억 달러에서 2026년에는 연간 380억 달러 이상의 시장으로 성장할 전망이다. 5년 동안 3배 이상 확대된다는 예상이다.
> 연구를 수행한 책임자 댐라 샛은 "기후 목표를 달성하고 전력 회사의 급증하는 운영비용을 줄이려면 스마트 그리드로 빠르게 진화해야 한다. 연결성을 활용하고 대규모 분석을 통해 그리드를 운영하는 것은 진정한 수요 응답형 그리드를 달성하는 데 매우 중요하다."고 강조했다.
> 연구에 따르면 스마트 계량기의 출시도 크게 증가하고 있다. 서비스 중인 글로벌 스마트 계량기는 2021년 11억 개에서 2026년 20억 개 이상에 도달할 것으로 예상된다. 현재 라틴 아메리카와 아프리카 및 중동 등의 시장은 서유럽과 극동 및 중국의 선두 주자들에 비해 크게 뒤떨어져 있다. 이들 지역을 중심으로 공급이 증가할 것으로 보인다.

① 스마트 그리드 소프트웨어는 비용은 더 많이 들지만 뛰어난 효용 덕분에 주목받고 있다.
② 기후 변화 위기에 대처하는 데에 스마트 그리드 기술은 도움이 된다.
③ 스마트 그리드 소프트웨어 시장은 확대되고 있지만, 스마트 계량기는 큰 인기를 끌지 못하고 있다.
④ 현재의 스마트 그리드 기술로는 에너지를 절약할 수 없지만, 추후 많은 에너지를 절약할 수 있을 것으로 기대된다.
⑤ 다양한 장점을 바탕으로 스마트 그리드 소프트웨어 시장은 5년 동안 5배 이상의 성장을 할 것으로 기대된다.

※ 다음 글의 내용으로 가장 적절한 것을 고르시오. [4~5]

04

선물환거래(先物換去來)란 계약일로부터 일정 시간이 지난 특정일에 외환의 거래가 이루어지는 것으로 현재 약정한 금액으로 미래에 결제하기 때문에 선물환계약을 체결하게 되면, 약정된 결제일까지 매매 쌍방 모두 결제가 미뤄진다. 선물환거래는 보통 환리스크*를 헤지(Hedge)**하기 위한 목적으로 이용된다. 1개월 이후 달러로 거래 대금을 받을 예정인 수출 기업은 은행과 1개월 후 달러를 매각하는 대신 원화를 받는 선물환계약을 통해 원/달러 환율변동에 따른 환리스크를 헤지할 수 있다.
이외에도 선물환거래는 금리차익을 얻는 것과 투기적 목적 등도 가지고 있다. 선물환거래에는 일방적으로 선물환을 매입하는 것 또는 매도 거래만 발생하는 Outright Forward거래가 있고, 선물환거래가 스왑거래의 일부분으로써 현물환거래와 같이 발생하는 Swap Forward거래가 있다. Outright Forward거래는 만기 때 실물 인수가 일어나는 일반 선물환거래와 만기 때 실물의 인수 없이 차액만을 정산하는 차액결제선물환(NDF; Non-Deliverable Forward)거래로 구분된다.
옵션(Option)이란 거래당사자들이 미리 가격을 정하고, 그 가격으로 미래의 특정시점이나, 그 이전에 자산을 사고파는 권리를 매매하는 계약이다. 선도 및 선물, 스왑거래 등과 같은 파생금융상품이다.
옵션은 매입권리가 있는 콜옵션(Call Option)과 매도권리가 있는 풋옵션(Put Option)으로 구분된다. 옵션거래로 매입이나 매도할 수 있는 권리를 가지게 되는 옵션매입자는 시장가격의 변동에 따라 자기에게 유리하거나 불리한 경우를 판단하여, 옵션을 행사하거나 포기할 수도 있다. 옵션매입자는 선택할 권리에 대한 대가로 옵션매도자에게 프리미엄을 지급하고, 옵션매도자는 프리미엄을 받는 대신 옵션매입자가 행사하는 옵션에 따라 발생하는 것에 대한 것을 이해하는 책임을 가진다. 옵션거래의 손해와 이익은 행사가격, 현재가격 및 프리미엄에 의해 결정된다.

* 환리스크(Foreign exchange risk) : 국제 금융 거래에서 예상하지 못한 환율 변동으로 인해 금융 기관이나 기업이 재무적으로 손실을 볼 수 있는 잠재적인 위험
** 헤지(Hedge) : 투자자가 가지고 있거나 앞으로 보유하려는 자산의 가치가 변함에 따라 발생하는 위험을 없애려는 시도

① 선물환거래는 투기를 목적으로 사용되기도 한다.
② 옵션은 미래에 조건이 바뀌어도 계약한 금액을 지불해야 한다.
③ 선물환 거래는 권리를 행사하거나 포기할 수 있다.
④ 옵션은 환율변동 리스크를 해결하는 데 좋은 선택이다.
⑤ 선물환 거래는 행사가격, 현재가격, 프리미엄가에 따라 손해와 이익이 발생한다.

05
이슬람 사회에서 결혼은 계약관계로 간주한다. 따라서 부부관계는 계약 사항이 위반될 때 해제될 수 있다. 결혼식 전 신랑 측과 신부 측이 서로 합의하에 결혼계약서를 작성하며, 결혼식에서 신랑과 신부 집안의 가장(家長), 양가의 중재자, 양쪽 집안에서 정한 증인이 결혼계약서에 각각 서명해야 하는 점은 이를 반영한다. 결혼계약서에 서명이 없거나, 이슬람의 관습에 따라 결혼식이 진행되지 않았거나, 서명이 끝난 결혼계약서가 정부에 등록되지 않으면 결혼은 무효로 간주해 법적 효력이 없다.

결혼식은 아랍어로 '시가'라고 하는 결혼 서약으로 시작된다. 이는 결혼식 날 주례로서 결혼을 주관하는 '마우준'이 신랑 측과 신부 측에 결혼 의사를 묻고 듣는 것으로 이루어진다. 이슬람 사회의 관습에 따르면 결혼식에서 직접 동의 의사를 공표하는 신랑과 달리, 신부는 스스로 자신의 결혼 의사를 공표할 수 없다. 신부의 후견인인 '왈리'가 신부를 대신해 신부의 결혼 의사를 밝힌다. 보통 아버지가 그 역할을 담당하지만 아버지의 부재 시 삼촌이나 오빠가 대신한다. 당사자 혹은 대리인의 동의 없는 결혼 서약은 무효로 간주한다.

결혼에 대한 양가의 의사 이외에도 이슬람 사회에서 결혼이 성립되기 위한 필수조건으로 '마흐르'라고 불리는 혼납금이 있어야 한다. 이슬람 사회의 관습에 따르면 혼납금은 신부의 개인 재산으로 간주한다. 혼납금은 결혼 계약서를 작성하면서 신랑이 신부에게 지급해야 한다.

증인 또한 중요하다. 결혼식의 증인으로는 믿을 만한 양가 친척이나 부모의 친구가 선택된다. 양가를 대표하는 두 명의 증인은 결혼계약서에 서명함으로써 결혼에 거짓이 없음을 증명한다. 결혼식에서 증인이 확인하는 내용은 신랑이나 신부가 친남매 간이나 수양 남매 관계가 아니라는 것, 양가의 사회적 지위가 비슷하며 종교가 같다는 것, 이전에 다른 결혼 관계가 있었는지, 신부가 '잇다' 기간에 있지 않다는 것 등이다. '잇다' 기간이란 여성이 이전 결혼 관계가 해제된 후 다음 결혼 전까지 두어야 하는 결혼 대기 기간으로, 이 기간에 전 결혼에서 발생했을지 모를 임신 여부를 확인한다.

① 이슬람사회에서 남성은 전처의 잇다 기간 동안에는 재혼할 수 없다.
② 이슬람사회에서 결혼은 계약관계로 간주되기 때문에 결혼의 당사자가 직접 결혼계약서에 서명해야 법적 효력이 있다.
③ 이슬람 사회의 결혼계약서에는 신랑과 신부의 가족관계, 양가의 사회적 배경, 양가의 결합에 대한 정부의 승인 등의 내용이 들어 있다.
④ 이슬람사회에서 남녀의 결혼이 합법적으로 인정받기 위해서는 결혼 중재자와 결혼식 주례, 결혼 계약서, 혼납금, 증인, 결혼식 하객이 필수적이다.
⑤ 이슬람사회에서 대리인을 통하지 않고 법적으로 유효하게 결혼 동의 의사를 밝힌 결혼 당사자는 상대방에게 혼납금을 지급하였을 것이다.

06 다음 글의 주제로 가장 적절한 것은?

> 20세기 한국 사회는 내부 노동시장에 의존한 평생직장 개념을 갖고 있었으나, 1997년 외환위기 이후 인력 관리의 유연성이 향상하면서 그것은 사라지기 시작하였다. 기업은 필요한 우수 인력을 외부 노동시장에서 적기에 채용하고, 저숙련 인력은 주변화하여 비정규직을 계속 늘려간다는 전략을 구사하고 있다. 이러한 기업의 인력 관리 방식에 따라서 실업률은 계속 하락하는 동시에 주당 18시간 미만으로 일하는 불완전 취업자가 많이 증가하고 있다.
>
> 이러한 현상은 우리나라의 경제가 지식 기반 산업 위주로 점차 바뀌고 있음을 말해 준다. 지식 기반 산업이 주도하는 경제 체제에서는 고급 지식을 갖거나 숙련된 노동자는 더욱 높은 임금을 받게 된다. 다시 말해, 지식 기반 경제로의 이행은 지식 격차에 의한 소득 불평등의 심화를 의미한다. 우수한 기술과 능력을 갖춘 핵심 인력은 능력 개발 기회를 얻게 되어 '고급 기술 → 높은 임금 → 양질의 능력 개발 기회'의 선순환 구조를 갖지만, 비정규직·장기 실업자 등 주변 인력은 악순환을 겪을 수밖에 없다. 이러한 '양극화' 현상을 국가가 적절히 통제하지 못할 경우, 사회 계급 간의 간극은 더욱 확대될 것이다. 결국 고도 기술 사회가 온다고 해도 자본주의 사회 체제가 지속되는 한, 사회 불평등 현상은 여전히 계급 간 균열선을 따라 존재하게 될 것이다. 국가가 포괄적 범위에서 강력하게 사회 정책적 개입을 추진하면 계급 간 차이를 현재보다는 축소시킬 수 있겠지만 아주 없애지는 못할 것이다.
>
> 사회 불평등 현상은 나라들 사이에서도 발견된다. 각국 간 발전 격차가 지속 확대되면서 전 지구적 생산의 재배치는 이미 20세기 중엽부터 진행됐다. 정보통신 기술은 지구의 자전 주기와 공간적 거리를 '장애물'에서 '이점'으로 변모시켰다. 그 결과, 전 지구적 노동시장이 탄생하였다. 기업을 비롯한 각 사회 조직은 국경을 넘어 인력을 충원하고, 재화와 용역을 구매하고 있다. 개인들도 인터넷을 통해 이러한 흐름에 동참하고 있다. 생산 기능은 저개발국으로 이전되고, 연구·개발·마케팅 기능은 선진국으로 모여드는 경향이 지속·강화되어, 나라 간 정보 격차가 확대되고 있다. 유비쿼터스 컴퓨팅 기술에 의거하여 전 지구 사회를 잇는 지역 간 분업은 앞으로 더욱 활발해질 것이다. 나라 간의 경제적 불평등 현상은 국제 자본 이동과 국제 노동 이동으로 표출되고 있다. 노동 집약적 부문의 국내 기업이 해외로 생산 기지를 옮기는 현상에서 나아가, 초국적 기업화 현상이 본격적으로 대두되고 있다. 전 지구에 걸친 외부 용역 대치가 이루어지고, 콜센터를 외국으로 옮기는 현상도 보편화될 것이다.

① 국가 간 노동 인력의 이동이 가져오는 폐해
② 사회 계급 간 불평등 심화 현상의 해소 방안
③ 지식 기반 산업 사회에서의 노동시장의 변화
④ 선진국과 저개발국 간의 격차 축소 정책의 필요성
⑤ 저개발국에서 나타나는 사회 불평등 현상

※ 다음 글을 읽고 추론할 수 있는 내용으로 적절하지 않은 것을 고르시오. [7~8]

07 (Hard)

세계적으로 기후 위기의 심각성이 커지면서 '탄소 중립'은 거스를 수 없는 흐름이 되고 있다. 이에 맞춰 정부의 에너지정책도 기존 화석연료 발전 중심의 전력공급체계를 태양광과 풍력 등 재생 에너지 중심으로 빠르게 재편하는 작업이 추진되고 있다. 이러한 재생 에너지 보급 확대는 기존 전력 설비 부하의 가중으로 이어질 수밖에 없다. 재생 에너지 사용 확대에 앞서 송배전 시스템의 확충이 필수적인 이유다.

K전력은 재생 에너지 발전사업자의 접속지연 문제를 해소하기 위해 기존 송배전 전력 설비의 재생 에너지 접속용량을 확대하는 특별대책을 시행하고 나섰다. K전력은 그동안 재생 에너지 발전설비 밀집 지역을 중심으로 송배전 설비의 접속가능용량이 부족할 경우 설비 보강을 통해 문제를 해결해 왔다. 2016년 10월부터 1MW 이하 소규모 신재생 에너지 발전사업자가 전력계통 접속을 요청하면 K전력이 비용을 부담해 공용전력망을 보강하고 접속을 보장해주는 방식이었다. 덕분에 신재생 에너지 발전사업자들의 참여가 늘어났지만 재생 에너지 사용량이 기하급수적으로 늘면서 전력계통 설비의 연계용량 부족 문제가 뒤따랐다.

이에 K전력은 산업통상자원부가 운영하는 '재생 에너지 계통접속 특별점검단'에 참여해 대책을 마련했다. 배전선로에 상시 존재하는 최소부하를 고려한 설비 운영 개념을 도입해 변전소나 배전선로 증설 없이 재생 에너지 접속용량을 확대하는 방안이다. 재생 에너지 발전 시 선로에 상시 존재하는 최소부하 용량만큼 재생 에너지 발전량이 상쇄되고, 잔여 발전량이 전력계통으로 유입되기 때문에 상쇄된 발전량만큼 재생 에너지의 추가접속을 가능케 하는 방식이다. K전력은 현장 실증을 통해 최소부하가 1MW를 초과하는 경우 배전선로별 재생 에너지 접속허용용량을 기존 12MW에서 13MW로 확대했다. 또 재생 에너지 장기 접속지연이 발생한 변전소에 대해서는 최소부하를 고려해 재생 에너지 접속허용용량을 200MW에서 평균 215MW로 상향했다. 이 같은 개정안이 전기위원회 심의를 통과하면서 변전소 및 배전선로 보강 없이도 재생 에너지 317MW의 추가 접속이 가능해졌다.

① 기존의 화석 연료 중심의 에너지 발전은 탄소 배출량이 많아 환경에 악영향을 주었다.
② 태양광 에너지는 고갈 염려가 없다고 볼 수 있기 때문에 주목받는 신재생 에너지이다.
③ 재생 에너지 사업 확충에 노후화된 송전 설비는 걸림돌이 된다.
④ 현재까지는 재생 에너지 사업 확충에 따른 문제의 해결책으로 설비 보강이 가장 효과적이다.
⑤ 별도로 설비를 보강하지 않아도 재생 에너지 과부하 문제를 해결할 수 있는 방안이 제시되었다.

08

소크라테스와 플라톤은 파르메니데스를 존경스럽고 비상한 능력을 지닌 인물로 높이 평가했다. 그러나 그의 사상은 지극히 난해하다고 했다. 유럽 철학사에서 파르메니데스의 중요성은 그가 최초로 '존재'의 개념을 정립했다는 데 있다. 파르메니데스는 아르케, 즉 근원적인 원리에 대한 근본적인 질문을 이오니아의 자연철학자들과는 다른 방식으로 다룬다. 그는 원천의 개념에서 일체의 시간적·물리적 성질을 제거하고 오로지 존재론적인 문제만을 남겨놓는다. 이 위대한 엘레아 사람은 지성을 기준으로 내세웠고, 예리한 인식에는 감각적 지각이 필요 없다고 주장했다. 경험적 인식과는 무관한 논리학이 사물의 본질을 파악할 수 있는 능력이라고 전제함으로써 그는 감각적으로 지각할 수 있는 세계 전체를 기만적인 것으로 치부하고 유일하게 실재하는 것은 '존재'라고 생각했다.

그리고 이 존재는 로고스에 의해 인식되며, 로고스와 같은 것이라고 했다. 파악함과 존재는 같은 것이므로 존재하는 것은 파악될 수 있다. 그리고 파악될 수 있는 것만이 존재한다. 파르메니데스는 '존재자'라는 근본적인 존재론적 개념을 유럽 철학에 최초로 도입한 인물일 뿐만 아니라, 경험세계와는 전적으로 무관하게 오로지 논리적 근거만을 사용하여 순수한 이론적 체계를 성립시킨 최초의 인물이기도 했다.

① 파르메니데스 사상의 업적은 존재란 개념을 이성적 파악의 대상으로 본 것이다.
② 플라톤의 이데아 개념은 파르메니데스의 이론에 영향을 받았을 것이다.
③ 파르메니데스는 감성보다 지성에 높은 지위를 부여했을 것이다.
④ 파르메니데스에게 예리한 인식이란 로고스로 파악하는 존재일 것이다.
⑤ 경험론자들의 주장과 파르메니데스의 주장은 일맥상통할 것이다.

09 다음 글을 읽고 추론한 내용으로 가장 적절한 것은?

> 휴대전화기를 새것으로 바꾸기 위해 대리점에 간 소비자가 있다. 휴대전화기 가격은 30만 원으로 예상했다. 그런데 마음에 드는 것을 선택하니 가격이 25만 원이라고 하였다. 소비자는 흔쾌히 구매를 결정했다. 그러면서 뜻밖의 이익이 생겼음에 좋아할지도 모른다. 처음 예상했던 휴대전화기의 가격과 실제 지급한 금액의 차이, 즉 5만 원의 이익을 얻었다고 보는 것이다. 경제학에서는 이것을 '소비자 잉여(消費者剩餘)'라고 부른다. 어떤 상품에 대해 소비자가 최대한 지급해도 좋다고 생각하는 가격에서 실제로 지급한 가격을 뺀 차액이 소비자 잉여인 셈이다.
>
> 휴대전화기를 구매하고 나니, 대리점 직원은 휴대전화의 요금제를 바꾸라고 권유한다. 현재 이용하고 있는 휴대전화 서비스보다 기본요금이 조금 더 비싼 대신 분당 이용료가 싼 요금제로 바꾸는 것이 더 이익이라는 설명도 덧붙였다. 소비자는 지금까지 휴대전화의 요금이 기본요금과 분당 이용료로 나누어져 있는 것을 당연하게 생각해 왔다. 그런데 곰곰이 생각해 보니, 이건 정말 특이한 가격 체계였다. 다른 제품이나 서비스는 보통 한 번만 값을 지급하면 되는데, 왜 휴대전화 요금은 기본요금과 분당 이용료의 이원 체제로 이루어져 있는 것일까?
>
> 휴대전화 회사는 기본요금과 분당 이용료의 이원 체제 전략, 즉 '이부가격제(二部價格制)'를 채택하고 있다. 이부가격제는 소비자가 어떤 상품을 사려고 할 때, 먼저 그 권리에 상응하는 가치를 값으로 지급하고, 실제 상품을 구매할 때 그 사용량에 비례하여 또 값을 지급해야 하는 체제를 말한다. 이부가격제를 적용하면 휴대전화 회사는 소비자의 통화량과 관계없이 기본 이윤을 확보할 수 있다.
>
> 이부가격제를 적용하는 또 다른 예로 놀이 공원을 들 수 있다. 이전에는 놀이 공원에 갈 때 저렴한 입장료를 지급했고, 놀이 기구를 이용할 때마다 표를 구매했다. 놀이 기구를 골라서 이용하여 사용료를 절약할 수 있었고, 구경만 하고 사용료를 지불하지 않는 것도 가능했다. 그러나 요즘의 놀이공원은 입장료를 이전보다 엄청나게 비싸게 하고 놀이기구의 사용료를 상대적으로 낮게 했다. 게다가 '빅3'니 '빅5'니 하는 묶음표를 만들어 놀이 기구 이용자로 하여금 가격의 부담이 적은 것처럼 느끼게 만들었다. 결국 놀이공원의 가격 전략은 사용료를 낮추고 입장료를 높게 받는 이부가격제로 굳어지고 있다.
>
> 여기서 놀이공원의 입장료는 상품을 살 수 있는 권리를 얻기 위해 지급해야 하는 금액에 해당한다. 그리고 입장료를 내고 들어간 사람들이 놀이기구를 이용할 때마다 내는 요금은 상품의 가격에 해당하는 부분이다. 우리가 모르는 가운데 기업의 이윤 극대화를 위한 모색은 계속되고 있다.

① 놀이 공원의 '빅3'나 '빅5' 등의 묶음표는 이용자를 위한 가격제이다.
② 이부가격제는 이윤 극대화를 위해 기업이 채택할 수 있는 가격 제도이다.
③ 소비자 잉여의 크기는 구입한 상품에 대한 소비자의 만족감과 반비례한다.
④ 휴대전화 요금제는 기본요금과 분당 이용료가 비쌀수록 소비자에게 유리하다.
⑤ 가정으로 배달되는 우유를 한 달 동안 먹고 지불하는 값에는 이부가격제가 적용됐다.

10 다음 글의 집필 의도로 가장 적절한 것은?

한글 맞춤법의 원리는 '한글 맞춤법은 표준어를 소리대로 적되, 어법에 맞도록 함을 원칙으로 한다.' 라는 「한글 맞춤법」 총칙 제1항에 나타나 있다. 이 조항은 한글 맞춤법을 적용하여 표기하는 대상이 표준어임을 분명히 하고 있다. 따라서 표준어가 정해지면 맞춤법은 이를 어떻게 적을지 결정하는 구실을 한다.

그런데 표준어를 글자로 적는 방식에는 두 가지가 있을 수 있다. 하나는 '소리 나는 대로' 적는 방식이요, 또 하나는 소리 나는 것과는 다소 멀어지더라도 눈으로 보아 '의미가 잘 드러나도록' 적는 방식이다. '소리대로 적되, 어법에 맞도록'이라는 제1항의 구절은 바로 이 두 방식의 절충을 의미하는 것이다.

그렇다면 어법에 맞게 적는다는 것은 무슨 뜻인가? 뜻을 파악하기 쉽도록 적는다는 것이다. 그런데 어떻게 적는 것이 뜻을 파악하기 쉽도록 적는 것인가? 그것은 문장에서 뜻을 담당하는 실사(實辭)를 밝혀 적는 방식일 것이다. 예컨대 '꼬치, 꼬츨, 꼳또'처럼 적기보다는 실사인 '꽃'을 밝혀 '꽃이, 꽃을, 꽃도'처럼 적는 것이다. '꼬치'와 같이 적는 방식은 소리 나는 대로 적어서 글자로 적기에는 편할 수 있다. 그러나 뜻을 담당하는 실사가 드러나지 않아 눈으로 뜻을 파악하기에는 큰 불편이 따른다. 실사를 밝혀 뜻을 파악하기 쉽도록 적는다는 것은 체언과 조사를 구별해서 적고, 용언의 어간과 어미를 구별해서 적는다는 것이다. 바로 이러한 내용을 포괄하는 내용을 담고 있는 것이 '어법에 맞게' 적는다는 것이다.

정리하면, 제1항의 '소리대로 적되, 어법에 맞도록'이란 구절을 바르게 적용하는 방법은 다음과 같다. 첫째, 어느 쪽으로 적는 것이 뜻을 파악하기 쉬운지 살펴 그에 따라 적고, 둘째, 어느 쪽으로 적든지 뜻을 파악하는 데에 별 차이가 없을 때에는 소리대로 적는다. 예컨대 '붙이다(우표를 ~)'와 '부치다(힘이 ~)'에서 전자는 동사 어간 '붙-'과 의미상의 연관성이 뚜렷하여 '붙이-'처럼 적어 줄 때 그 뜻을 파악하기 쉬운 이점이 있으므로 소리와 달리 '붙이다'로 적고, 후자는 전자와 달리 굳이 소리와 다르게 적을 필요가 없으므로 '소리대로'의 원칙에 따라 '부치다'로 적는 것이다.

① 한글 맞춤법의 문제점을 구체적으로 비판하고자 한다.
② 한글 맞춤법의 제정 배경을 역사적으로 살펴보고자 한다.
③ 한글 맞춤법 규정에 대한 다양한 평가를 소개하고자 한다.
④ 한글 맞춤법 규정을 바탕으로 맞춤법의 원리를 설명하고자 한다.
⑤ 한글 맞춤법 규정을 해설하면서 우리말의 우수성을 드러내고자 한다.

11 다음 중 비효율적인 일중독자의 사례로 적절하지 않은 것은?

일중독자란 일을 하지 않으면 초조해하거나 불안해하는 증상이 있는 사람을 지칭한다. 이는 1980년대 초부터 사용하기 시작한 용어로, 미국의 경제학자 W. 오츠의 저서 『워커홀릭』에서도 확인할 수 있다. 일중독에는 여러 원인이 있지만 보통 경제력에 대해 강박관념을 가지고 있는 사람, 완벽을 추구하거나 성취지향적인 사람, 자신의 능력을 과장되게 생각하는 사람, 배우자와 가정으로부터 도피하려는 성향이 강한 사람, 외적인 억압으로 인하여 일을 해야만 한다고 정신이 변한 사람 등에게 나타나는 경향이 있다.

일중독 증상을 가진 사람들의 특징은 일을 하지 않으면 불안해하고 외로움을 느끼며 자신의 가치가 떨어진다고 생각한다는 것이다. 따라서 일에 지나치게 집착하는 모습을 보이고, 이로 인해 사랑하는 연인 또는 가족과 소원해지며 인간관계에 문제를 겪는 모습을 볼 수 있다. 하지만 모든 일중독이 이렇듯 부정적인 측면만 있는 것은 아니다. 노는 것보다 일하는 것이 더욱 즐겁다고 여기는 경우도 있다. 예를 들어, 자신의 관심사를 직업으로 삼은 사람들이 이에 해당한다. 이 경우 일 자체에 흥미를 느끼게 된다.

일중독에도 다양한 유형이 있다. 그중 계획적이고 합리적인 관점에서 업무를 수행하는 일중독자가 있는 반면 일명 '비효율적인 일중독자'라 일컬어지는 일중독자도 있다. 비효율적인 일중독자는 크게 '지속적인 일중독자', '주의결핍형 일중독자', '폭식적 일중독자', '배려적 일중독자' 네 가지로 나누어 설명할 수 있다. 첫 번째로 '지속적인 일중독자'는 매일 야근도 불사하고, 휴일이나 주말에도 일을 놓지 못하는 유형이다. 이러한 유형의 일중독자는 완벽에 대해 기준을 높게 잡고 있기 때문에 본인은 물론이고 주변 동료에게도 완벽을 강요한다. 두 번째로 '주의결핍형 일중독자'는 모두가 안 될 것 같다고 만류하는 일이나, 한 번에 소화할 수 없을 만큼 많은 업무를 담당하는 유형이다. 이러한 유형의 일중독자는 완벽하게 일을 해내고 싶다는 부담감 등으로 인해 결국 업무를 제대로 마무리하지 못하는 경우가 대부분이다. 세 번째로 '폭식적 일중독자'는 음식을 과다 섭취하는 폭식처럼 일을 한 번에 몰아서 하는 유형이다. 간단히 보면 이러한 유형은 일중독과는 거리가 멀다고 생각할 수 있지만, 일을 완벽하게 해내고 싶다는 사고에 사로잡혀 있으나 두려움에 선뜻 일을 시작하지 못한다는 점에서 일중독 중 하나로 간주한다. 마지막으로 '배려적 일중독자'는 다른 사람의 업무 등에 지나칠 정도로 책임감을 느끼는 유형이다.

이렇듯 일중독자란 일에 지나치게 집착하는 사람으로 생각할 수도 있지만 일중독인 사람들은 일로 인해 자신의 자존감이 올라가고, 가치가 매겨진다 생각하기도 한다. 그러나 이러한 일중독자가 단순히 업무에 많은 시간을 소요하는 사람이라는 인식은 재고할 필요가 있다.

① 장기적인 계획을 세워 업무를 수행하는 A사원
② K사원의 업무에 책임감을 느끼며 괴로워하는 B대리
③ 마감 3일 전에 한꺼번에 일을 몰아서 하는 C주임
④ 휴일이나 주말에도 집에서 업무를 수행하는 D사원
⑤ 혼자서 소화할 수 없는 양의 업무를 자발적으로 담당한 E대리

※ 다음 글의 빈칸에 들어갈 내용으로 가장 적절한 것을 고르시오. [12~13]

12

MZ세대 직장인을 중심으로 '조용한 사직'이 유행하고 있다. '조용한 사직'이라는 신조어는 2022년 7월 한 미국인이 SNS에 소개하면서 큰 호응을 얻은 것으로 실제로 퇴사하진 않지만 최소한의 일만 하는 업무 태도를 말한다. 실제로 MZ세대 직장인은 적당히 하자라는 생각으로 주어진 업무는 하되 더 찾아서 하거나 스트레스 받을 수준으로 많은 일을 맡지 않고, 사내 행사도 꼭 필요할 때만 참여해 일과 삶을 철저히 분리하고 있다.

한 채용플랫폼의 설문조사 결과에 따르면 직장인 10명 중 7명이 '월급받는 만큼만 일하면 끝'이라고 답했고, 20대 응답자 중 78.5%, 30대 응답자 중 77.1%가 '받은 만큼만 일한다.'고 답했다. 설문조사 결과 연령대가 높아질수록 그 비율은 감소해 젊은 층을 중심으로 이 같은 인식이 확산하고 있음을 짐작할 수 있다.

이러한 인식이 확산하는 데는 인플레이션으로 인한 임금 감소, '돈을 많이 모아도 집 한 채를 살 수 있을까?' 등 전반적인 경제적 불만이 기저에 있다고 전문가들은 말했다. 또 MZ세대가 '노력에 상응하는 보상을 받고 있는지'에 민감하게 반응하는 특성을 가지고 있는 것도 한몫하고 있다.

문제점은 이러한 '조용한 사직' 분위기가 기업의 전반적인 생산성 저하로 이어지고 있는 것이다. 이에 맞서 기업도 '조용한 사직'으로 대응해 게으른 직원에게 업무를 주지 않는 '조용한 해고'를 하는 상황이 발생하고 있다. 이에 전문가들은 MZ세대 직장인을 나태하다고 구분 짓는 사고방식은 잘못되었다고 지적하며, 기업 차원에서는 "_____"이, 개인 차원에서는 "스스로 일과 삶을 잘 조율하는 현명함을 만드는 것"이 필요하다고 언급했다.

① 젊은 세대의 채용을 신중히 하는 것
② 직원이 일한 만큼 급여를 올려주는 것
③ 젊은 세대가 함께할 수 있도록 분위기를 만드는 것
④ 젊은 세대의 특성을 이해하고 온전히 받아들이는 것
⑤ 직원이 스트레스를 받지 않게 적당량의 업무를 배당하는 것

13

스트레스는 만병의 근원이란 말이 나돌고 있다. 정말로 스트레스는 의학적인 만병의 근원으로, 우리에게 신체적 해가 되는 일 자체보다도 이를 극복해 나가는 고통스런 과정이 더 문제인 것 같다. 허나 살아가면서 아무리 큰 스트레스를 겪더라도 시간이 경과함에 따라 점차로 망각의 세계로 흘려보내게 되는 것은 천만다행스러운 일이 아닐 수 없다. 개인적 차이야 있겠지만 고독한 개별 존재로 살아가면서 겪는 삶의 갈등에서 '세월이 약이다.'라는 우리 속담의 역할은 우리에게 참으로 큰 위안을 준다. 과거 기억의 집착에서 빨리 벗어나는 것은 진정으로 필요한 일이며, 이러한 자각의 과정이야말로 결국 혼자인 자신을 성찰할 좋은 기회가 된다. 그러니 이런 의미의 건망증이야 하느님이 우리에게 주신 좋은 선물 가운데 하나가 아니겠는가.

이와 같은 공리적인 건망증과는 달리, 우리 속담에 _____는 말과 같이 순간적인 건망증은 우리 생활에 웃음을 주는 활력소가 된다. 주부가 손에 고무장갑을 끼고 장갑을 찾는다든가, 안경을 쓴 채 안경을 찾으러 이리저리 다니는 일 따위의 일이야 주변에서 흔히 목격할 수 있는 일이다. 영국의 명재상이면서 끽연가인 처칠이 파이프를 물고 파이프를 찾았다든가, 혹은 18세기 영국의 문명 비평가였던 사무엘 존슨이 자신의 결혼식 날을 잊고 그 시간에 서재에서 집필하고 있었다는 일화도 정말로 우리를 웃음 짓게 하는 유쾌한 건망증이다.

의학적으로 대충 50대를 전후하여 기억 세포의 사멸로 기억력이 점차로 쇠퇴하여지기 시작한다고 한다. 이제 이순(耳順)의 나이를 넘어서다 보니, 주변 친구들을 만나면 늙는다는 타령과 함께 건망증을 소재로 한담(閑談)의 공간을 채우는 경우가 많아지게 되었다. 한 번은 건망증을 화제로 한자리에서, 지우(知友)가 이젠 하도 잊어버리는 일이 많더니 급기야 잊지 않으려 적어 놓은 메모까지도 잊어 못 찾게 되었노라고 한숨을 짓는 것을 보고 나는 빙그레 웃어 주었다. 그리고 이 말을 해주었다. 그 자체가 바로 자연이고 순리인 것이라고. 잊지 않으려고 억지로 노력하는 일도 하나의 집착인 것이라고.

① 우물에 가 숭늉 찾는다
② 장님 코끼리 말하듯 한다
③ 업은 아이 삼 년을 찾는다
④ 소문 난 잔치에 먹을 것 없다
⑤ 소경이 개천 나무란다

※ 다음 문단을 논리적 순서대로 바르게 나열한 것은? [14~15]

14

(가) 그렇다면 어떻게 블록체인 기술은 시스템 해킹 및 변조를 막을 수 있을까? 그 답은 블록체인의 이름에 있다. 블록체인 방식으로 거래하기 위해서는 먼저 네트워크에 포함된 모든 사람이 똑같은 데이터를 가진 블록을 가지고 있어야 한다. 새로운 거래가 생길 경우 네트워크에 포함된 모든 사람은 블록을 서로 비교하여 현재의 정보에 변조가 없는지 확인하게 된다. 무결성이 확인되었다면 새로운 거래가 담긴 블록을 기존의 블록과 연결하여 서로 체인을 이루게 된다. 이후 다른 거래가 생길 때마다 동일한 방식으로 네트워크 구성원 간 데이터를 비교하고, 새로운 블록을 쌓는 방식으로 진행된다.

(나) 이처럼 블록체인 기술은 거래를 할 때, 중앙은행의 중계 없이 사용자 간 직접 거래하면서 해킹이나 변조에서 비교적 안전하고, 거래자의 개인정보도 보호할 수 있어 다양한 장점을 지닌 기술이다. 하지만 탈중앙화라는 특징으로 인해 범죄와 연관될 가능성이 높으며, 금융사고로 인한 손실을 복구하기도 어렵다. 또한 해싱으로 인해 개인정보를 보호할 수 있지만, 로그 등의 데이터 자체는 여전히 모든 이용자에게 공개되므로 지나친 투명성에 의한 단점도 생길 수 있다.

(다) 데이터의 집합체인 블록에는 정보들이 해싱(Hashing)되어 저장된다. 해싱은 다양한 길이를 가진 데이터를 고정된 길이를 가진 데이터로 매핑하는 것으로 블록에 저장되는 데이터는 16진수 숫자(1~F)로 암호화된다. 해싱 이전의 데이터가 조금이라도 바뀔 경우, 해싱 이후의 데이터가 크게 변하는 특징이 있으므로 블록 간 데이터의 무결성을 비교할 때, 해시 데이터(Hash Data)를 비교하여 쉽게 판독할 수 있다. 또한 해시값을 기존의 데이터로 복구하는 것이 불가능하다는 특징이 있어 투명하면서 개인정보 또한 보호할 수 있다.

(라) 블록체인(Block Chain) 기술은 비트코인, 이더리움 등 암호화폐나, 대체 불가능 토큰(NFT; Non Fungible Token)의 핵심 기술이다. 블록체인이란 P2P(Peer to Peer) 네트워크를 통해서 관리되는 분산 데이터베이스로 거래 정보를 중앙 서버 한 곳에 저장하는 것이 아니라 블록체인 네트워크에 연결된 여러 컴퓨터에 저장 및 보관하는 기술로 시스템을 해킹하거나 변조하는 것을 사실상 불가능하게 만드는 탈중앙화 방식으로 정보를 기록하는 디지털 장부이다.

① (다) – (나) – (가) – (라)
② (다) – (라) – (가) – (나)
③ (라) – (가) – (나) – (다)
④ (라) – (가) – (다) – (나)
⑤ (라) – (나) – (다) – (가)

15

(가) 물론 이전과 달리 노동 시장에서 여성이라서 채용하지 않는 식의 직접적 차별은 많이 감소했지만 실질적으로 고학력 여성들이 면접 과정에서 많이 탈락하거나 회사에 들어가고 나서도 승진을 잘 하지 못하고 있다. 이는 여성이 육아 휴직 등을 사용하는 경우가 많아 회사가 여성을 육아와 가사를 신경 써야 하는 존재로 간주해 여성의 생산성을 낮다고 판단하고 있기 때문이다.

(나) 한국은 직종(Occupation), 직무(Job)와 사업장(Establishment)이 같은 남녀 사이의 임금 격차 또한 다른 국가들에 비해 큰 것으로 나타났는데, 영국의 한 보고서의 따르면 한국은 조사국 14개국 중 직종, 직무, 사업장별 남녀 임금 격차에서 상위권에 속했다. 즉, 한국의 경우 같은 직종에 종사하며 같은 직장에 다니면서 같은 업무를 수행하더라도 성별에 따른 임금 격차가 다른 국가들에 비해 상대적으로 높다는 이야기다.

(다) OECD가 공개한 '성별 간 임금 격차(Gender Wage Gap)'에 따르면 지난해 기준 OECD 38개 회원국들의 평균 성별 임금격차는 12%였다. 이 중 한국의 성별 임금격차는 31.1%로 조사국들 중 가장 컸으며, 이는 남녀 근로자를 각각 연봉 순으로 줄 세울 때 정중앙인 중위 임금을 받는 남성이 여성보다 31.1%를 더 받았다는 뜻에 해당한다. 한국은 1996년 OECD 가입 이래 26년 동안 줄곧 회원국들 중 성별 임금 격차 1위를 차지해 왔다.

(라) 이처럼 한국의 남녀 사이의 성별 임금 격차가 크게 유지되는 이유로 노동계와 여성계는 연공서열제와 여성 경력 단절을 꼽고 있다. 이에 대해 A교수는 노동 시장 문화에는 여성 경력 단절이 일어나도록 하는 여성 차별이 있어, 여성이 중간에 떨어져 나가거나 승진을 못하는 것이 너무나 자연스러운 일처럼 보여진다고 말했다.

이에 정부는 여성 차별적 노동 문화의 체질을 바꾸기 위해서는 정책적으로 여성에게만 혜택을 더 주는 것으로 보이는 시혜적 정책은 지양하되 여성 정책이 여성한테 무언가를 해주기보다는 남녀 간 평등을 촉진하는 방향으로 나아갈 수 있도록 해야 할 것이다.

① (나) – (다) – (가) – (라)
② (나) – (다) – (라) – (가)
③ (나) – (라) – (다) – (가)
④ (다) – (나) – (가) – (라)
⑤ (다) – (나) – (라) – (가)

02 수리력

01 S회사는 업무효율을 높이기 위해 근무여건 개선방안에 대하여 논의하고자 한다. 귀하는 논의 자료를 위하여 전 사원의 야간근무 현황을 조사하였다. 다음 중 조사 내용으로 옳지 않은 것은?

〈야간근무 현황(주 단위)〉

(단위 : 일, 시간)

구분	임원	부장	과장	대리	사원
평균 야근 빈도	1.2	2.2	2.4	1.8	1.4
평균 야근 시간	1.8	3.3	4.8	6.3	4.2

※ 60분의 3분의 2 이상을 채울 시 1시간으로 야근 수당을 계산함

① 과장급 사원은 한 주에 평균적으로 2.4일 정도 야간근무를 한다.
② 전 사원의 주 평균 야근 빈도는 1.8일이다.
③ 평사원은 한 주 동안 평균 4시간 12분 정도 야간근무를 하고 있다.
④ 1회 야간근무 시 평균적으로 가장 긴 시간 동안 일하는 사원은 대리급 사원이다.
⑤ 야근수당이 시간당 10,000원이라면 과장급 사원은 주 평균 50,000원을 받는다.

Easy

02 다음은 학년별 온라인수업 수강방법에 대한 자료이다. 이에 대한 〈보기〉의 설명 중 옳은 것을 모두 고르면?

〈학년별 온라인수업 수강방법〉

(단위 : %)

구분		스마트폰	태블릿PC	노트북	PC
학년	초등학생	7.2	15.9	34.4	42.5
	중학생	5.5	19.9	36.8	37.8
	고등학생	3.1	28.5	38.2	30.2
성별	남학생	10.8	28.1	30.9	30.2
	여학생	3.8	11.7	39.1	45.4

보기

ㄱ. 초등학생에서 중학생, 고등학생으로 올라갈수록 스마트폰과 PC의 이용률은 감소하고, 태블릿 PC와 노트북의 이용률은 증가한다.
ㄴ. 초·중·고등학생의 노트북과 PC의 이용률의 차이는 고등학생이 가장 작다.
ㄷ. 태블릿PC의 남학생·여학생 이용률의 차이는 노트북의 남학생·여학생 이용률의 2배이다.

① ㄱ
② ㄱ, ㄴ
③ ㄱ, ㄷ
④ ㄴ, ㄷ
⑤ ㄱ, ㄴ, ㄷ

Easy

03 다음은 지역별 가구의 PC 보유율에 대한 자료이다. 이에 대한 설명으로 옳지 않은 것은?

〈지역별 가구의 PC 보유율〉

(단위 : %)

구분	2016년	2017년	2018년	2019년	2020년
서울	88.7	89.0	86.9	83.7	82.5
부산	84.7	84.5	81.6	79.0	76.4
대구	81.6	81.5	81.1	76.9	76.0
인천	86.9	86.4	83.6	84.7	81.8
광주	84.4	85.2	82.8	83.2	80.0
대전	85.4	86.1	83.7	82.5	79.9
울산	87.7	88.0	87.1	85.6	88.3
경기	86.2	86.5	86.6	85.4	84.6
강원	77.2	78.2	67.0	64.3	62.5
충청	72.9	74.3	73.3	69.1	66.7
전라	69.3	71.3	67.8	65.6	65.7
경상	70.2	71.7	71.4	67.8	67.7
제주	77.4	79.1	78.3	76.2	74.9

① 대구 지역의 PC 보유율은 2016년 이래 지속 감소하고 있다.
② 광주 지역의 PC 보유율은 2016년 이래 증가와 감소가 반복되고 있다.
③ 전 기간 중 가장 낮은 PC 보유율을 기록한 지역은 강원 지역이다.
④ 충청·전라 지역의 PC 보유율 변화 양상은 동일하다.
⑤ 2017년 두 번째로 낮은 PC 보유율을 보인 지역은 경상 지역이다.

04 다음은 2023년 공항철도 여객 수송실적에 대한 자료이다. 이에 대한 설명으로 옳은 것은?

〈2023년 공항철도 여객 수송실적〉

(단위 : 천 명)

구분	수송인원	승차인원	유입인원
1월	5,822	2,843	2,979
2월	5,520	2,703	( )
3월	6,331	3,029	3,302
4월	6,237	3,009	3,228
5월	6,533	3,150	3,383
6월	6,361	3,102	3,259
7월	6,431	3,164	3,267
8월	( )	3,103	3,617
9월	6,333	2,853	3,480
10월	6,875	3,048	3,827
11월	6,717	( )	3,794
12월	6,910	3,010	3,900

※ 유입인원 : 다른 철도를 이용하다가 공항철도로 환승하여 최종 종착지에 내린 승객의 수
※ (수송인원)=(승차인원)+(유입인원)

① 2023년 공항철도의 수송인원은 매월 증가하고 있다.
② 2023년 3분기 공항철도 총 수송인원은 1,950만 명 이상이다.
③ 2월 공항철도 유입인원은 1월에 비해 16만 2천 명 감소하였다.
④ 11월은 승차인원이 가장 적은 달로, 6월보다 18만 1천 명 더 적었다.
⑤ 8월은 수송인원이 가장 많았던 달로, 12월보다 19만 명 더 많았다.

05 다음은 2019년부터 2023년까지 20대 남녀의 흡연율과 음주율에 대한 그래프이다. 이에 대한 〈보기〉의 설명 중 옳은 것을 모두 고르면?

보기
ㄱ. 남성과 여성의 흡연율은 동일한 추이를 보인다.
ㄴ. 남성흡연율이 가장 낮은 연도와 여성흡연율이 가장 낮은 연도는 동일하다.
ㄷ. 남성은 음주율이 가장 낮은 해에 흡연율도 가장 낮다.
ㄹ. 2021년 남성과 여성의 음주율 차이는 10%p 이상이다.

① ㄱ
② ㄴ
③ ㄱ, ㄴ
④ ㄴ, ㄷ
⑤ ㄷ, ㄹ

Hard

06 다음은 2023년 정부지원금 수혜자 200명을 대상으로 조사한 자료이다. 이에 대한 설명으로 옳지 않은 것은?(단, 소수점 첫째 자리에서 버림한다)

〈정부지원금 유형〉 ■A ■B ■C ■D
※ 정부지원금 유형은 위에 제시된 것 이외엔 없음

〈연령별 수혜자 현황〉 ■20~29세 ■30~39세 ■40~49세

〈정부지원금〉

구분	100만 원	200만 원	300만 원
비율	36%	42%	22%

※ 정부지원금은 유형별로 100만 원, 200만 원, 300만 원씩 지급되며 중복수혜는 불가능함
※ 제시된 자료는 한 사람당 정부지원금 수령 총금액임

① 정부지원금에 들어간 총비용은 37,000만 원 이상이다.
② 정부지원금 A유형의 수령자가 모두 20대라고 할 때, 전체 20대 중 정부지원금 A유형의 수령자가 차지하는 비율은 85%이다.
③ 모든 20대가 정부지원금을 200만 원 받았다고 할 때, 200만 원 수령자 중 20대가 차지하는 비율은 95% 이상이다.
④ 정부지원금 수혜자 수가 2배이고, 수혜자 현황 비율이 동일하다면, 정부지원금에 들어간 비용도 2배이다.
⑤ 정부지원금 A유형의 지원금은 모두 100만 원으로 동일하다고 할 때, B, C, D유형에 들어간 총비용은 30,000만 원이다.

07 다음은 지역별 마약류 단속에 대한 자료이다. 이에 대한 설명으로 옳은 것은?

〈지역별 마약류 단속 건수〉

(단위 : 건, %)

구분	대마	마약	향정신성의약품	합계	비중
서울	49	18	323	390	22.1
인천·경기	55	24	552	631	35.8
부산	6	6	166	178	10.1
울산·경남	13	4	129	146	8.3
대구·경북	8	1	138	147	8.3
대전·충남	20	4	101	125	7.1
강원	13	0	35	48	2.7
전북	1	4	25	30	1.7
광주·전남	2	4	38	44	2.5
충북	0	0	21	21	1.2
제주	0	0	4	4	0.2
합계	167	65	1,532	1,764	100.0

※ 수도권 : 서울, 인천, 경기
※ 마약류는 대마, 마약, 향정신성의약품으로만 구성됨

① 대마 단속 전체 건수는 마약 단속 전체 건수의 3배 이상이다.
② 수도권의 마약류 단속 건수는 마약류 단속 전체 건수의 50% 이상이다.
③ 마약 단속 건수가 없는 지역은 5곳이다.
④ 향정신성의약품 단속 건수는 대구·경북 지역이 광주·전남 지역의 4배 이상이다.
⑤ 강원 지역은 향정신성의약품 단속 건수가 대마 단속 건수의 3배 이상이다.

08 다음은 국가별 자국 영화 점유율에 대한 자료이다. 이에 대한 설명으로 옳지 않은 것은?

〈주요 국가별 자국 영화 점유율〉

(단위 : %)

구분	2020년	2021년	2022년	2023년
한국	50	42	48	46
일본	47	51	58	53
영국	28	31	16	25
프랑스	36	45	36	35
미국	90	91	92	91

① 자국 영화 점유율에서 프랑스가 한국을 앞지른 해는 2021년뿐이다.
② 4년간 자국 영화 점유율이 매년 꾸준히 상승한 국가는 하나도 없다.
③ 2020년 대비 2023년 자국 영화 점유율이 가장 많이 하락한 국가는 한국이다.
④ 2022년 자국 영화 점유율이 해당 국가의 4년간 통계에서 가장 높은 경우의 국가는 절반이 넘는다.
⑤ 2021년을 제외하고 프랑스, 영국의 자국 영화 점유율 순위는 매년 같다.

09 다음은 세계 게임 시장 규모에 대한 자료이다. 이에 대한 설명으로 옳은 것은?

⟨세계 게임 시장 규모⟩

(단위 : 백만 달러)

구분	2018년	2019년	2020년	2021년	2022년	2023년
게임광고	2,842	3,194	3,565	3,957	4,375	4,749
소셜 / 캐주얼게임	15,981	17,338	18,624	19,912	21,315	22,519
애플리케이션	13,094	14,486	15,809	17,135	18,577	19,816
웹브라우저	2,887	2,852	2,815	2,777	2,738	2,703
콘솔게임	26,381	27,488	28,601	29,671	30,779	31,851
디지털	4,915	5,614	6,363	7,117	7,933	8,750
오프라인	19,563	19,518	19,422	19,272	19,099	18,895
온라인	1,903	2,356	2,816	3,282	3,747	4,206
PC 게임	25,573	27,386	28,920	30,442	32,072	34,058
디지털	3,108	3,370	3,587	3,730	3,878	4,142
오프라인	2,286	2,186	2,086	1,986	1,886	1,786
온라인	20,179	21,830	23,247	24,726	26,308	28,130
합계	70,777	75,406	79,710	83,982	88,541	93,177

① 세계 게임 시장 규모는 2023년까지 연평균 약 5.7%씩 성장하여 93억 1,770만 달러로 확대되었다.
② 전년 대비 2023년의 게임광고 분야는 다른 분야에 비해 규모면에서는 비중이 매우 낮으나, 성장률은 두 번째로 높다.
③ 소셜 / 캐주얼게임은 2021년에 시장 규모가 급증하였다.
④ 콘솔게임 및 PC 게임의 오프라인 판매가 점차 감소하는 추이를 보인다.
⑤ 2023년 시장 규모를 비교하면 PC 게임이 가장 많은 비중을 차지하고 있으며, 그 다음 순위로는 소셜 / 캐주얼게임이다.

10 다음은 민간 분야 사이버 침해사고 발생현황에 대한 자료이다. 이에 대한 〈보기〉의 설명 중 옳지 않은 것을 모두 고르면?

〈민간 분야 사이버 침해사고 발생현황〉

(단위 : 건)

구분	2020년	2021년	2022년	2023년
홈페이지 변조	650	900	600	390
스팸릴레이	100	90	80	40
기타 해킹	300	150	170	165
단순 침입시도	250	300	290	175
피싱 경유지	200	430	360	130
전체	1,500	1,870	1,500	900

보기

ㄱ. 단순 침입시도 분야의 침해사고는 매년 스팸릴레이 분야의 침해사고 건수의 2배 이상이다.
ㄴ. 2020년 대비 2023년 침해사고 건수가 50% 이상 감소한 분야는 2개 분야이다.
ㄷ. 2022년 홈페이지 변조 분야의 침해사고 건수가 차지하는 비중은 35% 이상이다.
ㄹ. 2021년 대비 2023년은 모든 분야의 침해사고 건수가 감소하였다.

① ㄱ, ㄴ
② ㄱ, ㄹ
③ ㄴ, ㄷ
④ ㄴ, ㄹ
⑤ ㄷ, ㄹ

11 S회사의 작년 직원 수는 올해보다 5% 많았고, 내년에는 올해보다 4% 늘려 28명을 추가로 고용할 예정이다. S회사의 작년 직원 수와 내년 직원 수의 차이는 몇 명인가?

① 7명 ② 8명
③ 9명 ④ 10명
⑤ 11명

12 S사에 근무하는 A, B사원은 프로젝트를 맡게 되었다. A사원이 혼자 프로젝트를 끝내려면 4일, B사원은 12일이 걸린다고 할 때, 같이 일하면 며칠 만에 끝나는가?

① 1일 ② 2일
③ 3일 ④ 4일
⑤ 5일

13 흰색 탁구공 7개와 노란색 탁구공 5개가 들어 있는 주머니에서 4개의 탁구공을 동시에 꺼낼 때, 흰색 탁구공이 노란색 탁구공보다 많을 확률은?

① $\dfrac{10}{33}$ ② $\dfrac{14}{33}$
③ $\dfrac{17}{33}$ ④ $\dfrac{20}{33}$
⑤ $\dfrac{23}{33}$

14 원가가 2,000원인 아이스크림에 $a\%$의 이익을 더해서 정가를 정했다. 그러나 아이스크림이 팔리지 않아서 $a\%$의 절반만큼을 할인율로 정해 할인 판매하였더니 개당 이익이 240원이었다. 이때 a의 값은?

① 30
② 32
③ 36
④ 40
⑤ 42

15 어떤 공원의 트랙 모양의 산책로를 걷는데 민주는 시작 지점에서 분속 40m의 속력으로 걷고, 같은 지점에서 세희는 분속 45m의 속력으로 서로 반대 방향으로 걷고 있다. 출발한 지 40분 후에 둘이 두 번째로 마주치게 된다고 할 때, 산책로의 길이는?

① 1,320m
② 1,400m
③ 1,550m
④ 1,700m
⑤ 1,750m

16 농도가 10%인 소금물 200g에 농도가 15%인 소금물과 섞어서 13%인 소금물을 만들려고 한다. 이때, 농도가 15%인 소금물은 몇 g이 필요한가?

① 150g
② 200g
③ 250g
④ 300g
⑤ 350g

17 0에서 9까지의 수가 각각 적힌 10장의 카드에서 두 장을 뽑아 두 자리 정수를 만들 때, 3의 배수가 되는 경우의 수는?

① 23가지　　　　　　　　② 25가지
③ 27가지　　　　　　　　④ 29가지
⑤ 31가지

18 놀이공원 S랜드는 연간 회원제 시스템을 운영 중이다. 비회원은 매표소에서 자유이용권 1장을 20,000원에 구매할 수 있고, 회원은 자유이용권 1장을 20% 할인된 가격에 구매할 수 있다. 회원 가입비가 50,000원이라 할 때, 회원 가입한 것이 이익이려면 S랜드를 연간 최소 몇 번 이용해야 하는가?(단, 회원 1인당 1회 방문 시 자유이용권 1장을 구매할 수 있다)

① 11회　　　　　　　　② 12회
③ 13회　　　　　　　　④ 14회
⑤ 15회

19 학생회장을 포함한 학생 4명과 A~H교수 8명 중 위원회를 창설하기 위한 대표 5명을 뽑으려고 한다. 학생회장과 A교수가 동시에 위원회 대표가 될 수 없을 때, 위원회를 구성할 수 있는 경우의 수는?(단, 교수와 학생의 구성 비율은 고려하지 않는다)

① 588가지 ② 602가지
③ 648가지 ④ 658가지
⑤ 672가지

20 A와 B는 운전면허 시험에 도전하였다. A와 B 모두 합격할 확률은 25%이고 B가 합격할 확률은 50%일 때, A가 불합격할 확률은?

① $\dfrac{1}{3}$ ② $\dfrac{2}{3}$
③ $\dfrac{1}{4}$ ④ $\dfrac{3}{4}$
⑤ $\dfrac{1}{2}$

03 추리력

※ 다음 도형의 규칙을 보고 ?에 들어갈 도형으로 옳은 것을 고르시오. [1~5]

01

①   ②

③   ④

⑤

02

①   ②

③   ④

⑤

Easy 03

Easy
04

①   ②

③   ④

⑤

05

①   ②

③   ④

⑤

※ 다음 도형 또는 내부의 기호들은 일정한 규칙으로 변화한다. ?에 들어갈 도형으로 옳은 것을 고르시오.
[6~8]

Hard
06

07

   ?

①   ②

③   ④

⑤

08

①   ②

③   ④

⑤

※ 다음 기호들은 일정한 규칙에 따라 도형을 변화시킨다. 기호에 해당하는 규칙을 파악하여 ?에 들어갈 도형으로 옳은 것을 고르시오. [9~10]

09

①

②

③

④

⑤

Hard
10 보기

①   ②

③   ④

⑤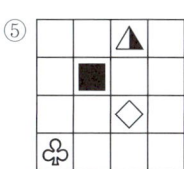

Easy

11 다음 기호들은 일정한 규칙에 따라 도형을 변화시킨다. 〈보기〉의 규칙을 찾고 ?에 들어갈 도형으로 옳은 것은?

①   ②

③   ④

⑤

12 다음 도형의 규칙을 이용하여 (A), (B)에 들어갈 도형으로 옳은 것은?

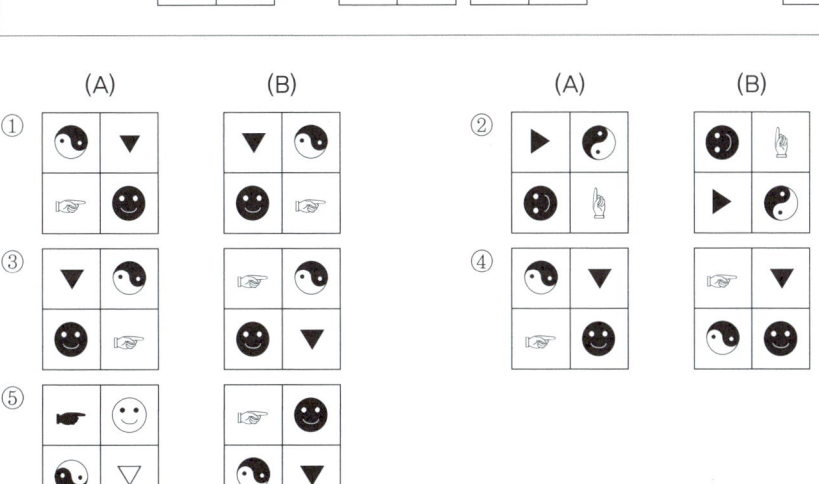

13 다음은 두 도형을 완전히 겹쳐지게 하여 새로운 도형을 만드는 과정을 나타낸 것이다. ?에 들어갈 도형으로 옳은 것은?(단, 도형은 회전이 가능하다)

①   ②

③   ④

⑤

14 다음 기호들은 일정한 규칙에 따라 도형을 변화시킨다. ?에 들어갈 도형으로 옳은 것은?

①   ②

③   ④

⑤

Hard

15 다음 도형의 규칙을 보고 ?에 들어갈 도형으로 옳은 것은?

①   ②

③   ④

⑤

제3회 최종점검 모의고사

문항 수 : 50문항   응시시간 : 60분

01 언어력

※ 다음 글의 내용으로 가장 적절한 것을 고르시오. [1~2]

01

> 세계 식품 시장의 20%를 차지하는 할랄식품(Halal Food)은 '신이 허용한 음식'이라는 뜻으로 이슬람 율법에 따라 생산, 처리, 가공되어 무슬림들이 먹거나 사용할 수 있는 식품을 말한다. 이런 기준이 적용된 할랄식품은 엄격하게 생산되고 유통과정이 투명하므로 일반 소비자들에게도 좋은 평을 얻고 있다.
> 할랄식품 시장은 최근 들어 급격히 성장하고 있는데 이의 가장 큰 원인은 무슬림 인구의 증가이다. 무슬림은 최근 20년 동안 5억 명 이상의 인구 증가를 하고 있어서 많은 유통업계가 할랄식품을 위한 생산설비를 설치하는 등의 노력을 하고 있다.
> 그러나 할랄식품을 수출하는 것은 쉬운 일이 아니다. 신이 '부정한 것'이라고 하는 모든 것으로부터 분리돼야 하기 때문이다. 또한, 국제적으로 표준화된 기준이 없다는 것도 할랄식품 시장의 성장을 방해하는 요인이다. 세계 할랄 인증 기준만 200종에 달하고 수출업체는 각 무슬림 국가마다 별도의 인증을 받아야 한다. 전문가들은 이대로라면 할랄 인증이 무슬림 국가들의 수입 장벽이 될 수 있다고 지적한다.

① 할랄식품은 무슬림만 먹어야 하는 식품이다.
② 할랄식품의 이미지 때문에 소비자들에게 인기가 좋다.
③ 할랄식품 시장의 급격한 성장으로 유통업계에서 할랄식품을 위한 생산라인을 설치 중이다.
④ 표준화된 할랄 인증 기준을 통과하면 무슬림 국가에 수출이 가능하다.
⑤ 할랄식품은 그 자체가 브랜드이기 때문에 큰 걸림돌 없이 지속적인 성장이 가능하다.

Easy 02

OECD에 따르면 평균 수면시간이 프랑스는 8시간 50분, 미국은 8시간 38분, 영국은 8시간 13분이며, 우리나라는 7시간 49분으로 OECD 회원국 중 한국인의 수면시간이 가장 적다. 사회 특성상 다른 국가에 비해 근무 시간이 많아 수면시간이 짧은 것도 문제지만, 수면의 질 또한 낮아지고 있어 문제가 심각하다.

최근 수면장애 환자가 급격히 증가하는 추세다. 국민건강보험공단에 따르면 수면장애로 병원을 찾은 환자는 2010년 46만 1,000명에서 2015년 72만 1,000명으로 5년 새 56% 이상 급증했다. 당시 병원을 찾은 사람이 70만 명을 넘었다면, 현재 수면장애로 고통받는 사람은 더 많을 것으로 추산된다. 수면장애는 단순히 잠을 이루지 못하는 불면증뿐 아니라 충분한 수면을 취했음에도 낮 동안 각성을 유지하지 못하는 기면증(과다수면증), 잠들 무렵이면 다리가 쑤시거나 저리는 증상, 코골이와 동반되어 수면 중에 호흡이 멈춰 숙면을 취하지 못하는 수면무호흡증 등 수면의 양과 질 저하로 생긴 다양한 증상을 모두 포괄한다. 수면장애는 학습장애, 능률 저하는 물론이고 교통사고 등 안전사고, 정서장애, 사회 적응 장애의 원인이 될 수 있다. 방치하게 되면 지병이 악화되고 심근경색증, 뇌졸중 등 심각한 병을 초래하기도 한다.

수면장애 환자는 여성이 42만 7,000명으로 남성(29만 1,000명)보다 1.5배 정도 더 많다. 여성은 임신과 출산, 폐경과 함께 찾아오는 갱년기 등 생체주기에 따른 영향으로 전 연령에서 수면장애가 보다 빈번하게 나타나는 경향을 보이는 것으로 보고된다. 특히 폐경이 되면 여성호르몬인 에스트로겐이 줄어들면서 수면과 관련이 있는 아세틸콜린 신경전달 물질의 분비 역시 저하되어 체내 시계가 혼란스러움을 느끼게 돼 밤에 잘 잠들지 못하거나 자주 깨며 새벽에 일찍 일어나는 등 여러 형태의 불면증이 동반된다.

또 연령별로는 40·50대 중·장년층이 36.6%로 가장 큰 비중을 차지했고, 이에 비해 20·30대는 17.3%로 나타났다. 흔히 나이가 들면 생체시계에 변화가 생겨 깊은 잠은 비교적 줄어들고 꿈 수면이 나타나는 시간이 빨라지게 돼 상대적으로 얕은 수면과 꿈 수면이 많아지게 된다.

① 한국인의 수면시간은 근무 시간보다 짧다.
② 수면장애 환자는 20·30대에 가장 많다.
③ 수면장애 환자는 여성보다 남성이 더 많다.
④ 한국인의 수면의 질이 낮아지고 있다.
⑤ 여성의 경우 에스트로겐의 증가가 불면증에 영향을 미친다.

※ 다음 글의 내용으로 적절하지 않은 것을 고르시오. [3~5]

03

연방준비제도(이하 연준)가 고용 증대에 주안점을 둔 정책을 입안한다 해도, 정책이 분배에 미치는 영향을 고려하지 않는다면 그 정책은 거품과 불평등만 부풀릴 것이다. 기술 산업의 거품 붕괴로 인한 경기 침체에 대응하여 2000년대 초에 연준이 시행한 저금리 정책이 이를 잘 보여준다.

특정한 상황에서는 금리 변동이 투자와 소비의 변화를 통해 경기와 고용에 영향을 줄 수 있다. 하지만 다른 수단이 훨씬 더 효과적인 상황도 많다. 가령 부동산 거품에 대한 대응책으로는 금리 인상보다 주택 담보 대출에 대한 규제가 더 합리적이다. 생산적 투자를 위축시키지 않으면서 부동산 거품을 가라앉힐 수 있기 때문이다.

경기 침체기라 하더라도, 금리 인하는 은행의 비용을 줄여주는 것 말고는 경기 회복에 별다른 도움이 되지 않을 수 있다. 대부분의 부문에서 설비 가동률이 낮은 상황이라면, 대출 금리가 낮아져도 생산적인 투자가 별로 증대하지 않는다. 2000년대 초가 바로 그런 상황이었기 때문에, 당시의 저금리 정책은 생산적인 투자 증가 대신에 주택 시장의 거품만 초래한 것이다.

금리 인하는 국공채에 투자했던 퇴직자들의 소득을 감소시켰다. 노년층에서 정부로, 정부에서 금융업으로 부의 대규모 이동이 이루어져 불평등이 심화했다. 이에 따라 금리 인하는 다양한 경로로 소비를 위축시켰다. 은퇴 후의 소득을 확보하기 위해, 혹은 자녀의 학자금을 확보하기 위해 사람들은 저축을 늘렸다. 연준은 금리 인하가 주가 상승으로 이어질 것이므로 소비가 늘어날 것이라고 주장했다. 하지만 2000년대 초 연준의 금리 인하 이후 주가 상승에 따라 발생한 이득은 대체로 부유층에 집중되었으므로 대대적인 소비 증가로 이어지지 않았다.

2000년대 초 고용 증대를 기대하고 시행한 연준의 저금리 정책은 노동을 자본으로 대체하는 투자를 증대시켰다. 인위적인 저금리로 자본 비용이 낮아지자 이런 기회를 이용하려는 유인이 생겨났다. 노동력이 풍부한 상황인데도 노동을 절약하는 방향의 혁신이 강화되었고, 미숙련 노동자들의 실업률이 높은 상황인데도 가게들은 계산원을 해고하고 자동화 기계를 들여놓았다. 경기가 회복되더라도 실업률이 떨어지지 않는 구조가 만들어진 것이다.

① 2000년대 초 연준의 금리 인하로 국공채에 투자한 퇴직자의 소득이 줄어들어 금융업으로부터 정부로 부가 이동하였다.
② 2000년대 초 연준은 고용 증대를 기대하고 금리를 인하했지만, 결과적으로 고용 증대가 더 어려워지도록 만들었다.
③ 2000년대 초 기술 산업 거품의 붕괴로 인한 경기 침체기에 설비 가동률은 대부분의 부문에서 낮은 상태였다.
④ 2000년대 초 연준이 금리 인하 정책을 시행한 후 주택 가격과 주식 가격은 상승하였다.
⑤ 금리 인상은 부동산 거품 대응 정책 가운데 가장 효과적인 정책이 아닐 수 있다.

04

길을 걷고, 한강을 달리고, 손을 흔들고, 책장을 넘기는 이와 같은 인체의 작은 움직임(주파수 2~5Hz)도 스마트폰이나 웨어러블(안경, 시계, 의복 등과 같이 신체에 착용하는 제품) 기기들의 전기 에너지원으로 사용될 수 있다. 이러한 인체의 움직임처럼 버려지는 운동 에너지로부터 전기를 생산하는 기술을 '에너지 하베스팅(Harvesting, 수확)'이라 한다.

최근 과학 기술의 발전과 더불어 피트니스・헬스케어 모니터링 같은 다기능 휴대용・웨어러블 스마트 전자기기가 일상생활에서 많이 사용되고 있다. 동시에 사물인터넷(IoT)의 발달로 센서의 사용 또한 크게 늘고 있다. 이러한 스마트 전자기기 및 센서들은 소형, 경량, 이동성 및 내구성을 갖춘 전원 공급원이 반드시 필요하다.

교체 및 충전식 전기 화학 배터리는 전원을 공급하기에는 탁월하지만 수명이 짧다. 또한 재충전 및 교체가 어렵다. 나아가 배터리 폐기로 인한 환경오염을 유발한다는 단점도 있다. 그러나 인체 움직임과 같은 작은 진동에너지 기반의 친환경 에너지 하베스팅 기술은 스마트폰 및 웨어러블 스마트기기를 위한 지속 가능한 반영구적 전원으로서 활용될 수 있다.

진동은 우리의 일상생활에 존재하며 버려지는 가장 풍부한 기계적 움직임 중 하나이다. 진동은 여러 유형과 넓은 범위의 주파수 및 진폭을 가지고 있다. 기계적 진동원은 움직이는 인체, 자동차, 진동 구조물, 물이나 공기의 흐름에 의한 진동 등 모두를 포함한다. 따라서 진동에너지를 효율적으로 수확하고 이를 전기에너지로 변환하기 위해서는 에너지 하베스팅 소자를 진동의 특성에 맞도록 설계해 제작해야 한다.

기계적 진동에너지 수집은 몇 가지 변환 메커니즘에 의해 이루어진다. 가장 활발하게 연구가 이루어지고 있는 진동 기반 에너지 하베스팅 기술에는 압전기력, 전자기력, 마찰전기 에너지 등이 활용된다. 압전기력 기반은 압전 효과를 이용하여 기계적 진동에너지를 전기 에너지로 변환하는 기술이다. 압전 소재와 기타 적절한 기판을 사용하여 제작되며, 높은 출력 전압을 발생시키지만 발생된 전류는 상대적으로 낮다. 전자기력 기반은 코일과 자석 사이의 상대적 움직임으로부터 얻어지는 기전력(패러데이의 유도법칙)을 이용하여 전기를 생산하는 기술이다. 낮은 주파수의 기계적 에너지를 전기에너지로 변환하는 매우 효율적인 방법이다. 마찰전기 기반은 맥스웰의 변위 전류를 이용하여 전기를 생산하는 기술이다. 저주파 진동 범위에서 높은 출력 전압을 수확하는 데 매우 효율적이다.

① 3Hz의 소량의 주파수도 전자기기의 에너지원으로 사용될 수 있다.
② 디지털 기술이 발달함에 따라 센서의 사용은 감소하는 추세이다.
③ 전기를 충전해야 하는 배터리 기술은 사용 기간이 짧다는 단점을 가지고 있다.
④ 물이나 공기의 흐름 역시 진동원의 하나가 될 수 있다.
⑤ 패러데이의 유도법칙을 이용하면 낮은 주파수의 에너지를 효율적으로 사용할 수 있다.

05

비트코인은 지폐나 동전과 달리 물리적인 형태가 없는 온라인 가상화폐(디지털 통화)로, 디지털 단위인 '비트(Bit)'와 '동전(Coin)'을 합친 용어다. 나카모토 사토시라는 가명의 프로그래머가 빠르게 진전되는 온라인 추세에 맞춰 갈수록 기능이 떨어지는 달러화, 엔화, 원화 등과 같은 기존의 법화(Legal Tender)를 대신할 새로운 화폐를 만들겠다는 발상에서 2009년 비트코인을 처음 개발했다. 특히 2009년은 미국발(發) 금융위기가 한창이던 시기여서 미연방준비제도(Fed)가 막대한 양의 달러를 찍어내 시장에 공급하는 양적완화가 시작된 해로, 달러화 가치 하락 우려가 겹치면서 비트코인이 대안 화폐로 주목받기 시작했다.

비트코인의 핵심은 정부나 중앙은행, 금융회사 등 어떤 중앙집중적 권력의 개입 없이 작동하는 새로운 화폐를 창출하는 데 있다. 그는 인터넷에 남긴 글에서 "국가 화폐의 역사는 (화폐의 가치를 떨어뜨리지 않을 것이란) 믿음을 저버리는 사례로 충만하다."고 비판했다.

비트코인은 은행을 거치지 않고 개인과 개인이 직접 돈을 주고받을 수 있도록 '분산화된 거래장부' 방식을 도입했다. 시스템상에서 거래가 이뤄질 때마다 공개된 장부에는 새로운 기록이 추가된다. 이를 '블록체인'이라고 한다. 블록체인에 저장된 거래기록이 맞는지 확인해 거래를 승인하는 역할을 맡은 사람을 '채굴자'라고 한다. 컴퓨팅 파워와 전기를 소모해 어려운 수학 문제를 풀어야 하는 채굴자의 참여를 독려하기 위해 비트코인 시스템은 채굴자에게 새로 만들어진 비트코인을 주는 것으로 보상한다. 채굴자는 비트코인을 팔아 이익을 남길 수 있지만, 채굴자 간 경쟁이 치열해지거나 비트코인 가격이 폭락하면 어려움에 처한다.

비트코인은 완전한 익명으로 거래된다. 컴퓨터와 인터넷만 되면 누구나 비트코인 계좌를 개설할 수 있다. 이 때문에 비트코인은 돈세탁이나 마약거래에 사용되는 문제점도 드러나고 있다. 또 다른 특징은 통화 공급량이 엄격히 제한된다는 점이다. 현재 10분마다 25개의 새 비트코인이 시스템에 추가되지만 21만 개가 발행될 때마다 반감돼 앞으로 10분당 추가되는 비트코인은 12.5개, 6.25개로 줄다가 0으로 수렴한다. 비트코인의 총 발행량은 2,100만 개로 정해져 있다. 이는 중앙은행이 재량적으로 통화공급량을 조절하면 안 된다는 미국의 경제학자 밀턴 프리드먼 주장과 연결돼있다. 다만 비트코인은 소수점 8자리까지 분할할 수 있어 필요에 따라 통화량을 늘릴 수 있는 여지를 남겨뒀다. 가상화폐 지갑회사 블록체인인포에 따르면 2017년 12월 7일까지 채굴된 비트코인은 1,671만 개 정도로 채굴 한도 2,100만 개의 80%가 채굴된 셈이다.

사용자들은 인터넷에서 내려 받은 '지갑' 프로그램을 통해 인터넷뱅킹으로 계좌이체 하듯 비트코인을 주고받을 수 있다. 또한, 인터넷 환전사이트에서 비트코인을 구매하거나 현금화할 수 있으며 비트코인은 소수점 여덟 자리까지 단위를 표시해 사고팔 수 있다.

① 비트코인은 희소성을 가지고 있다.
② 비트코인은 가상화폐로 온라인상에서만 사용 가능하다.
③ 비트코인을 얻기 위해서는 시간과 노력이 필요하다.
④ 비트코인과 기존 화폐의 큰 차이점 중 하나는 통화발행주체의 존재 여부이다.
⑤ 비트코인은 돈세탁이나 마약거래에 이용되기도 한다.

Hard
06 다음 글에서 설명한 '즉흥성'과 관련 있는 내용을 〈보기〉에서 모두 고르면?

우리나라의 전통 음악은 대체로 크게 정악과 속악으로 나뉜다. 정악은 왕실이나 귀족들이 즐기던 음악이고, 속악은 일반 민중들이 가까이 하던 음악이다. 개성을 중시하고 자유분방한 감정을 표출하는 한국인의 예술 정신은 정악보다는 속악에 잘 드러나 있다. 우리 속악의 특징은 한 마디로 즉흥성이라는 개념으로 집약될 수 있다. 판소리나 산조에 '유파(流派)'가 자꾸 형성되는 것은 모두 즉흥성이 강하기 때문이다. 즉흥으로 나왔던 것이 정형화되면 그 사람의 대표 가락이 되는 것이고, 그것이 독특한 것이면 새로운 유파가 형성되기도 하는 것이다.

물론 즉흥이라고 해서 음악가가 제멋대로 하는 것은 아니다. 곡의 일정한 틀은 유지하면서 그 안에서 변화를 주는 것이 즉흥 음악의 특색이다. 판소리 명창이 무대에 나가기 전에 "오늘 공연은 몇 분으로 할까요?"하고 묻는 것이 그런 예다. 이때 창자는 상황에 맞추어 얼마든지 곡의 길이를 조절할 수 있는 것이다. 이것은 서양 음악에서는 어림없는 일이다. 그나마 서양 음악에서 융통성을 발휘할 수 있다면 4악장 가운데 한 악장만 연주하는 것 정도이지, 각 악장에서 조금씩 뽑아 한 곡을 만들어 연주할 수는 없다. 그러나 한국 음악에서는, 특히 속악에서는 연주 장소나 주문자의 요구 혹은 연주자의 상태에 따라 악기도 하나면 하나로만, 둘이면 둘로 연주해도 별문제가 없다. 거문고나 대금 하나만으로도 얼마든지 연주할 수 있다. 전혀 이상하지도 않다. 그렇지만 베토벤의 운명 교향곡을 바이올린이나 피아노만으로 연주하는 경우는 거의 없을 뿐만 아니라, 연주를 하더라도 어색하게 들릴 수밖에 없다.

즉흥과 개성을 중시하는 한국의 속악 가운데 대표적인 것이 시나위다. 현재의 시나위는 19세기 말에 완성되었으나 원형은 19세기 훨씬 이전부터 연주되었을 것으로 추정된다. 시나위의 가장 큰 특징은 악보 없는 즉흥곡이라는 것이다. 연주자들이 모여 아무 사전 약속도 없이 "시작해 볼까"하고 연주하기 시작한다. 그러니 처음에는 서로가 맞지 않는다. 불협음 일색이다. 그렇게 진행되다가 중간에 호흡이 맞아 떨어지면 협음을 낸다. 그러다가 또 각각 제 갈 길로 가서 혼자인 것처럼 연주한다. 이게 시나위의 묘미다. 불협음과 협음이 오묘하게 서로 들어맞는 것이다.

그런데 이런 음악은 아무나 하는 게 아니다. 즉흥곡이라고 하지만 '초보자(初步者)'들은 꿈도 못 꾸는 음악이다. 기량이 뛰어난 경지에 이르러야 가능한 음악이다. 그래서 요즈음은 시나위를 잘 할 수 있는 사람들이 별로 없다고 한다. 요즘에는 악보로 정리된 시나위를 연주하는 경우가 대부분인데, 이것은 시나위 본래의 취지에 어긋난다. 악보로 연주하면 박제된 음악이 되기 때문이다.

요즘 음악인들은 시나위 가락을 보통 '허튼 가락'이라고 한다. 이 말은 말 그대로 '즉흥 음악'으로 이해된다. 미리 짜 놓은 일정한 형식이 없이 주어진 장단과 연주 분위기에 몰입해 그때그때의 감흥을 자신의 음악성과 기량을 발휘해 연주하는 것이다. 이럴 때 즉흥이 튀어 나온다. 시나위는 이렇듯 즉흥적으로 흐드러져야 맛이 난다. 능청거림, 이것이 시나위의 음악적 모습이다.

보기
ㄱ. 주어진 상황에 따라 임의로 곡의 길이를 조절하여 연주한다.
ㄴ. 장단과 연주 분위기에 몰입해 새로운 가락으로 연주한다.
ㄷ. 연주자들 간에 사전 약속 없이 연주하지만 악보의 지시는 따른다.
ㄹ. 감흥을 자유롭게 표현하기 위해 일정한 틀을 철저히 무시한 채 연주한다.

① ㄱ, ㄴ ② ㄱ, ㄷ
③ ㄴ, ㄷ ④ ㄴ, ㄹ
⑤ ㄷ, ㄹ

07 다음 글의 제목으로 가장 적절한 것은?

> 물은 너무 넘쳐도 문제고, 부족해도 문제다. 무엇보다 충분한 양을 안전하게 저장하면서 효율적으로 관리하는 것이 중요하다. 하지만 예기치 못한 자연재해가 불러오는 또 다른 물의 재해도 우리를 위협한다. 지진의 여파로 쓰나미(지진해일)가 몰려오고 댐이 붕괴하면 상상도 못 한 피해를 불러올 수 있다. 이는 역사 속에서 실제로 반복되어 온 일이다.
> 1755년 11월 1일 아침, 15·16세기 대항해 시대를 거치며 해양 강국으로 자리매김한 포르투갈의 수도 리스본에 대지진이 발생했다. 도시 건물 중 85%가 파괴될 정도로 강력한 지진이었다. 하지만 지진은 재해의 전주곡에 불과했다.
> 지진이 덮치고 약 40분 후 쓰나미(지진해일)가 항구와 도심지로 쇄도했다. 해일은 리스본뿐 아니라 인근 알가르브 지역의 해안 요새 중 일부를 박살 냈고, 숱한 가옥을 무너뜨렸다. 6만~9만 명이 귀한 목숨을 잃었다. 이 대지진과 이후의 쓰나미는 포르투갈 문명의 역사를 바꿔버렸다. 포르투갈은 이후 강대국 대열에서 밀려나 옛 영화를 찾지 못한 채 지금에 이르고 있다.
> 또한 1985년 7월 19일 지진에 의해 이탈리아의 스타바댐이 붕괴하면서 그 여파로 발생한 약 20만 톤의 진흙과 모래, 물이 마을을 덮쳐 268명이 사망하고 63개의 건물과 8개의 다리가 파괴되는 사고가 일어났다.

① 우리나라는 '물 스트레스 국가'
② 도를 지나치는 '물 부족'
③ 강력한 물의 재해 '지진'
④ 누구도 피해갈 수 없는 '자연 재해'
⑤ 자연의 경고 '댐 붕괴'

08 다음 글의 주제로 가장 적절한 것은?

> 우유니 사막은 세계 최대의 소금사막으로 남아메리카 중앙부 볼리비아의 포토시 주(州)에 있는 소금 호수로, '우유니 소금사막' 혹은 '우유니 염지' 등으로 불린다. 지각변동으로 솟아오른 바다가 빙하기를 거쳐 녹기 시작하면서 거대한 호수가 생겨났다. 면적은 1만 2,000km²이며 해발고도 3,680m의 고지대에 있다. 물이 배수되지 않은 지형적 특성 때문에 물이 고여 얕은 호수가 되었으며, 소금으로 덮인 수면 위에 푸른 하늘과 흰 구름이 거울처럼 투명하게 반사되어 관광지로도 이름이 높다. 소금층 두께는 30cm부터 깊은 곳은 100m 이상이며 호수의 소금 매장량은 약 100억 톤 이상이다. 우기인 12월에서 3월 사이에는 20~30cm의 물이 고여 얕은 염호를 형성하는 반면, 긴 건기 동안에는 표면뿐만 아니라 사막의 아래까지 증발한다. 특이한 점은 지역에 따라 호수의 색이 흰색, 적색, 녹색 등의 다른 빛깔을 띤다는 점이다. 이는 호수마다 쌓인 침전물의 색깔과 조류의 색깔이 다르기 때문이다. 또한 소금 사막 곳곳에서는 커다란 바위부터 작은 모래까지 한꺼번에 섞인 빙하성 퇴적물들과 같은 빙하의 흔적들을 볼 수 있다.

① 우유니 사막의 기후와 식생
② 우유니 사막의 주민 생활
③ 우유니 사막의 자연지리적 특징
④ 우유니 사막 이름의 유래
⑤ 우유니 사막의 관광 상품 종류

※ 다음 글을 읽고 추론할 수 있는 내용으로 가장 적절한 것을 고르시오. [9~10]

Easy
09

> 사람들은 단순히 공복을 채우기 위해서가 아니라 다른 많은 이유로 '먹는다.'라는 행위를 한다. 먹는다는 것에 대한 비 생리학적인 동기에 관해서 연구하고 있는 과학자들에 따르면 비만인 사람들과 표준체중인 사람들은 식사 패턴에서 꽤 차이를 보이는 것을 알 수 있다고 한다. 한 연구에서는 비만인 사람들에 대해 식사 전에 그 식사에 대한 상세한 설명을 하면 설명을 하지 않은 경우에 비해서 식사량이 늘었지만, 표준체중인 사람들에게서는 그런 현상이 보이지 않았다. 또한 표준체중인 사람들은 밝은색 접시에 담긴 견과류와 어두운색 접시에 담긴 견과류를 먹은 개수의 차가 거의 없는 것에 비해, 비만인 사람들은 밝은색 접시에 담긴 견과류를 어두운색 접시에 담긴 견과류보다 2배 더 많이 먹었다는 연구도 있다.

① 비만인 사람들은 표준체중인 사람들에 비해 외부 자극에 의해 식습관 영향을 받기 쉽다.
② 표준체중인 사람들은 비만체중인 사람들에 비해 식사량이 적다.
③ 비만인 사람들은 생리학적인 필요성이라기보다 감정적 또는 심리적인 필요성에 쫓겨서 식사를 하고 있다.
④ 비만인 사람들은 표준체중인 사람들보다 감각이 예민하다.
⑤ 표준체중인 사람들은 음식에 대한 욕구를 절제할 수 있다.

Hard

10

사람과 동물처럼 우리 몸을 구성하는 세포도 자의적으로 죽음을 선택하기도 한다. 그렇다면 왜 세포는 죽음을 선택할까? 소위 '진화'의 관점으로 본다면 개별 세포도 살기 위해 발버둥 쳐야 마땅한데 스스로 죽기로 결정한다니 역설적인 이야기처럼 들린다. 세포가 죽음을 선택하는 이유는 자신이 죽는 것이 전체 개체에 유익하기 때문이다. 도대체 '자의적'이란 말을 붙일 수 있는 세포의 죽음은 어떤 것일까?

세포의 '자의적' 죽음이 있다는 말은 '타의적' 죽음도 있다는 말일 것이다. 타의적인 죽음은 네크로시스(Necrosis), 자의적인 죽음은 아포토시스(Apoptosis)라고 부른다. 이 두 죽음은 그 과정과 형태에서 분명한 차이를 보인다. 타의적인 죽음인 네크로시스는 세포가 손상돼 어쩔 수 없이 죽음에 이르는 과정을 말한다. 세포 안팎의 삼투압 차이가 수만 배까지 나면 세포 밖의 물이 세포 안으로 급격하게 유입돼 세포가 터져 죽는다. 마치 풍선에 바람을 계속 불어넣으면 '펑!' 하고 터지듯이 말이다. 이때 세포의 내용물이 쏟아져 나와 염증 반응을 일으킨다. 이러한 네크로시스는 정상적인 발생 과정에서는 나타나지 않고 또한 유전자의 발현이나 새로운 단백질의 생산도 필요 없다.

반면 자의적인 죽음인 아포토시스는 유전자가 작동해 단백질을 만들어 내면 세포가 스스로 죽기로 결정하고 생체 에너지인 ATP를 적극적으로 소모하면서 죽음에 이르는 과정을 말한다. 네크로시스와는 정반대로 세포는 쪼그라들고, 세포 내의 DNA는 규칙적으로 절단된다. 그 다음 쪼그라들어 단편화된 세포 조각들을 주변의 식세포가 시체 처리하듯 잡아먹는 것으로 과정이 종료된다.

인체 내에서 아포토시스가 일어나는 경우는 크게 두 가지다. 하나는 발생과 분화의 과정 중에 불필요한 부분을 없애기 위해서 일어난다. 사람은 태아의 손이 발생할 때 몸통에서 주걱 모양으로 손이 먼저 나온 후에 손가락 위치가 아닌 나머지 부분의 세포들이 사멸해서 우리가 보는 일반적인 손 모양을 만든다. 이들은 이미 죽음이 예정돼 있다고 해서 이런 과정을 PCD(Programed Cell Death)라고 부른다.

다른 하나는 세포가 심각하게 훼손돼 암세포로 변할 가능성이 있을 때 전체 개체를 보호하기 위해 세포는 죽음을 선택한다. 즉, 방사선, 화학 약품, 바이러스 감염 등으로 유전자 변형이 일어나면 세포는 이를 감지하고 자신이 암세포로 변해 전체 개체에 피해를 입히기 전에 스스로 죽음을 결정한다. 이때 아포토시스 과정에 문제가 있는 세포는 죽지 못하고 암세포로 변한다. 과학자들은 이와 같은 아포토시스와 암의 관계를 알게 되자 암세포의 죽음을 유발하는 물질을 이용해 항암제를 개발하려는 연구를 진행하고 있다.

흥미로운 것은 외부로부터 침입한 세균 등을 죽이는 역할의 T-면역 세포(Tk Cell)도 아포토시스를 이용한다는 사실이다. 세균이 몸 안에 침입하면 T-면역 세포는 세균에 달라붙어서 세균의 세포벽에 구멍을 뚫고 아포토시스를 유발하는 물질을 집어넣는다. 그러면 세균은 원치 않는 죽음을 맞이하게 되는 것이다.

① 손에 난 상처가 회복되는 것은 네크로시스와 관련이 있다.
② 우리 몸이 일정한 형태를 갖추게 된 것은 아포토시스와 관련이 있다.
③ 아포토시스를 이용한 항암제는 세포의 유전자 변형을 막는 역할을 한다.
④ 화학 약품은 네크로시스를 일으켜 암세포로 진행되는 것을 막는 역할을 한다.
⑤ T-면역 세포가 아포토시스를 통해 세균을 죽이는 과정에서 염증을 발생시킨다.

※ 다음 글의 빈칸에 들어갈 내용으로 가장 적절한 것을 고르시오. [11~12]

11

소독이란 물체의 표면 및 그 내부에 있는 병원균을 죽여 전파력 또는 감염력을 없애는 것이다. 이때, 소독의 가장 안전한 형태로는 멸균이 있다. 멸균이란 대상으로 하는 물체의 표면 또는 그 내부에 분포하는 모든 세균을 완전히 죽여 무균의 상태로 만드는 조작으로, 살아있는 세포뿐만 아니라 포자, 박테리아, 바이러스 등을 완전히 파괴하거나 제거하는 것이다.

물리적 멸균법은 열, 햇빛, 자외선, 초단파 따위를 이용하여 균을 죽여 없애는 방법이다. 열(Heat)에 의한 멸균에는 건열 방식과 습열 방식이 있는데, 건열 방식은 소각과 건식오븐을 사용하여 멸균하는 방식이다. 건열 방식이 활용되는 예로는 미생물 실험실에서 사용하는 많은 종류의 기구를 물 없이 멸균하는 것이 있다. 이는 습열 방식을 활용했을 때 유리를 포함하는 기구가 파손되거나 금속 재질로 이루어진 기구가 습기에 의해 부식할 가능성을 보완한 방법이다. 그러나 건열 방식은 습열 방식에 비해 멸균 속도가 느리고 효율이 떨어지며, 열에 약한 플라스틱이나 고무제품은 대상물의 변성이 이루어져 사용할 수 없다. 예를 들어 많은 세균의 내생포자는 습열 멸균 온도 조건(121℃)에서는 5분 이내에 사멸되나, 건열 방식을 활용할 경우 이보다 더 높은 온도(160℃)에서도 약 2시간 정도가 지나야 사멸되는 양상을 나타낸다. 반면, 습열 방식은 바이러스, 세균, 진균 등의 미생물들을 손쉽게 사멸시킨다. 습열은 효소 및 구조단백질 등의 필수 단백질의 변성을 유발하고, 핵산을 분해하며 세포막을 파괴하여 미생물을 사멸시킨다. 끓는 물에 약 10분간 노출하면 대개의 영양세포나 진핵포자를 충분히 죽일 수 있으나, 100℃의 끓는 물에서는 세균의 내생포자를 사멸시키지는 못한다. 따라서 물을 끓여서 하는 열처리는 _____ 멸균을 시키기 위해서는 100℃가 넘는 온도(일반적으로 121℃)에서 압력(약 $1.1kg/cm^2$)을 가해 주는 고압증기멸균기를 이용한다. 고압증기멸균기는 물을 끓여 증기를 발생시키고 발생한 증기와 압력에 의해 멸균을 시키는 장치이다. 고압증기멸균기 내부가 적정 온도와 압력(121℃, 약 $1.1kg/cm^2$)에 이를 때까지 뜨거운 포화 증기를 계속 유입시킨다. 해당 온도에서 포화 증기는 15분 이내에 모든 영양세포와 내생포자를 사멸시킨다. 고압증기멸균기에 의해 사멸되는 미생물은 고압에 의해서라기보다는 고압 하에서 수증기가 얻을 수 있는 높은 온도에 의해 사멸되는 것이다.

① 더 많은 세균을 사멸시킬 수 있다.
② 멸균 과정에서 더 많은 비용이 소요된다.
③ 멸균 과정에서 더 많은 시간이 소요된다.
④ 소독을 시킬 수는 있으나, 멸균을 시킬 수는 없다.
⑤ 멸균을 시킬 수는 있으나, 소독을 시킬 수는 없다.

12

일반적으로 물체, 객체를 의미하는 프랑스어 오브제는 라틴어에서 유래된 단어로, 어원적으로는 앞으로 던져진 것을 의미한다. 미술에서 대개 인간이라는 '주체'와 대조적인 '객체'로서의 대상을 지칭할 때 사용되는 오브제가 미술사 전면에 나타나게 된 것은 입체주의 이후이다.

20세기 초 입체파 화가들이 화면에 나타나는 공간을 자연의 모방이 아닌 독립된 공간으로 인식하기 시작하면서 회화는 재현미술로서의 단순한 성격을 벗어나기 시작한다. 즉, '미술은 그 자체가 실재이다. 또한 그것은 객관세계의 계시 혹은 창조이지 그것의 반영이 아니다.'라는 세잔의 사고에 의하여 공간의 개방화가 시작된 것이다. 이는 평면에 실제 사물이 부착되는 콜라주 양식의 탄생과 함께 일상의 평범한 재료들이 회화와 자연스레 연결되는 예술과 비예술의 결합으로 차츰 변화하게 된다.

이러한 오브제의 변화는 다다이즘과 쉬르리얼리즘에서 '일용의 기성품과 자연물 등을 원래의 그 기능이나 있어야 할 장소에서 분리하고, 그대로 독립된 작품으로서 제시하여 일상적 의미와는 다른 상징적·환상적인 의미를 부여하는' 것으로 일반화된다. 그리고 동시에, 기존 입체주의에서 단순한 보조수단에 머물렀던 오브제를 캔버스와 대리석의 대체하는 확실한 표현방법으로 완성시켰다.

이후 오브제는 그저 예술가가 지칭하는 것만으로도 우리의 일상생활과 환경 그 자체가 곧 예술작품이 될 수 있음을 주장한다. _____ 거기에서 더 나아가 오브제는 일상의 오브제를 다양하게 전환시켜 다양성과 대중성을 내포하고, 오브제의 진정성과 상징성을 제거하는 팝아트에서 다시 한 번 새롭게 변화하기에 이른다.

① 화려하게 채색된 소변기를 통해 일상성에 환상적인 의미를 부여한 것이다.
② 무너진 베를린 장벽의 조각을 시내 한복판에 장식함으로써 예술과 비예술이 결합한 것이다.
③ 평범한 세면대일지라도 예술가에 의해 오브제로 정해진다면 일상성을 간직한 미술과 일치되는 것이다.
④ 폐타이어나 망가진 금관악기 등으로 제작된 자동차를 통해 일상의 비일상화를 나타낸 것이다.
⑤ 기존의 수프 통조림을 실크 스크린으로 동일하게 인쇄하여 손쉽게 대량생산되는 일상성을 풍자하는 것이다.

※ 다음 문단을 논리적 순서대로 바르게 나열한 것은? [13~15]

13 (Easy)

(가) 지난해 정부 통계에 따르면, 우리 연안 생태계 중 갯벌의 면적은 산림의 약 4%에 불과하지만 연간 이산화탄소 흡수량은 산림의 약 37%이며 흡수 속도는 수십 배에 달합니다.

(나) 연안 생태계는 대기 중 이산화탄소 흡수에 탁월합니다. 물론 연안 생태계가 이산화탄소를 얼마나 흡수할 수 있겠냐고 말하는 분도 계실 것입니다. 하지만 연안 생태계를 구성하는 갯벌과 염습지의 염생 식물, 식물성 플랑크톤 등은 광합성을 통해 대기 중 이산화탄소를 흡수하는데, 산림보다 이산화탄소 흡수 능력이 뛰어납니다.

(다) 최근 통계에 따르면 우리나라의 이산화탄소 배출량은 세계 11위에 해당하는 높은 수준입니다. 그동안 우리나라는 이산화탄소 배출량을 줄이려 노력하고, 대기 중 이산화탄소 흡수를 위한 산림 조성에 힘써 왔습니다. 그런데 우리가 놓치고 있는 이산화탄소 흡수원이 있습니다. 바로 연안 생태계입니다.

(라) 또한 연안 생태계는 탄소의 저장에도 효과적입니다. 연안의 염생 식물과 식물성 플랑크톤은 이산화탄소를 흡수하여 갯벌과 염습지에 탄소를 저장하는데 이 탄소를 블루카본이라 합니다. 산림은 탄소를 수백 년간 저장할 수 있지만 연안은 블루카본을 수천 년간 저장할 수 있습니다. 연안 생태계가 훼손되면 블루카본이 공기 중에 노출되어 이산화탄소 등이 대기 중으로 방출됩니다. 그러므로 블루카본이 온전히 저장되어 있도록 연안 생태계를 보호해야 합니다.

① (가) - (나) - (다) - (라)
② (나) - (다) - (가) - (라)
③ (다) - (가) - (나) - (라)
④ (다) - (나) - (가) - (라)
⑤ (다) - (라) - (나) - (가)

14.
(가) 나무를 가꾸기 위해서는 처음부터 여러 가지를 고려해 보아야 한다. 심을 나무의 생육조건, 나무의 형태, 성목이 되었을 때의 크기, 꽃과 단풍의 색, 식재지역의 기후와 토양 등을 종합적으로 생각하고 심어야 한다. 나무의 생육조건은 저마다 다르기 때문에 지역의 환경조건에 적합한 나무를 선별하여 환경에 적응하도록 해야 한다. 동백나무와 석류, 홍가시나무는 남부지방에 키우기 적합한 나무로 알려져 있지만 지구온난화로 남부수종의 생육한계선이 많이 북상하여 중부지방에서도 재배가 가능한 나무도 있다. 부산의 도로 중앙분리대에서 보았던 잎이 붉은 홍가시나무는 여주의 시골집 마당 양지바른 곳에서 3년째 잘 적응하고 있다.

(나) 더불어 나무의 특성을 외면하고 주관적인 해석에 따라 심었다가는 훗날 낭패를 보기 쉽다. 물을 좋아하는 수국 곁에 물을 싫어하는 소나무를 심었다면 둘 중 하나는 살기 어려운 환경이 조성된다. 나무를 심고 가꾸기 위해서는 전체적인 밑그림을 그려보고 생태적 특징을 살펴본 후에 심는 것이 바람직하다.

(다) 나무들이 밀집해있으면 나무들끼리의 경쟁은 물론 바람길과 햇빛의 방해로 성장은 고사하고 병충해에 시달리기 쉽다. 또한 나무들은 성장속도가 다르기 때문에 항상 다 자란 나무의 모습을 상상하며 나무들 사이의 공간 확보를 염두에 두어야 한다. 그러나 묘목을 심고 보니 듬성듬성한 공간을 메꾸기 위하여 자꾸 나무를 심게 되는 실수를 저지른다.

(라) 식재계획의 시작은 장기적인 안목으로 적재적소의 원칙을 염두에 두고 나무를 선정해야 한다. 식물은 햇빛, 물, 바람의 조화를 이루면 잘 산다고 하지 않는가. 그래서 나무의 특성 중에서 햇볕을 좋아하는지 그늘을 좋아하는지, 물을 좋아하는지 여부를 살펴보는 것이 중요하다. 어린 묘목을 심을 경우 실수하는 것은 나무가 자랐을 때의 생육공간을 생각하지 않고 촘촘하게 심는 것이다.

① (가) – (나) – (다) – (라)
② (가) – (나) – (라) – (다)
③ (가) – (다) – (나) – (라)
④ (가) – (라) – (나) – (다)
⑤ (가) – (라) – (다) – (나)

15

(가) '빅뱅 이전에 아무 일도 없었다.'는 말을 달리 해석하는 방법도 있다. 그것은 바로 빅뱅 이전에는 시간도 없었다고 해석하는 것이다. 그 경우 '빅뱅 이전'이라는 개념 자체가 성립하지 않으므로 그 이전에 아무 일도 없었던 것은 당연하다. 그렇게 해석한다면 빅뱅이 일어난 이유도 설명할 수 있게 된다. 즉 빅뱅은 '0년'을 나타내는 것이다. 시간의 시작은 빅뱅의 시작으로 정의되기 때문에 우주가 그 이전이든 이후이든 왜 탄생했느냐고 묻는 것은 이치에 닿지 않는다.

(나) 단지 지금 설명할 수 없다는 뜻이 아니라 설명 자체가 있을 수 없다는 뜻이다. 어떻게 설명이 가능하겠는가? 수도관이 터진 이유는 그전에 닥쳐온 추위로 설명할 수 있다. 공룡이 멸종한 이유는 그 전에 지구와 운석이 충돌했을 가능성으로 설명하면 된다. 바꿔 말해서, 우리는 한 사건을 설명하기 위해 그 사건 이전에 일어났던 사건에서 원인을 찾는다. 그러나 빅뱅의 경우에는 그 이전에 아무것도 없었으므로 어떠한 설명도 찾을 수 없는 것이다.

(다) 그런데 이런 식으로 사고하려면, 아무 일도 일어나지 않고 시간만 존재하는 것을 상상할 수 있어야 한다. 그것은 곧 시간을 일종의 그릇처럼 상상하고 그 그릇 안에 담긴 것과 무관하게 여긴다는 뜻이다. 시간을 이렇게 본다면 변화는 일어날 수 없다. 여기서 변화는 시간의 경과가 아니라 사물의 변화를 가리킨다. 이런 전제하에서 우리가 마주하는 문제는 이것이다. 어떤 변화가 생겨나기도 전에 영겁의 시간이 있었다면, 왜 우주가 탄생하게 되었는지를 설명할 수 없다.

(라) 우주론자들에 따르면 우주는 빅뱅으로부터 시작되었다고 한다. 빅뱅이란 엄청난 에너지를 가진 아주 작은 우주가 폭발하듯 갑자기 생겨난 사건을 말한다. 그게 사실이라면 빅뱅 이전에는 무엇이 있었느냐는 질문이 나오는 게 당연하다. 아마 아무것도 없었을 것이다. 하지만 빅뱅 이전에 아무것도 없었다는 말은 무슨 뜻일까? 영겁의 시간 동안 단지 진공이었다는 뜻이다. 움직이는 것도, 변화하는 것도 없었다는 것이다.

① (가) – (나) – (다) – (라)
② (가) – (다) – (나) – (라)
③ (가) – (라) – (나) – (다)
④ (라) – (가) – (나) – (다)
⑤ (라) – (다) – (나) – (가)

02 수리력

01 다음은 카페 판매음료에 대한 연령별 선호도를 조사한 자료이다. 이에 대한 설명으로 옳은 것을 〈보기〉에서 모두 고르면?

〈연령별 카페 판매음료 선호도〉

구분	20대	30대	40대	50대
아메리카노	42%	47%	35%	31%
카페라테	8%	18%	28%	42%
카페모카	13%	16%	2%	1%
바닐라라테	9%	8%	11%	3%
핫초코	6%	2%	3%	1%
에이드	3%	1%	1%	1%
아이스티	2%	3%	4%	7%
허브티	17%	5%	16%	14%

보기

ㄱ. 연령대가 높아질수록 아메리카노에 대한 선호율은 낮아진다.
ㄴ. 아메리카노와 카페라테의 선호율 차이가 가장 적은 연령대는 40대이다.
ㄷ. 20대와 30대의 선호율 하위 3개 메뉴는 동일하다.
ㄹ. 40대와 50대의 선호율 상위 2개 메뉴가 전체 선호율의 70% 이상이다.

① ㄱ, ㄴ
② ㄱ, ㄹ
③ ㄴ, ㄷ
④ ㄴ, ㄹ
⑤ ㄷ, ㄹ

02 다음은 가족 수별 평균 실내온도에 따른 일평균 에어컨가동시간을 나타낸 자료이다. 이에 대한 설명으로 옳은 것은?

⟨가족 수별 평균 실내온도에 따른 일평균 에어컨가동시간⟩

(단위 : 시간/일)

가족 수		26℃ 미만	26℃ 이상 28℃ 미만	28℃ 이상 30℃ 미만	30℃ 이상
1인 가구		1.4	3.5	4.4	6.3
2인 가구	자녀 있음	3.5	8.4	16.5	20.8
	자녀 없음	1.2	3.1	10.2	15.2
3인 가구		4.2	10.4	17.6	16
4인 가구		4.4	10.8	18.8	20
5인 가구		4	11.4	20.2	22.8
6인 가구 이상		5.1	11.2	20.8	22

① 1인 가구의 경우 평균 실내온도가 30℃ 이상일 때 일평균 에어컨가동시간은 26℃ 미만일 때보다 5배 이상 많다.
② 2인가구는 자녀의 유무에 따라 평균 실내온도에 따른 일평균 에어컨가동시간이 2배 이상 차이 난다.
③ 가구원수가 4인 이상일 때, 평균 실내온도가 28℃ 이상이 될 경우 일평균 에어컨가동시간이 20시간을 초과한다.
④ 6인 가구 이상에서 평균 실내온도에 따른 일평균 에어컨가동시간은 5인 이상 가구보다 많다.
⑤ 3인 가구의 26℃ 이상 28℃ 미만일 때 에어컨가동시간은 30℃ 이상일 때의 65% 수준이다.

Easy
03 다음은 S사 서비스 센터에서 A지점의 만족도를 조사한 자료이다. 이에 대한 설명으로 옳지 않은 것은?

〈서비스 만족도 조사 결과〉

구분	응답자 수(명)	비율(%)
매우 만족	(A)	20%
만족	33	22%
보통	(B)	(C)
불만족	24	16%
매우 불만족	15	(D)
합계	150	100%

① 방문 고객 150명을 대상으로 서비스 만족도를 조사하였다.
② 응답한 고객 중 30명이 본 지점의 서비스를 '매우 만족'한다고 평가하였다.
③ 내방 고객의 약 $\frac{1}{3}$이 본 지점의 서비스 만족도를 '보통'으로 평가하였다.
④ '불만족' 이하 구간이 26%의 비중을 차지하였다.
⑤ 고객 중 $\frac{1}{5}$이 '매우 불만족'으로 평가하였다.

Easy
04 다음은 2020~2023년 지역별 소비자물가지수 동향을 나타낸 자료이다. 이에 대한 설명으로 옳지 않은 것은?

〈지역별 소비자물가지수 동향〉

(단위 : %)

| 구분 | 등락률 | | | | 구분 | 등락률 | | | |
	2020년	2021년	2022년	2023년		2020년	2021년	2022년	2023년
전국	2.2	1.3	1.3	0.7	충북	2.0	1.2	1.2	−0.1
서울	2.5	1.4	1.6	1.3	충남	2.4	1.2	0.5	0.2
부산	2.4	1.5	1.3	0.8	전북	2.2	1.2	1.1	0
대구	2.4	1.6	1.4	1.0	전남	2.0	1.4	1.0	0
인천	2.0	1.0	0.9	0.2	경북	2.0	1.2	1.0	0
경기	2.2	1.2	1.2	0.7	경남	1.9	1.3	1.4	0.6
강원	2.0	1.1	0.7	0	제주	1.2	1.4	1.1	0.6

① 2020년부터 부산의 등락률은 하락하고 있다.
② 2020~2023년 동안 모든 지역의 등락률이 하락했다.
③ 2020년에 등락률이 두 번째로 낮은 곳은 경남이다.
④ 2022년에 등락률이 가장 높은 곳은 서울이다.
⑤ 2023년에 등락률이 가장 낮은 곳은 충북이다.

05 다음은 우리나라의 쌀 생산량 및 1인당 소비량을 나타낸 자료이다. 이에 대한 〈보기〉의 설명 중 옳은 것을 모두 고르면?

〈1인당 쌀 소비량〉

(단위 : kg, 천 명)

구분	2002년	2004년	2009년	2014년	2015년	2016년	2017년	2018년	2023년
전체	132.4	128.1	119.6	106.5	104.9	102.4	99.2	96.9	93.6
농가	150.7	164.3	160.5	149.2	148.6	146.3	143.7	141.3	139.9
비농가	125.5	118.1	112.1	101.3	99.8	97.4	94.5	92.4	89.2
인구	–	40,806	42,824	44,609	45,300	45,991	46,425	46,858	47,000

보기

ㄱ. 전체 쌀 소비량 중 50% 이상이 농가에서 소비되어 왔다.
ㄴ. 2023년 전체 쌀 소비량은 약 440만 톤이다.
ㄷ. 2014년에는 쌀 생산량이 쌀 소비량보다 적었다.

① ㄱ
② ㄱ, ㄴ
③ ㄱ, ㄷ
④ ㄴ, ㄷ
⑤ ㄱ, ㄴ, ㄷ

Hard

06 다음은 2024년 1월, 6월, 12월에 20대부터 70대를 대상으로 조사한 A ~ E정당의 지지율과 응답자에 대한 자료이다. 이에 대한 설명으로 옳지 않은 것은?

⟨A ~ E정당의 지지율⟩ (단위 : %)

⟨정당 지지율 조사 응답자⟩ (단위 : 명)

구분	남성	여성	합계
20 ~ 30대	295	305	600
40 ~ 50대	370	335	705
60 ~ 70대	330	365	695

※ 모든 응답자는 A ~ E정당 중에서 한 정당만 지지함
※ 2024년 1월, 6월, 12월 응답자 인원은 모두 동일함

① 지지율 증감추이가 동일한 정당은 C와 D정당이다.
② 응답기간 중 A정당과 B정당의 지지율의 합은 항상 70% 이상이다.
③ 지지율이 하위인 두 정당의 지지율 합은 항상 C정당의 지지율보다 낮다.
④ 2024년 6월 조사에서 A정당과 B정당을 지지하는 모든 연령대의 인원수 차이는 54명이다.
⑤ 2024년 1월 조사에서 20대부터 50대까지 응답자가 모두 A, B, C정당 중 한 곳을 지지했다면, 이 중 B정당의 지지자 수는 최소 285명이다.

07 다음은 어린이 안전지킴이집 현황에 대한 자료이다. 이에 대한 〈보기〉의 설명 중 옳지 않은 것을 모두 고르면?

〈어린이 안전지킴이집 현황〉

(단위 : 개)

구분		2019년	2020년	2021년	2022년	2023년
선정위치별	유치원	2,151	1,731	1,516	1,381	1,373
	학교	10,799	9,107	7,875	7,700	7,270
	아파트단지	2,730	2,390	2,359	2,460	2,356
	놀이터	777	818	708	665	627
	공원	1,044	896	893	958	918
	통학로	6,593	7,040	7,050	7,348	7,661
	합계	24,094	21,982	20,401	20,512	20,205
선정업소 형태별	24시 편의점	3,013	2,653	2,575	2,528	2,542
	약국	1,898	1,708	1,628	1,631	1,546
	문구점	4,311	3,840	3,285	3,137	3,012
	상가	9,173	7,707	6,999	6,783	6,770
	기타	5,699	6,074	5,914	6,433	6,335
	합계	24,094	21,982	20,401	20,512	20,205

보기

ㄱ. 선정위치별 어린이 안전지킴이집의 경우 통학로를 제외한 모든 곳에서 매년 감소하고 있다.
ㄴ. 선정업소 형태별 어린이 안전지킴이집 중 2019년 대비 2023년에 가장 많이 감소한 업소는 상가이다.
ㄷ. 2022년 대비 2023년의 학교 안전지킴이집의 감소율은 2022년 대비 2023년의 유치원 안전지킴이집의 감소율의 10배 이상이다.
ㄹ. 2023년 선정업소 형태별 안전지킴이집 중에서 24시 편의점의 개수가 차지하는 비중은 2022년보다 감소하였다.

① ㄱ, ㄴ
② ㄱ, ㄹ
③ ㄴ, ㄷ
④ ㄱ, ㄴ, ㄹ
⑤ ㄱ, ㄷ, ㄹ

08 다음은 친환경 기반조성 융자지원 현황이다. 예산 대비 대출이 최저인 연도의 비율은 얼마인가?

〈환경친화적산업 기반조성 융자지원 현황〉

(단위 : 억 원)

구분	'13	'14	'15	'16	'17	'18	'19	'20	'21	'22	'23	'24
예산 (대출)	498 (203)	521 (224)	749 (362)	760 (362)	352 (244)	275 (195)	225 (137)	250 (48)	106 (93)	50 (63)	55 (54)	34 (34)

① 23.4% ② 21.6%
③ 19.2% ④ 17.7%
⑤ 15.3%

09 다음은 농산물 수입 실적을 나타낸 자료이다. 이에 대한 설명으로 옳지 않은 것은?

〈농산물 수입 실적〉

(단위 : 만 톤, 천만 달러)

구분		2018년	2019년	2020년	2021년	2022년	2023년
농산물 전체	물량	2,450	2,510	2,595	3,160	3,250	3,430
	금액	620	810	1,175	1,870	1,930	1,790
곡류	물량	1,350	1,270	1,175	1,450	1,480	1,520
	금액	175	215	305	475	440	380
과실류	물량	65	75	65	105	95	130
	금액	50	90	85	150	145	175
채소류	물량	40	75	65	95	90	110
	금액	30	50	45	85	80	90

① 2023년 농산물 전체 수입 물량은 2018년 대비 40% 증가하였다.
② 곡류의 수입 물량은 지속적으로 줄어들었지만, 수입 금액은 지속적으로 증가하였다.
③ 2023년 과실류의 수입 금액은 2018년 대비 250% 급증하였다.
④ 곡류, 과실류, 채소류 중 2018년 대비 2023년에 수입 물량이 가장 많이 증가한 것은 곡류이다.
⑤ 2019 ~ 2023년 동안 과실류와 채소류 수입 금액의 전년 대비 증감 추이는 같다.

Hard

10 다음은 OECD 주요 국가별 삶의 만족도 및 관련 지표에 대한 자료이다. 이에 대한 설명으로 옳지 않은 것은?

〈OECD 주요 국가별 삶의 만족도 및 관련 지표〉

(단위 : 점, %, 시간)

구분	삶의 만족도	장시간 근로자 비율	여가·개인 돌봄시간
덴마크	7.6	2.1	16.1
아이슬란드	7.5	13.7	14.6
호주	7.4	14.2	14.4
멕시코	7.4	28.8	13.9
미국	7.0	11.4	14.3
영국	6.9	12.3	14.8
프랑스	6.7	8.7	15.3
이탈리아	6.0	5.4	15.0
일본	6.0	22.6	14.9
한국	6.0	28.1	14.9
에스토니아	5.4	3.6	15.1
포르투갈	5.2	9.3	15.0
헝가리	4.9	2.7	15.0

※ 장시간 근로자 비율은 전체 근로자 중 주 50시간 이상 근무한 근로자의 비율임

① 삶의 만족도가 가장 높은 국가는 장시간 근로자 비율이 가장 낮다.
② 한국의 장시간 근로자 비율은 삶의 만족도가 가장 낮은 국가의 장시간 근로자 비율의 10배 이상이다.
③ 삶의 만족도가 한국보다 낮은 국가들의 장시간 근로자 비율의 평균은 이탈리아의 장시간 근로자 비율보다 높다.
④ 여가·개인 돌봄 시간이 가장 긴 국가와 가장 짧은 국가의 삶의 만족도 차이는 0.3점 이하이다.
⑤ 장시간 근로자 비율이 미국보다 낮은 국가들의 여가·개인 돌봄시간은 모두 미국의 여가·개인 돌봄시간보다 길다.

11 10km를 달리는 시합에서 출발 후 1시간 이내에 결승선을 통과해야 기념품을 받을 수 있다. 출발 후 처음 12분을 8km/h로 달렸다면, 남은 거리를 적어도 얼마의 평균 속력으로 달려야 기념품을 받을 수 있는가?

① 10.5km/h   ② 11km/h
③ 11.5km/h   ④ 12km/h
⑤ 12.5km/h

Easy

12 A~E 5명이 한 줄로 설 때, A가 맨 앞이나 맨 뒤에 서게 될 확률은?

① $\frac{1}{60}$ ② $\frac{1}{10}$

③ $\frac{1}{5}$ ④ $\frac{3}{10}$

⑤ $\frac{2}{5}$

13 S중학교 학생 10명의 혈액형을 조사하였더니 A형, B형, O형인 학생이 각각 2명, 3명, 5명이었다. 이 10명의 학생 중에서 임의로 2명을 뽑을 때, 혈액형이 서로 다를 경우의 수는?

① 19가지   ② 23가지

③ 27가지   ④ 31가지

⑤ 35가지

14 농도가 20%인 설탕물 400g에 각설탕 10개를 넣었더니 농도 25%의 설탕물이 되었다. 각설탕 3개의 무게는?

① 7g   ② 8g

③ $\frac{5}{2}$g   ④ $\frac{8}{3}$g

⑤ 10g

15 누리와 수연이는 같이 운동을 하기로 했다. 누리는 걸어서, 수연이는 자전거를 타고 운동을 했으며, 운동을 시작한 위치는 같았다. 누리가 15km를 먼저 이동했고, 수연이는 자전거를 이용해서 누리보다 10km/h 빠르게 움직인다. 수연이가 자전거를 타고 40km를 이동해서 누리를 만났다면, 두 사람이 함께 운동한 시간은 얼마인가?

① 1시간 ② 1시간 30분
③ 2시간 ④ 2시간 30분
⑤ 3시간

16 어느 볼펜 조립 작업장에서 근무하는 갑 ~ 병의 6시간 동안 총작업량은 435개였다. 을의 작업속도가 갑의 1.2배이고, 병의 작업속도가 갑의 0.7배라면, 갑이 1시간 동안 조립하는 볼펜의 개수는? (단, 각 작업자의 작업속도는 일정하다)

① 23개 ② 24개
③ 25개 ④ 26개
⑤ 27개

17 갑은 곰 인형 100개를 만드는 데 4시간, 을은 25개를 만드는 데 10시간이 걸린다. 이들이 함께 일을 하면 각각 원래 능력보다 20% 효율이 떨어진다. 이들이 함께 곰 인형 132개를 만드는 데 걸리는 시간은?

① 5시간 ② 6시간
③ 7시간 ④ 8시간
⑤ 9시간

18 사과 1개를 정가로 판매하면 개당 600원의 이익을 얻는다. 이 사과를 정가에서 20% 할인하여 6개 판매한 매출액과 정가에서 400원씩 할인하여 8개 판매한 매출액이 같을 때, 이 상품의 정가는?

① 500원 ② 700원
③ 900원 ④ 1,000원
⑤ 1,200원

19 서로 다른 소설책 7권과 시집 5권이 있다. 이 중에서 소설책 3권과 시집 2권을 선택하는 경우의 수는?

① 350가지 ② 360가지
③ 370가지 ④ 380가지
⑤ 390가지

Hard

20 S사에서는 사회 나눔 사업의 일환으로 마케팅부에서 5팀, 총무부에서 2팀을 구성해 어느 요양 시설에서 7팀 모두가 하루에 한 팀씩 7일 동안 봉사활동을 하려고 한다. 7팀의 봉사 활동 순번을 임의로 정할 때, 첫 번째 날 또는 일곱 번째 날에 총무부 소속 팀이 봉사활동을 하게 될 확률은 $\frac{b}{a}$이다. 이때, $(a-b)$의 값은?(단, a와 b는 서로소이다)

① 4 ② 6
③ 8 ④ 10
⑤ 12

03 추리력

※ 다음 도형의 규칙을 보고 ?에 들어갈 도형으로 옳은 것을 고르시오. **[1~5]**

Easy
01

①   ②

③   ④

⑤ □

02

①

②

③

④

⑤

Easy
03

04

①   ②

③   ④

⑤

Easy 05

※ 다음 도형들은 일정한 규칙으로 변화한다. ?에 들어갈 도형으로 옳은 것을 고르시오. **[6~8]**

Hard
06

①

②

③

④

⑤

07

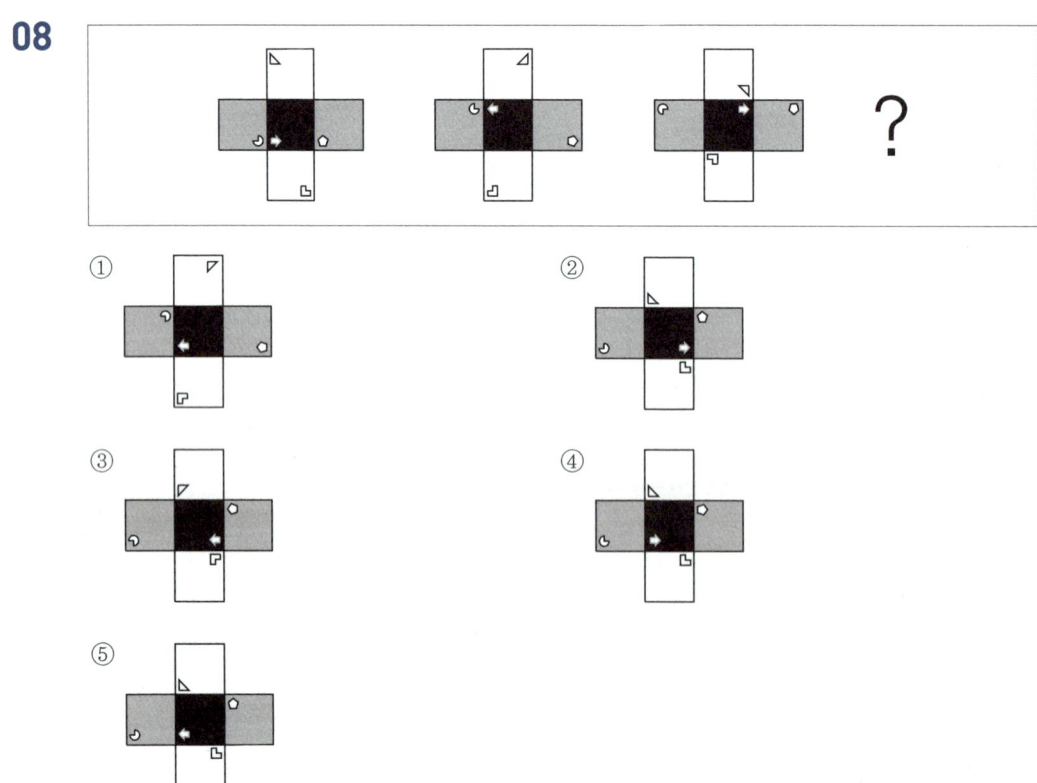

09 다음 기호들은 일정한 규칙에 따라 도형을 변화시킨다. ?에 들어갈 도형으로 옳은 것은?

①   ②

③   ④

⑤

※ 다음 기호들은 일정한 규칙에 따라 도형을 변화시킨다. 기호에 해당하는 규칙을 파악하여 ?에 들어갈 도형으로 옳은 것을 고르시오. [10~11]

10

11 보기

①

②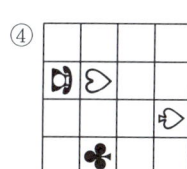

12 다음 기호들은 일정한 규칙에 따라 도형을 변화시킨다. 〈보기〉의 규칙을 찾고 ?에 들어갈 도형으로 옳은 것은?(단, 규칙은 A, B, C 각각 4개의 칸에 동일하게 적용된 것을 말하며, A, B, C 규칙은 서로 다르다)

①   ②

③   ④

⑤

Hard

13 다음 기호들은 일정한 규칙에 따라 도형을 변화시킨다. 〈보기〉의 규칙을 찾고 ?에 들어갈 도형으로 옳은 것은?(단, 주어진 조건이 두 가지 이상일 때, 모두 일치해야 Yes로 이동한다)

○ : 외부도형의 모양이 처음과 같으면 Yes, 다르면 No
□ : 내부도형의 모양이 처음과 같으면 Yes, 다르면 No
△ : 외부·내부도형의 모양이 처음과 같으면 Yes, 다르면 No

14 다음 두 도형이 겹쳐지면 완전한 검은색이 된다. ?에 들어갈 도형으로 옳은 것은(단, 도형은 회전이 가능하다)

①

②

③

④

⑤

15 다음 도형의 규칙을 보고 (A), (B)에 들어갈 도형으로 옳은 것은?

PART 4
인성검사

PART 4 인성검사

01 S-OIL 인성검사

인성검사는 S-OIL의 인재상에 적합한 인재인지 평가하는 테스트로, 지원자의 개인 성향이나 인성에 관한 질문으로 구성되어 있다.

(1) **문항 수** : 421문항
(2) **응시시간** : 60분
(3) **출제유형** : 질문에 대하여 '① 전혀 그렇지 않다, ② 그렇지 않다, ③ 보통이다, ④ 그렇다, ⑤ 매우 그렇다' 중 한 개를 각각 선택 후 각 문항을 비교하여 상대적으로 자신의 성격과 가장 가까운 문항 '하나'와 가장 거리가 먼 문장 '하나'를 선택하는 유형이다.

질문	답안 1					답안 2	
	①	②	③	④	⑤	멀다	가깝다
A. 나는 팀원들과 함께 일하는 것을 좋아한다.	□	□	□	□	✔	□	✔
B. 나는 새로운 방법을 시도하는 것을 선호한다.	□	□	✔	□	□	□	□
C. 나는 수리적인 자료들을 제시하여 결론을 도출한다.	□	✔	□	□	□	✔	□

S-OIL 인성검사의 특징은 3문항 모두 좋은 내용이 나오거나 나쁜 내용이 나오기 때문에 가치관의 비교를 빠른 시간 안에 계속 해야 한다는 것이다. 그렇기 때문에 막연히 좋은 문항은 높은 점수를, 나쁜 문항은 낮은 점수를 매기다보면 가치관이 불분명해지거나 일관성이 없어 보이게 되고, 그렇게 되면 채용담당자에게 좋지 않은 영향을 끼치게 된다.

02 인성검사 수검요령

인성검사에서 가장 중요한 것은 솔직한 답변이다. 지금까지 경험을 통해서 축적되어 온 생각과 행동을 허구 없이 솔직하게 기재하는 것이다. 예를 들어, "나는 타인의 물건을 훔치고 싶은 충동을 느껴본 적이 있다."라는 질문에 지원자는 많은 생각을 하게 된다. 유년기에 또는 성인이 되어서도 타인의 물건을 훔치는 일을 한 적이 없더라도, 훔치고 싶은 마음의 충동은 누구나 조금이라도 느껴 보았을 것이다. 그런데 이 질문에 고민을 하는 지원자는 "예"라고 답하면 검사결과에 자신이 사회적으로 문제가 있는 사람으로 나오지 않을까 하는 생각에 "아니요"라는 답을 기재하게 된다. 이런 솔직하지 않은 답은 답안의 신뢰와 타당성 척도에 좋지 않은 점수를 주게 된다.

일관성 있는 답 역시 중요하다. 인성검사의 수많은 문항 중에는 비슷한 내용의 질문이 여러 개 숨어 있는 경우가 많다. 이러한 질문들은 지원자의 솔직한 답변과 심리적인 상태를 알아보기 위한 것이다. 가령 "나는 유년시절 타인의 물건을 훔친 적이 있다."라는 질문에 "예"라고 답했는데, "나는 유년시절 타인의 물건을 훔쳐보고 싶은 충동을 느껴본 적이 있다."라는 질문에는 "아니요"라고 답을 기재한다면 어떻겠는가. 일관성 없이 '대충 기재하자.'라는 식의 무성의한 답안이 되거나, 정신적으로 문제가 있는 사람으로 보일 수 있다. 인성검사는 수많은 문항을 풀어야 하기 때문에 피검사자들은 지루함과 따분함, 반복되는 질문에 의한 인내 상실 등이 나타날 수 있다. 인내를 가지고 솔직하게 내 생각을 대답하는 것이 무엇보다 중요한 요령이 될 것이다.

03 인성검사 시 유의사항

(1) 충분한 휴식으로 불안을 없애고 정서적인 안정을 취한다. 심신이 안정되어야 자신의 마음을 표현할 수 있다.

(2) 생각나는 대로 솔직하게 응답한다. 자신을 너무 과대포장하지도, 너무 비하시키지도 마라. 답변을 꾸며서 하면 앞뒤가 맞지 않게끔 구성돼 있어 불리한 평가를 받게 되므로 솔직하게 답하도록 한다.

(3) 검사문항에 대해 지나치게 생각해서는 안 된다. 지나치게 몰두하면 엉뚱한 답변이 나올 수 있으므로 불필요한 생각은 삼간다.

(4) 검사시간에 너무 신경 쓸 필요는 없다. 인성검사는 시간제한이 없는 경우가 많으며 시간제한이 있다 해도 충분한 시간이다.

(5) 인성검사는 대개 문항 수가 많기에 자칫 건너뛰는 경우가 있는데, 가능한 한 모든 문항에 답해야 한다. 응답하지 않은 문항이 많을 경우 평가자가 정확한 평가를 내리지 못해 불리한 평가를 내릴 수 있기 때문이다.

04 인성검사 모의연습

※ 각 문항을 읽고, ①~⑤ 중 자신에게 맞는 것을 선택하시오. 그리고 3문항 중 자신의 성격과 가장 먼 문항(멀다)과 가까운 문항(가깝다)을 하나씩 선택하시오(① 전혀 그렇지 않다, ② 그렇지 않다, ③ 보통이다, ④ 그렇다, ⑤ 매우 그렇다). **[1~75]**

※ 인성검사는 정답이 따로 없는 유형의 검사이므로 결과지를 제공하지 않습니다.

01

질문	답안 1					답안 2	
	①	②	③	④	⑤	멀다	가깝다
A. 사물을 신중하게 생각하는 편이라고 생각한다.	□	□	□	□	□	□	□
B. 포기하지 않고 노력하는 것이 중요하다.	□	□	□	□	□	□	□
C. 자신의 권리를 주장하는 편이다.	□	□	□	□	□	□	□

02

질문	답안 1					답안 2	
	①	②	③	④	⑤	멀다	가깝다
A. 노력의 여하보다 결과가 중요하다.	□	□	□	□	□	□	□
B. 자기주장이 강하다.	□	□	□	□	□	□	□
C. 어떠한 일이 있어도 출세하고 싶다.	□	□	□	□	□	□	□

03

질문	답안 1					답안 2	
	①	②	③	④	⑤	멀다	가깝다
A. 다른 사람의 일에 관심이 없다.	□	□	□	□	□	□	□
B. 때로는 후회할 때도 있다.	□	□	□	□	□	□	□
C. 진정으로 마음을 허락할 수 있는 사람은 없다.	□	□	□	□	□	□	□

04

질문	답안 1					답안 2	
	①	②	③	④	⑤	멀다	가깝다
A. 한번 시작한 일은 반드시 끝을 맺는다.	□	□	□	□	□	□	□
B. 다른 사람들이 하지 못하는 일을 하고 싶다.	□	□	□	□	□	□	□
C. 좋은 생각이 떠올라도 실행하기 전에 여러모로 검토한다.	□	□	□	□	□	□	□

05

질문	답안 1					답안 2	
	①	②	③	④	⑤	멀다	가깝다
A. 다른 사람에게 항상 움직이고 있다는 말을 듣는다.	□	□	□	□	□	□	□
B. 옆에 사람이 있으면 싫다.	□	□	□	□	□	□	□
C. 친구들과 남의 이야기를 하는 것을 좋아한다.	□	□	□	□	□	□	□

06

질문	답안 1 ①	②	③	④	⑤	답안 2 멀다	가깝다
A. 모두가 싫증을 내는 일에도 혼자서 열심히 한다.	□	□	□	□	□	□	□
B. 완성된 것보다 미완성인 것에 흥미가 있다.	□	□	□	□	□	□	□
C. 능력을 살릴 수 있는 일을 하고 싶다.	□	□	□	□	□	□	□

07

질문	답안 1 ①	②	③	④	⑤	답안 2 멀다	가깝다
A. 번화한 곳에 외출하는 것을 좋아한다.	□	□	□	□	□	□	□
B. 다른 사람에게 자신이 소개되는 것을 좋아한다.	□	□	□	□	□	□	□
C. 다른 사람보다 쉽게 우쭐해진다.	□	□	□	□	□	□	□

08

질문	답안 1 ①	②	③	④	⑤	답안 2 멀다	가깝다
A. 다른 사람의 감정에 민감하다.	□	□	□	□	□	□	□
B. 남을 배려하는 마음씨가 있다는 말을 듣는다.	□	□	□	□	□	□	□
C. 사소한 일로 우는 일이 많다.	□	□	□	□	□	□	□

09

질문	답안 1 ①	②	③	④	⑤	답안 2 멀다	가깝다
A. 통찰력이 있다고 생각한다.	□	□	□	□	□	□	□
B. 몸으로 부딪혀 도전하는 편이다.	□	□	□	□	□	□	□
C. 감정적으로 될 때가 많다.	□	□	□	□	□	□	□

10

질문	답안 1 ①	②	③	④	⑤	답안 2 멀다	가깝다
A. 타인에게 간섭받는 것을 싫어한다.	□	□	□	□	□	□	□
B. 신경이 예민한 편이라고 생각한다.	□	□	□	□	□	□	□
C. 난관에 봉착해도 포기하지 않고 열심히 한다.	□	□	□	□	□	□	□

11

질문	답안 1					답안 2	
	①	②	③	④	⑤	멀다	가깝다
A. 해야 할 일은 신속하게 처리한다.	☐	☐	☐	☐	☐	☐	☐
B. 매사에 느긋하고 차분하다.	☐	☐	☐	☐	☐	☐	☐
C. 끙끙거리며 생각할 때가 있다.	☐	☐	☐	☐	☐	☐	☐

12

질문	답안 1					답안 2	
	①	②	③	④	⑤	멀다	가깝다
A. 하나의 취미를 오래 지속하는 편이다.	☐	☐	☐	☐	☐	☐	☐
B. 낙천가라고 생각한다.	☐	☐	☐	☐	☐	☐	☐
C. 일주일의 예정을 만드는 것을 좋아한다.	☐	☐	☐	☐	☐	☐	☐

13

질문	답안 1					답안 2	
	①	②	③	④	⑤	멀다	가깝다
A. 자신의 의견을 상대에게 잘 주장하지 못한다.	☐	☐	☐	☐	☐	☐	☐
B. 좀처럼 결단하지 못하는 경우가 있다.	☐	☐	☐	☐	☐	☐	☐
C. 행동으로 옮기기까지 시간이 걸린다.	☐	☐	☐	☐	☐	☐	☐

14

질문	답안 1					답안 2	
	①	②	③	④	⑤	멀다	가깝다
A. 돌다리도 두드리며 건너는 타입이라고 생각한다.	☐	☐	☐	☐	☐	☐	☐
B. 굳이 말하자면 시원시원하다.	☐	☐	☐	☐	☐	☐	☐
C. 토론에서 이길 자신이 있다.	☐	☐	☐	☐	☐	☐	☐

15

질문	답안 1					답안 2	
	①	②	③	④	⑤	멀다	가깝다
A. 쉽게 침울해진다.	☐	☐	☐	☐	☐	☐	☐
B. 쉽게 싫증을 내는 편이다.	☐	☐	☐	☐	☐	☐	☐
C. 도덕 / 윤리를 중시한다.	☐	☐	☐	☐	☐	☐	☐

16

질문	답안 1					답안 2	
	①	②	③	④	⑤	멀다	가깝다
A. 매사에 신중한 편이라고 생각한다.	□	□	□	□	□	□	□
B. 실행하기 전에 재확인할 때가 많다.	□	□	□	□	□	□	□
C. 반대에 부딪혀도 자신의 의견을 바꾸는 일은 없다.	□	□	□	□	□	□	□

17

질문	답안 1					답안 2	
	①	②	③	④	⑤	멀다	가깝다
A. 전망을 세우고 행동할 때가 많다.	□	□	□	□	□	□	□
B. 일에는 결과가 중요하다고 생각한다.	□	□	□	□	□	□	□
C. 다른 사람으로부터 지적받는 것은 싫다.	□	□	□	□	□	□	□

18

질문	답안 1					답안 2	
	①	②	③	④	⑤	멀다	가깝다
A. 다른 사람에게 위해를 가할 것 같은 기분이 들 때가 있다.	□	□	□	□	□	□	□
B. 인간관계가 폐쇄적이라는 말을 듣는다.	□	□	□	□	□	□	□
C. 친구들로부터 줏대 없는 사람이라는 말을 듣는다.	□	□	□	□	□	□	□

19

질문	답안 1					답안 2	
	①	②	③	④	⑤	멀다	가깝다
A. 누구와도 편하게 이야기할 수 있다.	□	□	□	□	□	□	□
B. 다른 사람을 싫어한 적은 한 번도 없다.	□	□	□	□	□	□	□
C. 리더로서 인정을 받고 싶다.	□	□	□	□	□	□	□

20

질문	답안 1					답안 2	
	①	②	③	④	⑤	멀다	가깝다
A. 기다리는 것에 짜증내는 편이다.	□	□	□	□	□	□	□
B. 지루하면 마구 떠들고 싶어진다.	□	□	□	□	□	□	□
C. 남과 친해지려면 용기가 필요하다.	□	□	□	□	□	□	□

21

질문	답안 1					답안 2	
	①	②	③	④	⑤	멀다	가깝다
A. 사물을 과장해서 말한 적은 없다.	□	□	□	□	□	□	□
B. 항상 천재지변을 당하지는 않을까 걱정하고 있다.	□	□	□	□	□	□	□
C. 어떤 일이 있어도 의욕을 가지고 열심히 하는 편이다.	□	□	□	□	□	□	□

22

질문	답안 1					답안 2	
	①	②	③	④	⑤	멀다	가깝다
A. 그룹 내에서 누군가의 주도 하에 따라가는 경우가 많다.	□	□	□	□	□	□	□
B. 내성적이라고 생각한다.	□	□	□	□	□	□	□
C. 모르는 사람과 이야기하는 것은 용기가 필요하다.	□	□	□	□	□	□	□

23

질문	답안 1					답안 2	
	①	②	③	④	⑤	멀다	가깝다
A. 집에서 가만히 있으면 기분이 우울해진다.	□	□	□	□	□	□	□
B. 당황하면 갑자기 땀이 나서 신경 쓰일 때가 있다.	□	□	□	□	□	□	□
C. 차분하다는 말을 듣는다.	□	□	□	□	□	□	□

24

질문	답안 1					답안 2	
	①	②	③	④	⑤	멀다	가깝다
A. 어색해지면 입을 다무는 경우가 많다.	□	□	□	□	□	□	□
B. 융통성이 없는 편이다.	□	□	□	□	□	□	□
C. 이유도 없이 화가 치밀 때가 있다.	□	□	□	□	□	□	□

25

질문	답안 1					답안 2	
	①	②	③	④	⑤	멀다	가깝다
A. 자질구레한 걱정이 많다.	□	□	□	□	□	□	□
B. 다른 사람을 의심한 적이 한 번도 없다.	□	□	□	□	□	□	□
C. 지금까지 후회를 한 적이 없다.	□	□	□	□	□	□	□

26

질문	답안 1					답안 2	
	①	②	③	④	⑤	멀다	가깝다
A. 무슨 일이든 자신을 가지고 행동한다.	□	□	□	□	□	□	□
B. 자주 깊은 생각에 잠긴다.	□	□	□	□	□	□	□
C. 가만히 있지 못할 정도로 불안해질 때가 많다.	□	□	□	□	□	□	□

27

질문	답안 1					답안 2	
	①	②	③	④	⑤	멀다	가깝다
A. 스포츠 선수가 되고 싶다고 생각한 적이 있다.	□	□	□	□	□	□	□
B. 유명인과 서로 아는 사람이 되고 싶다.	□	□	□	□	□	□	□
C. 연예인에 대해 동경한 적이 없다.	□	□	□	□	□	□	□

28

질문	답안 1					답안 2	
	①	②	③	④	⑤	멀다	가깝다
A. 휴일은 세부적인 예정을 세우고 보낸다.	□	□	□	□	□	□	□
B. 잘하지 못하는 것이라도 자진해서 한다.	□	□	□	□	□	□	□
C. 이유도 없이 다른 사람과 부딪힐 때가 있다.	□	□	□	□	□	□	□

29

질문	답안 1					답안 2	
	①	②	③	④	⑤	멀다	가깝다
A. 타인의 일에는 별로 관여하고 싶지 않다고 생각한다.	□	□	□	□	□	□	□
B. 의견이 다른 사람과는 어울리지 않는다.	□	□	□	□	□	□	□
C. 주위의 영향을 받기 쉽다.	□	□	□	□	□	□	□

30

질문	답안 1					답안 2	
	①	②	③	④	⑤	멀다	가깝다
A. 지인을 발견해도 만나고 싶지 않을 때가 많다.	□	□	□	□	□	□	□
B. 굳이 말하자면 자의식 과잉이다.	□	□	□	□	□	□	□
C. 몸을 움직이는 것을 좋아한다.	□	□	□	□	□	□	□

31

질문	답안 1					답안 2	
	①	②	③	④	⑤	멀다	가깝다
A. 무슨 일이든 생각해 보지 않으면 만족하지 못한다.	□	□	□	□	□	□	□
B. 다수의 반대가 있더라도 자신의 생각대로 행동한다.	□	□	□	□	□	□	□
C. 지금까지 다른 사람의 마음에 상처준 일이 없다.	□	□	□	□	□	□	□

32

질문	답안 1					답안 2	
	①	②	③	④	⑤	멀다	가깝다
A. 실행하기 전에 재고하는 경우가 많다.	□	□	□	□	□	□	□
B. 완고한 편이라고 생각한다.	□	□	□	□	□	□	□
C. 작은 소리도 신경 쓰인다.	□	□	□	□	□	□	□

33

질문	답안 1					답안 2	
	①	②	③	④	⑤	멀다	가깝다
A. 다소 무리를 하더라도 피로해지지 않는다.	□	□	□	□	□	□	□
B. 다른 사람보다 고집이 세다.	□	□	□	□	□	□	□
C. 성격이 밝다는 말을 듣는다.	□	□	□	□	□	□	□

34

질문	답안 1					답안 2	
	①	②	③	④	⑤	멀다	가깝다
A. 다른 사람이 부럽다고 생각한 적이 한 번도 없다.	□	□	□	□	□	□	□
B. 자신의 페이스를 잃지 않는다.	□	□	□	□	□	□	□
C. 굳이 말하자면 이상주의자다.	□	□	□	□	□	□	□

35

질문	답안 1					답안 2	
	①	②	③	④	⑤	멀다	가깝다
A. 가능성에 눈을 돌린다.	□	□	□	□	□	□	□
B. 튀는 것을 싫어한다.	□	□	□	□	□	□	□
C. 방법이 정해진 일은 안심할 수 있다.	□	□	□	□	□	□	□

36

질문	답안 1					답안 2	
	①	②	③	④	⑤	멀다	가깝다
A. 매사에 감정적으로 생각한다.	□	□	□	□	□	□	□
B. 스케줄을 짜고 행동하는 편이다.	□	□	□	□	□	□	□
C. 지나치게 합리적으로 결론짓는 것은 좋지 않다.	□	□	□	□	□	□	□

37

질문	답안 1					답안 2	
	①	②	③	④	⑤	멀다	가깝다
A. 다른 사람의 의견에 귀를 기울인다.	□	□	□	□	□	□	□
B. 사람들 앞에 잘 나서지 못한다.	□	□	□	□	□	□	□
C. 임기응변에 능하다.	□	□	□	□	□	□	□

38

질문	답안 1					답안 2	
	①	②	③	④	⑤	멀다	가깝다
A. 꿈을 가진 사람에게 끌린다.	□	□	□	□	□	□	□
B. 직감적으로 판단한다.	□	□	□	□	□	□	□
C. 틀에 박힌 일은 싫다.	□	□	□	□	□	□	□

39

질문	답안 1					답안 2	
	①	②	③	④	⑤	멀다	가깝다
A. 친구가 돈을 빌려달라고 하면 거절하지 못한다.	□	□	□	□	□	□	□
B. 어려움에 처한 사람을 보면 원인을 생각한다.	□	□	□	□	□	□	□
C. 매사에 이론적으로 생각한다.	□	□	□	□	□	□	□

40

질문	답안 1					답안 2	
	①	②	③	④	⑤	멀다	가깝다
A. 혼자 꾸준히 하는 것을 좋아한다.	□	□	□	□	□	□	□
B. 튀는 것을 좋아한다.	□	□	□	□	□	□	□
C. 굳이 말하자면 보수적이라 생각한다.	□	□	□	□	□	□	□

41

질문	답안 1					답안 2	
	①	②	③	④	⑤	멀다	가깝다
A. 다른 사람과 만났을 때 화제에 부족함이 없다.	□	□	□	□	□	□	□
B. 그때그때의 기분으로 행동하는 경우가 많다.	□	□	□	□	□	□	□
C. 현실적인 사람에게 끌린다.	□	□	□	□	□	□	□

42

질문	답안 1					답안 2	
	①	②	③	④	⑤	멀다	가깝다
A. 병이 아닌지 걱정이 들 때가 있다.	□	□	□	□	□	□	□
B. 자의식 과잉이라는 생각이 들 때가 있다.	□	□	□	□	□	□	□
C. 막무가내라는 말을 들을 때가 많다.	□	□	□	□	□	□	□

43

질문	답안 1					답안 2	
	①	②	③	④	⑤	멀다	가깝다
A. 푸념을 한 적이 없다.	□	□	□	□	□	□	□
B. 수다를 좋아한다.	□	□	□	□	□	□	□
C. 부모에게 불평을 한 적이 한 번도 없다.	□	□	□	□	□	□	□

44

질문	답안 1					답안 2	
	①	②	③	④	⑤	멀다	가깝다
A. 친구들이 나를 진지한 사람으로 생각하고 있다.	□	□	□	□	□	□	□
B. 엉뚱한 생각을 잘한다.	□	□	□	□	□	□	□
C. 이성적인 사람이라는 말을 듣고 싶다.	□	□	□	□	□	□	□

45

질문	답안 1					답안 2	
	①	②	③	④	⑤	멀다	가깝다
A. 예정에 얽매이는 것을 싫어한다.	□	□	□	□	□	□	□
B. 굳이 말하자면 장거리주자에 어울린다고 생각한다.	□	□	□	□	□	□	□
C. 여행을 가기 전에는 세세한 계획을 세운다.	□	□	□	□	□	□	□

46

질문	답안 1					답안 2	
	①	②	③	④	⑤	멀다	가깝다
A. 굳이 말하자면 기가 센 편이다.	☐	☐	☐	☐	☐	☐	☐
B. 신중하게 생각하는 편이다.	☐	☐	☐	☐	☐	☐	☐
C. 계획을 생각하기보다는 빨리 실행하고 싶어 한다.	☐	☐	☐	☐	☐	☐	☐

47

질문	답안 1					답안 2	
	①	②	③	④	⑤	멀다	가깝다
A. 자신을 쓸모없는 인간이라고 생각할 때가 있다.	☐	☐	☐	☐	☐	☐	☐
B. 아는 사람을 발견해도 피해버릴 때가 있다.	☐	☐	☐	☐	☐	☐	☐
C. 앞으로의 일을 생각하지 않으면 진정이 되지 않는다.	☐	☐	☐	☐	☐	☐	☐

48

질문	답안 1					답안 2	
	①	②	③	④	⑤	멀다	가깝다
A. 격렬한 운동도 그다지 힘들어하지 않는다.	☐	☐	☐	☐	☐	☐	☐
B. 무슨 일이든 먼저 해야 이긴다고 생각한다.	☐	☐	☐	☐	☐	☐	☐
C. 예정이 없는 상태를 싫어한다.	☐	☐	☐	☐	☐	☐	☐

49

질문	답안 1					답안 2	
	①	②	③	④	⑤	멀다	가깝다
A. 잘하지 못하는 게임은 하지 않으려고 한다.	☐	☐	☐	☐	☐	☐	☐
B. 다른 사람에게 의존적이 될 때가 많다.	☐	☐	☐	☐	☐	☐	☐
C. 대인관계가 귀찮다고 느낄 때가 있다.	☐	☐	☐	☐	☐	☐	☐

50

질문	답안 1					답안 2	
	①	②	③	④	⑤	멀다	가깝다
A. 장래의 일을 생각하면 불안해질 때가 있다.	☐	☐	☐	☐	☐	☐	☐
B. 가만히 있지 못할 정도로 침착하지 못할 때가 있다.	☐	☐	☐	☐	☐	☐	☐
C. 침울해지면 아무것도 손에 잡히지 않는다.	☐	☐	☐	☐	☐	☐	☐

51

질문	답안 1					답안 2	
	①	②	③	④	⑤	멀다	가깝다
A. 새로운 일에 처음 한 발을 좀처럼 떼지 못한다.	□	□	□	□	□	□	□
B. 다른 사람이 나를 어떻게 생각하는지 궁금할 때가 많다.	□	□	□	□	□	□	□
C. 미리 행동을 정해두는 경우가 많다.	□	□	□	□	□	□	□

52

질문	답안 1					답안 2	
	①	②	③	④	⑤	멀다	가깝다
A. 혼자 생각하는 것을 좋아한다.	□	□	□	□	□	□	□
B. 다른 사람과 대화하는 것을 좋아한다.	□	□	□	□	□	□	□
C. 하루의 행동을 반성하는 경우가 많다.	□	□	□	□	□	□	□

53

질문	답안 1					답안 2	
	①	②	③	④	⑤	멀다	가깝다
A. 어린 시절로 돌아가고 싶을 때가 있다.	□	□	□	□	□	□	□
B. 인생에서 중요한 것은 높은 목표를 갖는 것이다.	□	□	□	□	□	□	□
C. 거창한 일을 해보고 싶다.	□	□	□	□	□	□	□

54

질문	답안 1					답안 2	
	①	②	③	④	⑤	멀다	가깝다
A. 작은 일에 신경 쓰지 않는다.	□	□	□	□	□	□	□
B. 동작이 기민한 편이다.	□	□	□	□	□	□	□
C. 소외감을 느낄 때가 있다.	□	□	□	□	□	□	□

55

질문	답안 1					답안 2	
	①	②	③	④	⑤	멀다	가깝다
A. 혼자 여행을 떠나고 싶을 때가 자주 있다.	□	□	□	□	□	□	□
B. 눈을 뜨면 바로 일어난다.	□	□	□	□	□	□	□
C. 항상 활력이 있다.	□	□	□	□	□	□	□

56

질문	답안 1					답안 2	
	①	②	③	④	⑤	멀다	가깝다
A. 싸움을 한 적이 없다.	□	□	□	□	□	□	□
B. 끈기가 강하다.	□	□	□	□	□	□	□
C. 변화를 즐긴다.	□	□	□	□	□	□	□

57

질문	답안 1					답안 2	
	①	②	③	④	⑤	멀다	가깝다
A. 굳이 말하자면 혁신적이라고 생각한다.	□	□	□	□	□	□	□
B. 사람들 앞에 나서는 데 어려움이 없다.	□	□	□	□	□	□	□
C. 스케줄을 짜지 않고 행동하는 편이다.	□	□	□	□	□	□	□

58

질문	답안 1					답안 2	
	①	②	③	④	⑤	멀다	가깝다
A. 학구적이라는 인상을 주고 싶다.	□	□	□	□	□	□	□
B. 조직 안에서는 우등생 타입이라고 생각한다.	□	□	□	□	□	□	□
C. 이성적인 사람 밑에서 일하고 싶다.	□	□	□	□	□	□	□

59

질문	답안 1					답안 2	
	①	②	③	④	⑤	멀다	가깝다
A. 정해진 절차에 따르는 것을 싫어한다.	□	□	□	□	□	□	□
B. 경험으로 판단한다.	□	□	□	□	□	□	□
C. 틀에 박힌 일을 싫어한다.	□	□	□	□	□	□	□

60

질문	답안 1					답안 2	
	①	②	③	④	⑤	멀다	가깝다
A. 그때그때의 기분으로 행동하는 경우가 많다.	□	□	□	□	□	□	□
B. 시간을 정확히 지키는 편이다.	□	□	□	□	□	□	□
C. 융통성이 있다.	□	□	□	□	□	□	□

61

질문	답안 1					답안 2	
	①	②	③	④	⑤	멀다	가깝다
A. 이야기하는 것을 좋아한다.	□	□	□	□	□	□	□
B. 모임에서는 소개를 받는 편이다.	□	□	□	□	□	□	□
C. 자신의 의견을 밀어붙인다.	□	□	□	□	□	□	□

62

질문	답안 1					답안 2	
	①	②	③	④	⑤	멀다	가깝다
A. 현실적이라는 이야기를 듣는다.	□	□	□	□	□	□	□
B. 계획적인 행동을 중요하게 여긴다.	□	□	□	□	□	□	□
C. 창의적인 일을 좋아한다.	□	□	□	□	□	□	□

63

질문	답안 1					답안 2	
	①	②	③	④	⑤	멀다	가깝다
A. 모임에서는 소개를 하는 편이다.	□	□	□	□	□	□	□
B. 조직 안에서는 독자적으로 움직이는 편이다.	□	□	□	□	□	□	□
C. 정해진 절차가 바뀌는 것을 싫어한다.	□	□	□	□	□	□	□

64

질문	답안 1					답안 2	
	①	②	③	④	⑤	멀다	가깝다
A. 일을 선택할 때에는 인간관계를 중시한다.	□	□	□	□	□	□	□
B. 굳이 말하자면 현실주의자이다.	□	□	□	□	□	□	□
C. 지나치게 온정을 표시하는 것은 좋지 않다고 생각한다.	□	□	□	□	□	□	□

65

질문	답안 1					답안 2	
	①	②	③	④	⑤	멀다	가깝다
A. 상상력이 있다는 말을 듣는다.	□	□	□	□	□	□	□
B. 틀에 박힌 일은 너무 딱딱해서 싫다.	□	□	□	□	□	□	□
C. 다른 사람이 나를 어떻게 생각하는지 신경 쓰인다.	□	□	□	□	□	□	□

66

질문	답안 1 ①	②	③	④	⑤	답안 2 멀다	가깝다
A. 사람들 앞에서 잘 이야기하지 못한다.	□	□	□	□	□	□	□
B. 친절한 사람이라는 말을 듣고 싶다.	□	□	□	□	□	□	□
C. 일을 선택할 때에는 일의 보람을 중시한다.	□	□	□	□	□	□	□

67

질문	답안 1 ①	②	③	④	⑤	답안 2 멀다	가깝다
A. 뉴스보다 신문을 많이 본다.	□	□	□	□	□	□	□
B. 시간을 분 단위로 나눠 쓴다.	□	□	□	□	□	□	□
C. 아이디어 회의 중 모든 의견은 존중되어야 한다.	□	□	□	□	□	□	□

68

질문	답안 1 ①	②	③	④	⑤	답안 2 멀다	가깝다
A. 주위 사람에게 인사하는 것이 귀찮다.	□	□	□	□	□	□	□
B. 남의 의견을 절대 참고하지 않는다.	□	□	□	□	□	□	□
C. 남의 말을 호의적으로 받아들인다.	□	□	□	□	□	□	□

69

질문	답안 1 ①	②	③	④	⑤	답안 2 멀다	가깝다
A. 광고를 보면 그 물건을 사고 싶다.	□	□	□	□	□	□	□
B. 컨디션에 따라 기분이 잘 변한다.	□	□	□	□	□	□	□
C. 많은 사람 앞에서 말하는 것이 서툴다.	□	□	□	□	□	□	□

70

질문	답안 1 ①	②	③	④	⑤	답안 2 멀다	가깝다
A. 열등감으로 자주 고민한다.	□	□	□	□	□	□	□
B. 부모님에게 불만을 느낀다.	□	□	□	□	□	□	□
C. 칭찬도 나쁘게 받아들이는 편이다.	□	□	□	□	□	□	□

71

질문	답안 1					답안 2	
	①	②	③	④	⑤	멀다	가깝다
A. 친구 말을 듣는 편이다.	☐	☐	☐	☐	☐	☐	☐
B. 자신의 입장을 잊어버릴 때가 있다.	☐	☐	☐	☐	☐	☐	☐
C. 실패해도 또다시 도전한다.	☐	☐	☐	☐	☐	☐	☐

72

질문	답안 1					답안 2	
	①	②	③	④	⑤	멀다	가깝다
A. 휴식시간에도 일하고 싶다.	☐	☐	☐	☐	☐	☐	☐
B. 여간해서 흥분하지 않는 편이다.	☐	☐	☐	☐	☐	☐	☐
C. 혼자 지내는 시간이 즐겁다.	☐	☐	☐	☐	☐	☐	☐

73

질문	답안 1					답안 2	
	①	②	③	④	⑤	멀다	가깝다
A. 손재주는 비교적 있는 편이다.	☐	☐	☐	☐	☐	☐	☐
B. 계산에 밝은 사람은 꺼려진다.	☐	☐	☐	☐	☐	☐	☐
C. 공상이나 상상을 많이 하는 편이다.	☐	☐	☐	☐	☐	☐	☐

74

질문	답안 1					답안 2	
	①	②	③	④	⑤	멀다	가깝다
A. 창조적인 일을 하고 싶다.	☐	☐	☐	☐	☐	☐	☐
B. 규칙적인 것이 싫다.	☐	☐	☐	☐	☐	☐	☐
C. 남을 지배하는 사람이 되고 싶다.	☐	☐	☐	☐	☐	☐	☐

75

질문	답안 1					답안 2	
	①	②	③	④	⑤	멀다	가깝다
A. 새로운 변화를 싫어한다.	☐	☐	☐	☐	☐	☐	☐
B. 급진적인 변화를 좋아한다.	☐	☐	☐	☐	☐	☐	☐
C. 규칙을 잘 지킨다.	☐	☐	☐	☐	☐	☐	☐

PART 5
면접

CHAPTER 01 면접 유형 및 실전 대책
CHAPTER 02 S-OIL 실제 면접

CHAPTER 01 면접 유형 및 실전 대책

01 면접 주요사항

면접의 사전적 정의는 면접관이 지원자를 직접 만나보고 인품(人品)이나 언행(言行) 따위를 시험하는 일로, 흔히 필기시험 후에 최종적으로 심사하는 방법이다.

최근 주요 기업의 인사담당자들을 대상으로 채용 시 면접이 차지하는 비중을 설문조사했을 때, 50∼80% 이상이라고 답한 사람이 전체 응답자의 80%를 넘었다. 이와 대조적으로 지원자들을 대상으로 취업 시험에서 면접을 준비하는 기간을 물었을 때, 대부분의 응답자가 2∼3일 정도라고 대답했다.

지원자가 일정 수준의 스펙을 갖추기 위해 자격증 시험과 토익을 치르고 이력서와 자기소개서까지 쓰다 보면 면접까지 챙길 여유가 없는 것이 사실이다. 그리고 서류전형과 인적성검사를 통과해야만 면접을 볼 수 있기 때문에 자연스럽게 면접은 취업시험 과정에서 그 비중이 작아질 수밖에 없다. 하지만 아이러니하게도 실제 채용 과정에서 면접이 차지하는 비중은 절대적이라고 해도 과언이 아니다.

기업들은 채용 과정에서 토론 면접, 인성 면접, 프레젠테이션 면접, 역량 면접 등의 다양한 면접을 실시한다. 1차 커트라인이라고 할 수 있는 서류전형을 통과한 지원자들의 스펙이나 능력은 서로 엇비슷하다고 판단되기 때문에 서류상 보이는 자격증이나 토익 성적보다는 지원자의 인성을 파악하기 위해 면접을 더욱 강화하는 것이다. 일부 기업은 의도적으로 압박 면접을 실시하기도 한다. 지원자가 당황할 수 있는 질문을 던져서 그것에 대한 지원자의 반응을 살펴보는 것이다.

면접은 다르게 생각한다면 '나는 누구인가'에 대한 물음에 해답을 줄 수 있는 가장 현실적이고 미래적인 경험이 될 수 있다. 취업난 속에서 자격증을 취득하고 토익 성적을 올리기 위해 앞만 보고 달려온 지원자들은 자신에 대해서 고민하고 탐구할 수 있는 시간을 평소 쉽게 가질 수 없었을 것이다. 자신을 잘 알고 있어야 자신에 대해서 자신감 있게 말할 수 있다. 대체로 사람들은 자신에게 관대한 편이기 때문에 스스로에 대해서 어떤 기대와 환상을 가지고 있는 경우가 많다. 하지만 면접은 제삼자에 의해 개인의 능력을 객관적으로 평가받는 시험이다. 어떤 지원자들은 다른 사람에게 자신을 표현하는 것을 어려워한다. 평소에 잘 사용하지 않는 용어를 내뱉으면서 거창하게 자신을 포장하는 지원자도 많다. 면접에서 가장 기본은 자기 자신을 면접관에게 알기 쉽게 표현하는 것이다.

이러한 표현을 바탕으로 자신이 앞으로 하고자 하는 것과 그에 대한 이유를 설명해야 한다. 최근에는 자신감을 향상시키거나 말하는 능력을 높이는 학원도 많기 때문에 얼마든지 자신의 단점을 극복할 수 있다.

1. 자기소개의 기술

자기소개를 시키는 이유는 면접자가 지원자의 자기소개서를 압축해서 듣고, 지원자의 첫인상을 평가할 시간을 가질 수 있기 때문이다. 면접을 위한 워밍업이라고 할 수 있으며, 첫인상을 결정하는 과정이므로 매우 중요한 순간이다.

(1) 정해진 시간에 자기소개를 마쳐야 한다.

쉬워 보이지만 의외로 지원자들이 정해진 시간을 넘기거나 혹은 빨리 끝내서 면접관에게 지적을 받는 경우가 많다. 본인이 면접을 받는 마지막 지원자가 아닌 이상, 정해진 시간을 지키지 않는 것은 수많은 지원자를 상대하기에 바쁜 면접관과 대기 시간에 지친 다른 지원자들에게 불쾌감을 줄 수 있다.

또한 회사에서 시간관념은 절대적인 것이므로 반드시 자기소개 시간을 지켜야 한다. 말하기는 1분에 200자 원고지 2장 분량의 글을 읽는 만큼의 속도가 가장 적당하다. 이를 A4 용지에 10point 글자 크기로 작성하면 반 장 분량이 된다.

(2) 간단하지만 신선한 문구로 자기소개를 시작하자.

요즈음 많은 지원자가 이 방법을 사용하고 있기 때문에 웬만한 소재의 문구가 아니면 면접관의 관심을 받을 수 없다. 이러한 문구는 시대적으로 유행하는 광고 카피를 패러디하는 경우와 격언 등을 인용하는 경우, 그리고 지원한 회사의 IC나 경영이념, 인재상 등을 사용하는 경우 등이 있다. 지원자는 이러한 여러 문구 중에 자신의 첫인상을 북돋아 줄 수 있는 것을 선택해서 말해야 한다. 자신의 이름을 문구 속에 적절하게 넣어서 말한다면 좀 더 효과적인 자기소개가 될 것이다.

(3) 무엇을 먼저 말할 것인지 고민하자.

면접관이 많이 던지는 질문 중 하나가 지원동기이다. 그래서 성장기를 바로 건너뛰고, 지원한 회사에 들어오기 위해 대학에서 어떻게 준비했는지를 설명하는 자기소개가 대세이다.

(4) 면접관의 호기심을 자극해 관심을 불러일으킬 수 있게 말하라.

면접관에게 질문을 많이 받는 지원자의 합격률이 반드시 높은 것은 아니지만, 질문을 전혀 안 받는 것보다는 좋은 평가를 기대할 수 있다. 지원한 분야와 관련된 수상 경력이나 프로젝트 등을 말하는 것도 좋다. 이는 지원자의 업무 능력과 직접 연결되는 것이므로 효과적인 자기 홍보가 될 수 있다. 일부 지원자들은 자신만의 특별한 경험을 이야기하는데, 이때는 그 경험이 보편적으로 사람들의 공감대를 얻을 수 있는 것인지 다시 생각해봐야 한다.

(5) 마지막 고개를 넘기가 가장 힘들다.

첫 단추도 중요하지만, 마지막 단추도 중요하다. 하지만 왠지 격식을 따지는 인사말은 지나가는 인사말 같고, 다르게 하자니 예의에 어긋나는 것 같은 기분이 든다. 이때는 처음에 했던 자신만의 문구를 다시 한 번 말하는 것도 좋은 방법이다. 자연스러운 끝맺음이 될 수 있도록 적절한 연습이 필요하다.

2. 1분 자기소개 시 주의사항

(1) 자기소개서와 자기소개가 똑같다면 감점일까?

아무리 자기소개서를 외워서 말한다 해도 자기소개가 자기소개서와 완전히 똑같을 수는 없다. 자기소개서의 분량이 더 많고 회사마다 요구하는 필수 항목들이 있기 때문에 굳이 고민할 필요는 없다. 오히려 자기소개서의 내용을 잘 정리한 자기소개가 더 좋은 결과를 만들 수 있다. 하지만 자기소개서와 상반된 내용을 말하는 것은 적절하지 않다. 지원자의 신뢰성이 떨어진다는 것은 곧 불합격을 의미하기 때문이다.

(2) 말하는 자세를 바르게 익혀라.

지원자가 자기소개를 하는 동안 면접관은 지원자의 동작 하나하나를 관찰한다. 그렇기 때문에 바른 자세가 중요하다는 것은 우리가 익히 알고 있다. 하지만 문제는 무의식적으로 나오는 습관 때문에 자세가 흐트러져 나쁜 인상을 줄 수 있다는 것이다. 이러한 습관을 고칠 수 있는 가장 좋은 방법은 캠코더 등으로 자신의 모습을 담는 것이다. 거울을 사용할 경우에는 시선이 자꾸 자기 눈과 마주치기 때문에 집중하기 힘들다. 하지만 촬영된 동영상은 제삼자의 입장에서 자신을 볼 수 있기 때문에 많은 도움이 된다.

(3) 정확한 발음과 억양으로 자신 있게 말하라.

지원자의 모양새가 아무리 뛰어나도, 목소리가 작고 발음이 부정확하면 큰 감점을 받는다. 이러한 모습은 지원자의 좋은 점까지 악영향을 끼칠 수 있다. 직장을 흔히 사회생활의 시작이라고 말하는 시대적 정서에서 사람들과 의사소통을 하는 데 문제가 있다고 판단되는 지원자는 부적절한 인재로 평가될 수밖에 없다.

3. 대화법

전문가들이 말하는 대화법의 핵심은 '상대방을 배려하면서 이야기하라.'는 것이다. 대화는 나와 다른 사람의 소통이다. 내용에 대한 공감이나 이해가 없다면 대화는 더 진전되지 않는다.

베스트셀러 『카네기 인간관계론』의 작가인 철학자 카네기가 말하는 최상의 대화법은 자신의 경험을 토대로 이야기하는 것이다. 즉, 살아오면서 직접 겪은 경험이 상대방의 관심을 끌 수 있는 가장 좋은 이야깃거리인 것이다. 특히, 어떤 일을 이루기 위해 노력하는 과정에서 겪은 실패나 희망에 대해 진솔하게 얘기한다면 상대방은 어느새 당신의 편에 서서 그 이야기에 동조할 것이다.

독일의 사업가이자 동기부여 트레이너인 위르겐 힐러의 연설법 중 가장 유명한 것은 '시즐(Sizzle)'을 잡는 것이다. 시즐이란, 새우튀김이나 돈가스가 기름에서 지글지글 튀겨질 때 나는 소리이다. 즉, 자신의 말을 듣고 시즐처럼 반응하는 상대방의 감정에 적절하게 대응하라는 것이다.

말을 시작한 지 10~15초 안에 상대방의 '시즐'을 알아차려야 한다. 자신의 이야기에 대한 상대방의 첫 반응에 따라 말하기 전략도 달라져야 한다. 첫 이야기의 반응이 미지근하다면 가능한 한 그 이야기를 빨리 마무리하고 새로운 이야깃거리를 생각해내야 한다. 길지 않은 면접 시간 내에 몇 번 오지 않는 대답의 기회를 살리기 위해서 보다 전략적이고 냉철해야 하는 것이다.

4. 차림새

(1) 구두

면접에 어떤 옷을 입어야 할지를 며칠 동안 고민하면서 정작 구두는 면접 보는 날 현관을 나서면서 즉흥적으로 신고 가는 지원자들이 많다. 구두를 보면 그 사람의 됨됨이를 알 수 있다고 한다. 면접관 역시 이러한 것을 놓치지 않기 때문에 지원자는 자신의 구두에 더욱 신경을 써야 한다. 스타일의 마무리는 발끝에서 이루어지는 것이다. 아무리 멋진 옷을 입고 있어도 구두가 어울리지 않는다면 전체 스타일이 흐트러지기 때문이다.

정장용 구두는 디자인이 깔끔하고, 에나멜 가공처리를 하여 광택이 도는 페이턴트 가죽 소재 제품이 무난하다. 검정 계열 구두는 회색과 감색 정장에, 브라운 계열의 구두는 베이지나 갈색 정장에 어울린다. 참고로 구두는 오전에 사는 것보다 발이 충분히 부은 상태인 저녁에 사는 것이 좋다. 마지막으로 당연한 일이지만 반드시 면접을 보는 전날 구두 뒤축이 닳지는 않았는지 확인하고 구두에 광을 내 둔다.

(2) 양말

양말은 정장과 구두의 색상을 비교해서 골라야 한다. 특히 검정이나 감색의 진한 색상의 바지에 흰 양말을 신는 것은 시대에 뒤처지는 일이다. 일반적으로 양말의 색깔은 바지의 색깔과 같아야 한다. 또한 양말의 길이도 신경 써야 한다. 바지를 입을 경우, 의자에 바르게 앉거나 다리를 꼬아서 앉을 때 다리털이 보여서는 안 된다. 반드시 긴 정장 양말을 신어야 한다.

(3) 정장

지원자는 평소에 정장을 입을 기회가 많지 않기 때문에 면접을 볼 때 본인 스스로도 옷을 어색하게 느끼는 경우가 많다. 옷을 불편하게 느끼기 때문에 자세마저 불안정한 지원자도 볼 수 있다. 그러므로 면접 전에 정장을 입고 생활해보는 것도 나쁘지는 않다.

일반적으로 면접을 볼 때는 상대방에게 신뢰감을 줄 수 있는 남색 계열의 옷이나 어떤 계절이든 무난하고 깔끔해보이는 회색 계열의 정장을 많이 입는다. 정장은 유행에 따라서 재킷의 디자인이나 버튼의 개수가 바뀌기 때문에 너무 오래된 옷을 입어서 다른 사람의 옷을 빌려 입고 나온 듯한 인상을 주어서는 안 된다.

(4) 헤어스타일과 메이크업

헤어스타일에 자신이 없다면 미용실에 다녀오는 것도 좋은 방법이다. 또한 자신에게 어울리는 메이크업을 하는 것도 괜찮다. 메이크업은 상대에 대한 예의를 갖추는 것이므로 지나치게 화려한 메이크업이 아니라면 보다 준비된 지원자처럼 보일 수 있다.

5. 첫인상

취업을 위해 성형수술을 받는 사람들에 대한 이야기는 더 이상 뉴스거리가 되지 않는다. 그만큼 많은 사람이 좁은 취업문을 뚫기 위해 이미지 향상에 신경을 쓰고 있다. 이는 면접관에게 좋은 첫인상을 주기 위한 것으로, 지원서에 올리는 증명사진을 이미지 프로그램을 통해 수정하는 이른바 '사이버 성형'이 유행하는 것과 같은 맥락이다. 실제로 외모가 채용 과정에서 영향을 끼치는가에 대한 설문조사에서도 60% 이상의 인사담당자들이 그렇다고 답변했다.

하지만 외모와 첫인상을 절대적인 관계로 이해하는 것은 잘못된 판단이다. 외모가 첫인상에서 많은 부분을 차지하지만, 외모 외에 다른 결점이 발견된다면 그로 인해 장점들이 가려질 수도 있다. 이러한 현상은 아래에서 다시 논하겠다.

첫인상은 말 그대로 한 번밖에 기회가 주어지지 않으며 몇 초 안에 결정된다. 첫인상을 결정짓는 요소 중 시각적인 요소가 80% 이상을 차지한다. 첫눈에 들어오는 생김새나 복장, 표정 등에 의해서 결정되는 것이다. 면접을 시작할 때 자기소개를 시키는 것도 지원자별로 첫인상을 평가하기 위해서이다. 첫인상이 중요한 이유는 만약 첫인상이 부정적으로 인지될 경우, 지원자의 다른 좋은 면까지 거부당하기 때문이다. 이러한 현상을 심리학에서는 초두효과(Primacy Effect)라고 한다.

그래서 한 번 형성된 첫인상은 여간해서 바꾸기 힘들다. 이는 첫인상이 나중에 들어오는 정보까지 영향을 주기 때문이다. 첫인상의 정보가 나중에 들어오는 정보 처리의 지침이 되는 것을 심리학에서는 맥락효과(Context Effect)라고 한다. 따라서 평소에 첫인상을 좋게 만들기 위한 노력을 꾸준히 해야만 하는 것이다. 좋은 첫인상이 반드시 외모에만 집중되는 것은 아니다. 오히려 깔끔한 옷차림과 부드러운 표정 그리고 말과 행동 등에 의해 전반적인 이미지가 만들어진다. 누구나 이러한 것 중에 한두 가지 단점을 가지고 있다. 요즈음은 이미지 컨설팅을 통해서 자신의 단점들을 보완하는 지원자도 있다. 특히, 표정이 밝지 않은 지원자는 평소 웃는 연습을 의식적으로 하여 면접을 받는 동안 계속해서 여유 있는 표정을 짓는 것이 중요하다. 성공한 사람들은 인상이 좋다는 것을 명심하자.

02 면접의 유형 및 실전 대책

1. 면접의 유형

과거 천편일률적인 일대일 면접과 달리 면접에는 다양한 유형이 도입되어 현재는 "면접은 이렇게 보는 것이다."라고 말할 수 있는 정해진 유형이 없어졌다. 그러나 대기업 면접에서는 현재까지는 집단 면접과 다대일 면접이 진행되고 있으므로 어느 정도 유형을 파악하여 사전에 대비가 가능하다. 면접의 기본인 단독 면접부터, 다대일 면접, 집단 면접의 유형과 그 대책에 대해 알아보자.

(1) 단독 면접

단독 면접이란 응시자와 면접관이 1대1로 마주하는 형식을 말한다. 면접위원 한 사람과 응시자 한 사람이 마주 앉아 자유로운 화제를 가지고 질의응답을 되풀이하는 방식이다. 이 방식은 면접의 가장 기본적인 방법으로 소요시간은 10~20분 정도가 일반적이다.

① 장점

필기시험 등으로 판단할 수 없는 성품이나 능력을 알아내는 데 가장 적합하다고 평가받아 온 면접방식으로 응시자 한 사람 한 사람에 대해 여러 면에서 비교적 폭넓게 파악할 수 있다. 응시자의 입장에서는 한 사람의 면접관만을 대하는 것이므로 상대방에게 집중할 수 있으며, 긴장감도 다른 면접방식에 비해서는 적은 편이다.

② 단점

면접관의 주관이 강하게 작용해 객관성을 저해할 소지가 있으며, 면접 평가표를 활용한다 하더라도 일면적인 평가에 그칠 가능성을 배제할 수 없다. 또한 시간이 많이 소요되는 것도 단점이다.

> **단독 면접 준비 Point**
>
> 단독 면접에 대비하기 위해서는 평소 1대1로 논리 정연하게 대화를 나눌 수 있는 능력을 기르는 것이 중요하다. 그리고 면접장에서는 면접관을 선배나 선생님 혹은 아버지를 대하는 기분으로 면접에 임하는 것이 부담도 훨씬 적고 실력을 발휘할 수 있는 방법이 될 것이다.

(2) 다대일 면접

다대일 면접은 일반적으로 가장 많이 사용되는 면접방법으로 보통 2~5명의 면접관이 1명의 응시자에게 질문하는 형태의 면접방법이다. 면접관이 여러 명이므로 다각도에서 질문을 하여 응시자에 대한 정보를 많이 알아낼 수 있다는 점 때문에 선호하는 면접방법이다.

하지만 응시자의 입장에서는 질문도 면접관에 따라 각양각색이고 동료 응시자가 없으므로 숨 돌릴 틈도 없게 느껴진다. 또한 관찰하는 눈도 많아서 조그만 실수라도 지나치는 법이 없기 때문에 정신적 압박과 긴장감이 높은 면접방법이다. 따라서 응시자는 긴장을 풀고 한 시험관이 묻더라도 면접관 전원을 향해 대답한다는 기분으로 또박또박 대답하는 자세가 필요하다.

① 장점

면접관이 집중적인 질문과 다양한 관찰을 통해 응시자가 과연 조직에 필요한 인물인가를 완벽히 검증할 수 있다.

② 단점

면접시간이 보통 10~30분 정도로 좀 긴 편이고 응시자에게 지나친 긴장감을 조성하는 면접방법이다.

> **다대일 면접 준비 Point**
>
> 질문을 들을 때 시선은 면접위원을 향하고 다른 데로 돌리지 말아야 하며, 대답할 때에도 고개를 숙이거나 입속에서 우물거리는 소극적인 태도는 피하도록 한다. 면접위원과 대등하다는 마음가짐으로 편안한 태도를 유지하면 대답도 자연스러운 상태에서 좀 더 충실히 할 수 있고, 이에 따라 면접위원이 받는 인상도 달라진다.

(3) 집단 면접

집단 면접은 다수의 면접관이 여러 명의 응시자를 한꺼번에 평가하는 방식으로 짧은 시간에 능률적으로 면접을 진행할 수 있다. 각 응시자에 대한 질문내용, 질문횟수, 시간배분이 똑같지는 않으며, 모두에게 같은 질문이 주어지기도 하고, 각각 다른 질문을 받기도 한다.

또한 어떤 응시자가 한 대답에 대한 의견을 묻는 등 그때그때의 분위기나 면접관의 의향에 따라 변수가 많다. 집단 면접은 응시자의 입장에서는 개별 면접에 비해 긴장감은 다소 덜한 반면에 다른 응시자들과의 비교가 확실하게 나타나므로 응시자는 몸가짐이나 표현력·논리성 등이 결여되지 않도록 자신의 생각이나 의견을 솔직하게 발표하여 집단 속에 묻히거나 밀려나지 않도록 주의해야 한다.

① 장점

집단 면접의 장점은 면접관이 응시자 한 사람에 대한 관찰시간이 상대적으로 길고, 비교 평가가 가능하기 때문에 결과적으로 평가의 객관성과 신뢰성을 높일 수 있다는 점이며, 응시자는 동료들과 함께 면접을 받기 때문에 긴장감이 다소 덜하다는 것을 들 수 있다. 또한 동료가 답변하는 것을 들으며, 자신의 답변 방식이나 자세를 조정할 수 있다는 것도 큰 이점이다.

② 단점

응답하는 순서에 따라 응시자마다 유리하고 불리한 점이 있고, 면접위원의 입장에서는 각각의 개인적인 문제를 깊게 다루기가 곤란하다는 것이 단점이다.

> **집단 면접 준비 Point**
>
> 너무 자기 과시를 하지 않는 것이 좋다. 대답은 자신이 말하고 싶은 내용을 간단명료하게 말해야 한다. 내용이 없는 발언을 한다거나 대답을 질질 끄는 태도는 좋지 않다. 또 말하는 중에 내용이 주제에서 벗어나거나 자기중심적으로만 말하는 것도 피해야 한다. 집단 면접에 대비하기 위해서는 평소에 설득력을 지닌 자신의 논리력을 계발하는 데 힘써야 하며, 다른 사람 앞에서 자신의 의견을 조리 있게 개진할 수 있는 발표력을 갖추는 데에도 많은 노력을 기울여야 한다.
> - 실력에는 큰 차이가 없다는 것을 기억하라.
> - 동료 응시자들과 서로 협조하라.
> - 답변하지 않을 때의 자세가 중요하다.
> - 개성 표현은 좋지만 튀는 것은 위험하다.

(4) 집단 토론식 면접

집단 토론식 면접은 집단 면접과 형태는 유사하지만 질의응답이 아니라 응시자들끼리의 토론이 중심이 되는 면접방법으로 최근 들어 급증세를 보이고 있다. 이는 공통의 주제에 대해 다양한 견해들이 개진되고 결론을 도출하는 과정, 즉 토론을 통해 응시자의 다양한 면에 대한 평가가 가능하다는 집단 토론식 면접의 장점이 널리 확산된 데 따른 것으로 보인다. 사실 집단 토론식 면접을 활용하면 주제와 관련된 지식 정도와 이해력, 판단력, 설득력, 협동성은 물론 리더십, 조직 적응력, 적극성과 대인관계 능력 등을 쉽게 파악할 수 있다.

토론식 면접에서는 자신의 의견을 명확히 제시하면서도 상대방의 의견을 경청하는 토론의 기본자세가 필수적이며, 지나친 경쟁심이나 자기 과시욕은 접어두는 것이 좋다. 또한 집단 토론의 목적이 결론을 도출해 나가는 과정에 있다는 것을 감안하여 무리하게 자신의 주장을 관철시키기보다 오히려 토론의 질을 높이는 데 기여하는 것이 좋은 인상을 줄 수 있다는 점을 알아야 한다. 취업 희망자들은 토론식 면접이 급속도로 확산되는 추세임을 감안해 특히 철저한 준비를 해야 한다. 평소에 신문의 사설이나 매스컴 등의 토론 프로그램을 주의 깊게 보면서 논리 전개방식을 비롯한 토론 과정을 익히도록 하고, 친구들과 함께 간단한 주제를 놓고 토론을 진행해 볼 필요가 있다. 또한 사회·시사문제에 대해 자기 나름대로의 관점을 정립해두는 것도 꼭 필요하다.

(5) PT 면접

PT 면접, 즉 프레젠테이션 면접은 최근 들어 집단 토론 면접과 더불어 그 활용도가 점차 커지고 있다. PT 면접은 기업마다 특성이 다르고 인재상이 다른 만큼 인성 면접만으로는 알 수 없는 지원자의 문제해결 능력, 전문성, 창의성, 기본 실무능력, 논리성 등을 관찰하는 데 중점을 두는 면접으로, 지원자 간의 변별력이 높아 대부분의 기업에서 적용하고 있으며, 확산되는 추세이다.

면접 시간은 기업별로 차이가 있지만, 전문지식, 시사성 관련 주제를 제시한 다음, 보통 20~50분 정도 준비하여 5분가량 발표할 시간을 준다. 면접관과 지원자의 단순한 질의응답식이 아닌, 주제에 대해 일정 시간 동안 지원자의 발언과 발표하는 모습 등을 관찰하게 된다. 정확한 답이나 지식보다는 논리적 사고와 의사표현력이 더 중시되기 때문에 자신의 생각을 어떻게 설명하느냐가 매우 중요하다.

PT 면접에서 같은 주제라도 직무별로 평가요소가 달리 나타난다. 예를 들어, 영업직은 설득력과 의사소통 능력에 중점을 둘 수 있겠고, 관리직은 신뢰성과 창의성 등을 더 중요하게 평가한다.

PT 면접 준비 Point
- 면접관의 관심과 주의를 집중시키고, 발표 태도에 유의한다.
- 모의 면접이나 거울 면접을 통해 미리 점검한다.
- PT 내용은 세 가지 정도로 정리해서 말한다.
- PT 내용에는 자신의 생각이 담겨 있어야 한다.
- 중간에 자문자답 방식을 활용한다.
- 평소 지원하는 업계의 동향이나 직무에 대한 전문지식을 쌓아둔다.
- 부적절한 용어 사용이나 무리한 주장 등은 하지 않는다.

2. 면접의 실전 대책

(1) 면접 대비사항

① 지원 회사에 대한 사전지식을 충분히 준비한다.

필기시험에서 합격 또는 서류전형에서의 합격통지가 온 후 면접시험 날짜가 정해지는 것이 보통이다. 이때 수험자는 면접시험을 대비해 사전에 자기가 지원한 계열사 또는 부서에 대해 폭넓은 지식을 준비할 필요가 있다.

> **지원 회사에 대해 알아두어야 할 사항**
> - 회사의 연혁
> - 회장 또는 사장의 이름, 출신학교, 관심사
> - 회장 또는 사장이 요구하는 신입사원의 인재상
> - 회사의 사훈, 사시, 경영이념, 창업정신
> - 회사의 대표적 상품, 특색
> - 업종별 계열회사의 수
> - 해외지사의 수와 그 위치
> - 신 개발품에 대한 기획 여부
> - 자기가 생각하는 회사의 장단점
> - 회사의 잠재적 능력개발에 대한 제언

② 충분한 수면을 취한다.

충분한 수면으로 안정감을 유지하고 첫 출발의 상쾌한 마음가짐을 갖는다.

③ 얼굴을 생기 있게 한다.

첫인상은 면접에 있어서 가장 결정적인 당락요인이다. 면접관에게 좋은 인상을 줄 수 있도록 화장하는 것도 필요하다. 면접관들이 가장 좋아하는 인상은 얼굴에 생기가 있고 눈동자가 살아 있는 사람, 즉 기가 살아 있는 사람이다.

④ 아침에 인터넷 뉴스를 읽고 간다.

그날의 뉴스가 질문 대상에 오를 수가 있다. 특히 경제면, 정치면, 문화면 등을 유의해서 볼 필요가 있다.

> **출발 전 확인할 사항**
> 이력서, 자기소개서, 성적증명서, 졸업(예정)증명서, 지갑, 신분증(주민등록증), 손수건, 휴지, 볼펜, 메모지 등을 준비하자.

(2) 면접 시 옷차림

면접에서 옷차림은 간결하고 단정한 느낌을 주는 것이 가장 중요하다. 색상과 디자인 면에서 지나치게 화려한 색상이나, 노출이 심한 디자인은 자칫 면접관의 눈살을 찌푸리게 할 수 있다. 단정한 차림을 유지하면서 자신만의 독특한 멋을 연출하는 것, 지원하는 회사의 분위기를 파악했다는 센스를 보여주는 것 또한 코디네이션의 포인트이다.

> **복장 점검**
> - 구두는 잘 닦여 있는가?
> - 옷은 깨끗이 다려져 있으며 스커트 길이는 적당한가?
> - 손톱은 길지 않고 깨끗한가?
> - 머리는 흐트러짐 없이 단정한가?

(3) 면접요령

① 첫인상을 중요시한다.

상대에게 인상을 좋게 주지 않으면 어떠한 얘기를 해도 이쪽의 기분이 충분히 전달되지 않을 수 있다. 예를 들어, '저 친구는 표정이 없고 무엇을 생각하고 있는지 전혀 알 길이 없다.'처럼 생각되면 최악의 상태이다. 우선 청결한 복장, 바른 자세로 침착하게 들어가야 한다. 건강하고 신선한 이미지를 주어야 하기 때문이다.

② 좋은 표정을 짓는다.

얘기를 할 때의 표정은 중요한 사항의 하나다. 거울 앞에서 웃는 연습을 해본다. 웃는 얼굴은 상대를 편안하게 하고, 특히 면접 등 긴박한 분위기에서는 천금의 값이 있다 할 것이다. 그렇다고 하여 항상 웃고만 있어서는 안 된다. 자기의 할 얘기를 진정으로 전하고 싶을 때는 진지한 얼굴로 상대의 눈을 바라보며 얘기한다. 면접을 볼 때 눈을 감고 있으면 마이너스 이미지를 주게 된다.

③ 결론부터 이야기한다.

자기의 의사나 생각을 상대에게 정확하게 전달하기 위해서 먼저 무엇을 말하고자 하는가를 명확히 결정해 두어야 한다. 대답을 할 경우에는 결론을 먼저 이야기하고 나서 그에 따른 설명과 이유를 덧붙이면 논지(論旨)가 명확해지고 이야기가 깔끔하게 정리된다.

한 가지 사실을 이야기하거나 설명하는 데는 3분이면 충분하다. 복잡한 이야기라도 어느 정도의 길이로 요약해서 이야기하면 상대도 이해하기 쉽고 자기도 정리할 수 있다. 긴 이야기는 오히려 상대를 불쾌하게 할 수가 있다.

④ 질문의 요지를 파악한다.

면접 때의 이야기는 간결성만으로는 부족하다. 상대의 질문이나 이야기에 대해 적절하고 필요한 대답을 하지 않으면 대화는 끊어지고 자기의 생각도 제대로 표현하지 못하여 면접자로 하여금 수험생의 인품이나 사고방식 등을 명확히 파악할 수 없게 한다. 무엇을 묻고 있는지, 무슨 이야기를 하고 있는지 그 요점을 정확히 알아내야 한다.

면접에서 고득점을 받을 수 있는 성공요령

1. 자기 자신을 겸허하게 판단하라.
2. 지원한 회사에 대해 100% 이해하라.
3. 실전과 같은 연습으로 감각을 익히라.
4. 단답형 답변보다는 구체적으로 이야기를 풀어나가라.
5. 거짓말을 하지 말라.
6. 면접하는 동안 대화의 흐름을 유지하라.
7. 친밀감과 신뢰를 구축하라.
8. 상대방의 말을 성실하게 들으라.
9. 근로조건에 대한 이야기를 풀어나갈 준비를 하라.
10. 끝까지 긴장을 풀지 말라.

CHAPTER 02 S-OIL 실제 면접

01 S-OIL 면접 유형

S-OIL은 '회사 비전 실현에 동참할 진취적인 사람, 국제적 감각과 자질을 가진 사람, 자율과 팀워크를 중시하는 사람, 건전한 가치관과 윤리의식을 가진 사람'을 인재상으로 하고 있다. 회사가 원하는 인재를 발굴하기 위해 S-OIL은 면접을 통해 지원자의 인성 및 태도, 조직적합도, 자질 및 전공지식, 실무능력 등을 종합적으로 평가한다.

S-OIL 면접은 1차 면접과 2차 면접으로 진행된다. 1차 면접은 역량/인성 면접과 PT 면접을 보며, 2차 면접은 임원 면접이다.

1. 1차 면접

① 면접방식 : 다대일 면접
② 면접시간 : 역량/인성 면접의 경우 30분, PT 면접은 5~10분 정도이다.
③ 면접내용
역량/인성 면접의 경우 지원자가 회사 인재상과 역량에 부합하는지를 보고, PT 면접의 경우 발표력과 논리성을 본다. 주로 회사와 전공에 대한 내용을 물어보고, 자기소개서 위주의 질문을 한다. PT 면접은 시간이 짧은 만큼 어려운 주제가 아닌 간단한 전공 관련한 주제 3개 중 본인이 자유롭게 선택할 수 있다.

2. 2차 면접(임원 면접)

① 면접방식 : 다대다 면접
② 면접시간 : 20분
③ 면접내용
자기소개서를 바탕으로 한 질문이 주어지며 주로 인성을 본다. 이슈가 되었던 사회문제, S-OIL에 얼마나 관심이 있는가 정도를 본다.

02 면접 기출 엿보기

(1) 역량 / 인성 면접

- S-OIL의 인재상과 비전을 말해보고 본인과 부합한지 말해 보시오.
- S-OIL의 경쟁사는 어디라고 생각하는지 말해 보시오.
- S-OIL의 기존 사업에 대해 말해 보시오.
- S-OIL에 지원하게 된 동기를 말해 보시오.
- 자기소개를 해 보시오.
- 갈등을 해소시킨 경험이 있나요? 있다면 말해 보시오.
- 대학원에 가지 않은 이유가 있나요?
- 본인의 장점 및 단점을 3가지 말해 보시오.
- 학점이 좋지 않은데, 성실하지 않은 건가요?
- 살면서 가장 어려웠던 일과 그것을 극복했던 방법에 대해 말해 보시오.
- 본인이 S-OIL에 기여할 수 있는 점은 무엇이라고 생각하는가?
- 프로젝트를 하는 데 있어 중요한 건 무엇이라고 생각하는가?
- 인생에서 가장 중요하다고 생각하는 것과 그 이유에 대해서 말해 보시오.
- S-OIL에 대해 아는 것이 있다면 말해 보시오.
- 인생에서 가장 큰 성취감을 느낀 적이 있는가? 있다면 말해 보시오.
- 본인의 전공이 지원한 직무에 적합한가?
- 베어링에 대해서 설명하시오.
- 저항, 전압, 전류의 관계를 설명하시오.
- 다이오드 시퀀스에 대해서 설명하시오.
- 휴대전화 배터리 직렬 / 병렬로 연결했을 때의 차이점은 무엇인가?
- 위험물 4류에 대해서 설명하시오.
- 학교생활 중 다른 사람들과 마찰을 겪었던 경험을 말해 보시오.
- 상압증류와 감압증류의 차이에 대해 설명해 보시오.
- 따로 준비해 온 것이 있다면 해 보시오.
- 마지막으로 할 말이 있다면 말해 보시오.
- 조직에서 사람들 간 마찰이 생길 때 어떻게 해결하는가?
- 평행기어에 대해 설명해 보시오.
- 모멘트가 무엇인지 설명해 보시오.
- 석유 제조과정과 원유 유통과정을 설명해 보시오.
- 탄성과 소성에 대해 설명해 보시오.
- 디젤과 가솔린의 차이에 대해 알고 있는가?
- 범용 기계에 대해 설명해 보시오.
- 성공과 실패의 기준에 대해 말해 보시오.
- 거주지와 근무지가 꽤 먼데 왜 지원하였는가?
- 지원한 직무에서 필요한 능력은 무엇이라 생각하는가?

(2) PT 면접

- 석유제품의 국내 / 해외시장의 상황에 따라 판매의 비중을 조절하는 방법에 대해 발표하시오.
- 해당 제품의 판매전략에 대해 발표하시오.
- 정유4사의 추세는 무엇인가?
- 변압기의 원리와 결선방식에 대해 설명해 보시오.
- PID제어에 대해 설명해 보시오.
- 아레니우스 식을 설명해 보시오.
- 증류탑에서 환류비가 증가했을 때 효과에 대해 말해 보시오.

(3) 임원 면접

- 자기소개를 해 보시오.
- 지원동기를 말해 보시오.
- S-OIL하면 떠오르는 이미지는?
- 10년 후, 20년 후 S-OIL에서의 자신의 모습은?
- 타 전공인데 지원 분야에 어떻게 적용할 수 있겠는가?
- 자신의 인생에서 가장 큰 영향을 준 사람과 그 이유를 말해 보시오.
- 상사가 부당한 지시를 내린다면 어떻게 대응할 것인가?
- 취미가 무엇인가?
- 10년 뒤 S-OIL은 무엇을 하고 있겠는가?
- S-OIL에 반드시 입사해야 하는 이유를 말해 보시오.
- 영업 혹은 마케팅이 무엇이라고 생각하는가?
- 전공에 관련된 기업이 아닌 우리 기업에 지원한 이유는 무엇인가?
- 내가 기대하였던 직무와 다른 직무를 맡게 된다면 어떻게 할 것인가?
- 우리 기업 외에도 지원한 다른 기업은 어디인가?
- 우리 기업으로 이직하려는 이유는 무엇인가?

앞선 정보 제공! 도서 업데이트

언제, 왜 업데이트될까?

도서의 학습 효율을 높이기 위해 자료를 추가로 제공할 때!
공기업·대기업 필기시험에 변동사항 발생 시 정보 공유를 위해!
공기업·대기업 채용 및 시험 관련 중요 이슈가 생겼을 때!

01 시대에듀 도서 www.sdedu.co.kr/book 홈페이지 접속

02 상단 카테고리 「도서업데이트」 클릭

03 해당 기업명으로 검색

참고자료, 시험 개정사항 등 정보 제공으로 학습효율을 높여 드립니다.

시대에듀
대기업 인적성검사 시리즈

신뢰와 책임의 마음으로 수험생 여러분에게 다가갑니다.

대기업 인적성 "기본서" 시리즈

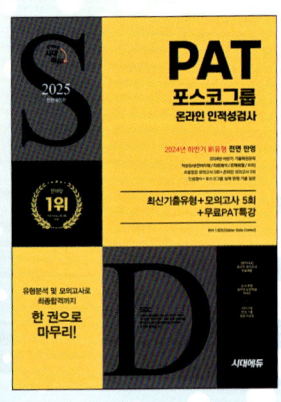

대기업 취업 기초부터 합격까지! 취업의 문을 여는
Master Key!

※ 도서의 이미지 및 구성은 변동될 수 있습니다.

S-OIL
에쓰오일
온라인 인적성검사

통합기본서

편저 | SDC(Sidae Data Center)

정답 및 해설

유형분석 및 모의고사로
최종합격까지
**한 권으로
마무리!**

SDC
SDC는 시대에듀 데이터 센터의 약자로
약 30만 개의 NCS·적성 문제 데이터를
바탕으로 최신 출제경향을 반영하여
문제를 출제합니다.

시대에듀

PART 1
2개년 기출복원문제

CHAPTER 01 2025년 상반기 기출복원문제

CHAPTER 02 2024년 기출복원문제

끝까지 책임진다! 시대에듀!

QR코드를 통해 도서 출간 이후 발견된 오류나 개정법령, 변경된 시험 정보, 최신기출문제, 도서 업데이트 자료 등이 있는지 확인해 보세요! **시대에듀 합격 스마트 앱**을 통해서도 알려 드리고 있으니 구글 플레이나 앱 스토어에서 다운받아 사용하세요. 또한, 파본 도서인 경우에는 구입하신 곳에서 교환해 드립니다.

CHAPTER 01 2025년 상반기 기출복원문제

01 언어력

01	02	03	04	05
④	④	④	⑤	④

01 　　정답 ④

빈칸 앞의 내용은 예술 작품에 담겨있는 작가의 의도를 강조하며, 독자가 예술 작품을 해석하고 이해하는 활동은 예술적 가치, 즉 작가의 의도가 담긴 작품에서 파생된 이차적인 활동일 뿐이라고 이야기하고 있다. 따라서 독자의 작품 해석에 있어 작가의 의도와 작품을 왜곡하지 않아야 한다는 내용의 ④가 빈칸에 들어갈 내용으로 가장 적절하다.

오답분석
① · ② 두 번째 문단에 따르면 예술은 독자의 해석으로 완성되는 것이 아니며, 작품을 해석해 줄 독자가 없어도 예술은 그 자체로 가치가 있다.
③ 작품에 포함된 작가의 권위를 인정해야 한다는 것일 뿐, 작가의 권위와 작품 해석의 다양성은 서로 관련이 없다.
⑤ 작품 해석에 있어 작품 제작 당시의 시대적 · 문화적 배경을 고려해야 한다는 내용은 없다.

02 　　정답 ④

제시문의 두 번째 문단에서 전기자동차 산업이 확충되고 있다고 하면서 구리가 전기자동차의 배터리를 만드는 핵심 재료임을 언급하고 있기 때문에 ④가 중심 내용으로 가장 적절하다.

오답분석
① · ⑤ 제시문에서 언급하고 있는 내용이 아니므로, 중심 내용으로 보기는 어렵다.
② 제시문에서 '그린 열풍'을 언급하고 있으나 그 이유는 제시되어 있지 않다.
③ 제시문에서 산업 금속 공급난이 우려된다고 했으나, 그로 인한 문제가 제시되어 있지는 않다.

03 　　정답 ④

제시문은 우리 몸의 면역 시스템에서 중요한 역할을 하는 킬러 T세포가 있음을 알려주고, 이것의 역할과 작용 과정을 차례로 설명하며 마지막으로 킬러 T세포의 의의에 대해 이야기하는 글이다. 따라서 (라) 우리 몸의 면역 시스템에 중요한 역할을 하는 킬러 T세포 – (가) 킬러 T세포의 역할 – (마) 킬러 T세포가 작용하기 위해 거치는 단계 – (다) 킬러 T세포의 작용 과정 – (나) 킬러 T세포의 의의로 연결되어야 한다.

04 　　정답 ⑤

제시문은 '돌림힘'에 대해 설명하고 있다. (라) 우리에게 친숙한 지레를 예로 들어 지레의 원리에 돌림힘의 개념이 숨어 있다고 흥미 유발 – (가) 돌림힘의 정의에 대해 설명 – (다) 돌림힘과 돌림힘이 합이 된 알짜 돌림힘의 정의에 대해 설명 – (나) 알짜 돌림힘이 일을 할 경우에 대해 설명 순으로 나열하는 것이 적절하다.

05 　　정답 ④

모듈러 로봇은 외부 자극에 대한 반응이 제대로 작동되지 않는 부분을 다른 모듈로 교체하거나 제거하는 작업을 스스로 진행하여 치유할 수 있는 것이 특징이다. 따라서 ④는 적절하지 않다.

06

정답 ⑤

제시문에 따르면 일반적으로 다의어의 중심 의미는 주변 의미보다 사용 빈도가 높다. 다만, '사회생활에서의 관계나 인연'의 의미와 '길이로 죽 벌이거나 늘여 있는 것'의 의미는 모두 '줄'의 주변 의미에 해당하므로 이 둘의 사용 빈도는 서로 비교하기 어렵다.

오답분석

① 문법적 제약이나 의미의 추상성·관련성 등은 제시문에서 설명하는 다의어의 특징이므로 이를 통해 동음이의어와 다의어를 구분할 수 있음을 추론할 수 있다.
② '손'이 '노동력'의 의미로 쓰일 때는 '부족하다, 남다' 등의 용언과 쓰이므로 '넣다'와 함께 사용될 수 없다.
③ 다의어의 문법적 제약은 주변 의미로 사용될 때 나타나며, 중심 의미로 사용된다면 '물을 먹이다.' 또는 '물이 먹히다.'와 같이 사용될 수 있다.
④ 첫 번째 문단에서 일반적으로 중심 의미는 주변 의미보다 언어의 습득 시기가 빠르다고 했으므로 아이들은 '앞'의 중심 의미인 '향하고 있는 쪽이나 곳'의 의미를 주변 의미인 '장차 올 시간'보다 먼저 배울 것이다.

02 수리력

01	02	03	04	05	06
②	④	①	⑤	②	③

01

정답 ②

통신회사의 기본요금을 x원이라 하면
$x+60a+30\times2a=21,600 \rightarrow x+120a=21,600 \cdots \bigcirc$
$x+20a=13,600 \cdots \bigcirc$
㉠-㉡을 하면
$100a=8,000$
$\therefore a=80$

02

정답 ④

아시아·태평양의 연도별 인터넷 이용자 수의 증가량은 다음과 같다.
- 2018년 : 872-726=146백만 명
- 2019년 : 988-872=116백만 명
- 2020년 : 1,124-988=136백만 명
- 2021년 : 1,229-1,124=105백만 명
- 2022년 : 1,366-1,229=137백만 명
- 2023년 : 1,506-1,366=140백만 명
- 2024년 : 1,724-1,506=218백만 명

따라서 전년 대비 아시아·태평양의 인터넷 이용자 수의 증가량이 가장 큰 해는 2024년이다.

오답분석

① 2017년 중동의 인터넷 이용자 수는 66백만 명이고, 2024년 중동의 인터넷 이용자 수는 161백만 명이다. 따라서 2024년 중동의 인터넷 이용자 수는 2017년에 비해 161-66=95백만 명이 늘었다.
② 2023년에 비해 2024년의 인터넷 사용자 수가 감소한 대륙은 아메리카 한 곳뿐이다.
③ 2020년 아프리카의 인터넷 이용자 수는 120백만 명이고, 2024년 아프리카의 인터넷 이용자 수는 240백만 명이다. 따라서 2024년의 아프리카의 인터넷 이용자 수는 2020년에 비해 $\frac{240}{120}=2$배 증가했다.
⑤ 대륙별 인터넷 사용자 수의 순위는 1위 아시아·태평양, 2위 아메리카, 3위 유럽으로 2017~2024년 동일하다.

03

정답 ①

영화의 매출액은 매년 전체 매출액의 30% 초과임을 알 수 있다.

오답분석

② 2018~2019년 전년 대비 매출액의 증감 추이는 게임의 경우 '감소-증가'이고, 음원은 '증가-증가'이다.
③ 2022년과 2024년 음원 매출액은 SNS 매출액의 2배 미만이다.
④ 2019년에 SNS의 매출액은 전년에 비해 감소하였다.
⑤ 2022년 전년 대비 매출액 증가율이 가장 큰 콘텐츠 유형은 SNS이다.

04

정답 ⑤

A, B기차의 길이를 각각 a, bm라고 가정하고 터널을 지나는 시간에 대한 방정식을 세우면 다음과 같다.

- A기차 : $\dfrac{600+a}{36}=25 \rightarrow 600+a=900 \rightarrow a=300$

- B기차 : $\dfrac{600+b}{36}=20 \rightarrow 600+b=720 \rightarrow b=120$

따라서 A기차의 길이는 300m이며, B기차의 길이는 120m이다.

05

정답 ②

일의 양을 1이라고 하면 A, B가 하루에 할 수 있는 일의 양은 각각 $\dfrac{1}{4}$, $\dfrac{1}{6}$이다.

B가 혼자 일한 기간을 x일이라고 하면 다음 식이 성립한다.

$\dfrac{1}{4}\times 2+\dfrac{1}{6}\times x=1$

$\therefore\ x=3$

따라서 B는 3일 동안 일을 해야 한다.

06

정답 ③

농도가 4%인 소금물의 양을 xg이라고 하자.

이때 농도가 10%인 소금물의 양은 $(600-x)$g이므로, 다음 식이 성립한다.

$\dfrac{4}{100}x+\dfrac{10}{100}(600-x)=\dfrac{8}{100}\times 600$

양변에 100을 곱하면 다음과 같다.

$4x+10(600-x)=4,800$

$6x=1,200$

$x=200$

따라서 처음 컵에 들어있던 농도 4%의 소금물의 양은 200g이다.

03 추리력

01	02	03	04												
②	⑤	③	②												

01

정답 ②

규칙은 가로로 적용된다.
첫 번째 도형에서 두 번째 도형을 뺀 것이 세 번째 도형이다.

02

정답 ⑤

규칙은 가로로 적용된다.
첫 번째 도형을 수직으로 반 잘랐을 때의 왼쪽 도형이 두 번째 도형이고, 두 번째 도형을 수평으로 반 잘랐을 때의 아래쪽 도형이 세 번째 도형이다.

03

정답 ③

도형이 오른쪽의 도형으로 변할 때 도형들은 각각의 규칙을 가지고 이동하는데 ⬟은 시계 반대 방향으로 세 칸 이동, ■은 제자리에서 45° 회전, ▷은 시계 방향으로 두 칸 이동을 하며, ○은 시계 방향으로 한 칸 이동한다.
또한 도형과 배경의 색이 같아질 경우 해당 도형을 색 반전하고, 두 도형이 겹칠 경우 꼭짓점의 개수가 적은 쪽이 두 도형 중 내부에 위치한다.
그러므로 주어진 마지막 도형을 기준으로 ?에 들어갈 도형에 ⬟은 시계 반대 방향으로 세 칸 이동 후 색 반전, ■은 제자리에서 45° 회전, ▷은 시계 방향으로 두 칸 이동하게 되고, ○은 시계 방향으로 한 칸 이동 후 색 반전을 하게 된다. 따라서 ③이 된다.

04

정답 ②

도형이 오른쪽의 도형으로 변할 때 도형들은 각각의 규칙을 가지고 이동하는데 ◇은 아래로 두 줄 이동, ○은 위로 한 줄 이동, ▲은 제자리에서 시계 방향으로 90° 회전, ★은 시계 반대 방향으로 90° 회전하며 다른 도형과 같은 줄에 위치하게 될 경우 색 반전한다.
그러므로 주어진 첫 번째 도형을 기준으로 ?에 들어갈 도형에 ◇과 ○은 세 번째 줄, ▲은 시계 방향으로 총 270°회전, ★은 색 반전이 한 번 발생하며 시계 반대 방향으로 총 270° 회전하게 된다. 따라서 ②가 된다.

CHAPTER 02 2024년 기출복원문제

01 언어력

01	02	03	04	05	06	07	08	09	10
③	②	④	②	②	⑤	⑤	②	③	②
11	12								
④	⑤								

01 정답 ③

실재론은 세계가 정신과 독립적으로 존재함을, 반실재론은 세계가 감각적으로 인식될 때만 존재함을 주장하므로 두 이론 모두 세계는 존재한다를 전제하고 있다.

오답분석

① 세계가 감각으로 인식될 때만 존재한다는 것은 반실재론자의 입장이다.
② 세 번째 문단에서 어떤 사람이 버클리의 주장을 반박하기 위해 돌을 발로 차서 날아간 돌이 존재한다는 사실을 증명하려고 하였으나, 반실재론을 제대로 반박한 것은 아니라고 하였다. 따라서 실재론자의 주장이 옳다는 사실을 증명하는 것은 아니다.
④ 버클리는 객관적 성질이라고 여겨지는 것들도 우리가 감각할 수 있을 때만 존재하는 주관적 속성이라고 하였다.
⑤ 마지막 문단에서 새로운 형태의 반실재론이 제기되어 활발한 논의가 진행 중이라고 하였을 뿐, 반실재론이 정론으로 받아들여지고 있다는 언급은 없다.

02 정답 ②

한국인들은 달항아리가 일그러졌다고 해서 깨뜨리거나 대들보가 구부러졌다고 해서 고쳐 쓰지는 않았으나, 곧은 대들보와 완벽한 모양의 달항아리를 좋아하지 않았다는 내용은 제시문에 나타나 있지 않다.

03 정답 ④

제시문의 첫 번째 문단에서 장애인 편의 시설에 대한 새로운 시각이 필요하다고 밝히고, 장애인 편의 시설이 우리 모두에게 유용함을 강조했다. 또한 마지막 문단에서 보편적 디자인의 시각으로 바라볼 때 장애인 편의 시설은 우리 모두에게 편리하고 안전한 시설로 인식될 것이라고 하였다. 따라서 글의 주제로 가장 적절한 것은 ④이다.

04 정답 ②

제시문은 신앙 미술에 나타난 동물의 상징적 의미와 사례, 변화와 그 원인 그리고 동물의 상징적 의미가 지닌 문화적 가치에 대하여 설명하고 있다. 따라서 (나) 신앙 미술에 나타난 동물의 상징적 의미와 그 사례 – (다) 동물의 상징적 의미의 변화 – (라) 동물의 상징적 의미가 변화하는 원인 – (가) 동물의 상징적 의미가 지닌 문화적 가치 순으로 나열하는 것이 적절하다.

05 정답 ②

문맥상 먼저 속담을 제시하고 그 속담에 얽힌 이야기가 순서대로 나와야 하므로 (라) 문단이 가장 먼저 와야 한다. 다음으로는 '앞집'과 '뒷집'의 다툼이 시작되는 (가) 문단이 나오고, 뒷집이 앞집에 닭 한 마리 값을 물어주게 된 상황을 설명하는 (다) 문단이 이어지며, 글을 전체적으로 요약하고 평가하는 (나) 문단이 마지막에 위치해야 한다. 따라서 (라) – (가) – (다) – (나) 순으로 나열하는 것이 적절하다.

06 정답 ⑤

맷 스폰하이머와 줄리아 리소프의 연구는 오스트랄로피테쿠스가 육식을 하였음을 증명하였으므로, 육식 여부로 오스트랄로피테쿠스와 사람을 구분하던 과거의 방법이 잘못되었음을 증명한 것이라 볼 수 있다.

오답분석
① 두 번째 문단 마지막 문장에서 오스트랄로피테쿠스의 식단에서 풀을 먹는 동물이 큰 부분을 차지했다는 결론을 내렸다고 했을 뿐, 풀을 전혀 먹지 않았는지는 알 수 없다.
② 첫 번째 문단에서 단일 식품을 섭취하는 것이 위험하다고 했을 뿐, 단일 식품을 섭취하는 동물이 없다고 보기는 어렵다.
③ 마지막 문단에서 동물 뼈에 이로 씹은 흔적 위에 도구로 자른 흔적이 겹쳐 있고, 이는 무기를 가진 인간의 흔적이라고 한 것으로 보아 무기로 사냥을 했음을 알 수 있다.
④ 제시문에 오스트랄로피테쿠스의 진화과정과 육식의 관계를 알 수 있을 만한 부분은 없다.

07 정답 ⑤

제시문에서 케인스는 절대소득가설을 통해 소비를 결정하는 요인들 중에 가장 중요한 것은 현재의 소득이라고 주장했으므로 ⑤는 적절하지 않은 내용이다.

08 정답 ②

다리뼈는 연골세포의 세포분열로 인해 뼈대의 성장이 일어난다.

오답분석
① 사춘기 이후 호르몬에 의한 뼈의 길이 성장은 일어나지 않는다.
③ 뼈끝판의 세포층 중 뼈대의 경계면에 있는 세포층이 아닌 뼈끝과 경계면이 있는 세포층에서만 세포분열이 일어난다.
④ 남성호르몬인 안드로겐은 사춘기 여자에게서도 분비된다.
⑤ 뇌에서 분비하는 성장호르몬은 뼈에 직접적으로 도움을 준다.

09 정답 ③

제시문은 행위별수가제에 대한 것으로 환자, 의사, 건강보험 재정 등 많은 곳에서 한계점이 있다고 설명하면서 건강보험 고갈을 막기 위해 다양한 지불방식을 도입하는 등 구조적인 개편이 필요함을 설명하고 있다. 따라서 제시문의 주제로 '행위별수가제의 한계점'이 가장 적절하다.

10 정답 ②

수직 계열화에서 사용자 중심으로 산업 패러다임이 변화되고 있음을 제시하는 (나) 문단이 가장 먼저 오는 것이 적절하며, 그다음으로 가스경보기를 예로 들어 수평적 연결에 대해 설명하는 (다) 문단이 적절하다. 뒤를 이어 이러한 수평적 연결이 사물인터넷 서비스로 새롭게 성장한다는 (가) 문단이, 마지막으로는 다양해지는 사물인터넷 서비스에 대해 설명하는 (라) 문단 순으로 나열하는 것이 가장 적절하다.

11 정답 ④

제시문은 대중문화가 대중을 사회 문제로부터 도피하게 하거나 사회 질서에 순응하게 하는 역기능을 수행하여 혁명을 불가능하게 만든다는 내용이다. 따라서 이 주장에 대한 반박은 대중문화가 순기능을 한다는 태도여야 한다. 하지만 ④는 현대 대중문화의 질적 수준에 대한 평가에 대한 내용이므로 연관성이 없으므로, 반박하는 내용으로 적절하지 않다.

12 정답 ⑤

초기의 독서는 낭독이 보편적이었고, 12세기 무렵 책자형 책이 두루마리 책을 대체하면서 묵독이 가능하게 되었다. 따라서 책자형 책의 출현으로 낭독의 확산이 아닌 묵독의 확산이 가능해졌다고 할 수 있다.

오답분석
①·②·③ 세 번째 문단에서 확인할 수 있다.
④ 제시문 전체에서 확인할 수 있다.

02 수리력

01	02	03	04	05	06	07	08	09	10	11	12								
③	②	③	②	⑤	③	⑤	④	③	③	③	④								

01
정답 ③

A씨의 식단을 끼니별로 나누어 칼로리를 계산하면 다음과 같다.
이때, 주어진 칼로리 정보를 고려하여 무게에 비례하여 칼로리를 계산하여야 하는 것에 주의한다.

구분	식단
아침	우유식빵 280kcal, 사과잼 110kcal, 블루베리 30kcal
점심	현미밥 360kcal, 갈비찜 597kcal, 된장찌개 88kcal, 버섯구이 30kcal, 시금치나물 5kcal
저녁	현미밥 180kcal, 미역국 176kcal, 고등어구이 285kcal, 깍두기 50kcal, 연근조림 48kcal

따라서 하루에 섭취하는 총열량은 280+110+30+360+597+88+30+5+180+176+285+50+48=2,239kcal이다.

02
정답 ②

견과류 첨가 제품은 단백질 함량이 1.8g, 2.7g, 2.5g이고, 당 함량을 낮춘 제품은 단백질 함량이 1.4g, 1.6g이므로 옳은 설명이다.

오답분석
① 당류가 가장 많은 시리얼은 초코볼 시리얼(12.9g)로, 이것은 초코맛 제품에 속한다.
③ 일반 제품의 열량은 체중조절용 제품의 열량보다 더 낮은 수치를 보이고 있다.
④ 일반 제품 중 단백질이 가장 많은 콘프레이크의 함량은 3.0g으로, 체중조절용 제품 중 단백질이 가장 적은 바디랩 또는 슬림플러스 함량이 6.4g은 이것의 약 2배이다. 따라서 3배 이상 많다는 설명은 옳지 않다.
⑤ 탄수화물 함량이 가장 낮은 시리얼은 프레이크이며, 당류 함량이 가장 낮은 시리얼은 콘프레이크이다.

03
정답 ③

2015년 대비 2023년 장르별 공연 건수의 증가율은 다음과 같다.

- 양악 : $\frac{460-250}{250} \times 100 = 84\%$
- 국악 : $\frac{238-68}{68} \times 100 = 250\%$
- 무용 : $\frac{138-60}{60} \times 100 = 130\%$
- 연극 : $\frac{180-60}{60} \times 100 = 200\%$

따라서 2015년 대비 2023년 공연 건수의 증가율이 가장 높은 장르는 국악이다.

오답분석
① 2019년과 2022년에는 연극 공연 건수가 국악 공연 건수보다 많았다.
② 2021년의 무용 공연 건수가 제시되어 있지 않으므로 연극 공연 건수가 무용 공연 건수보다 많아진 것이 2022년부터인지 판단할 수 없으므로 옳지 않은 설명이다.
④ 2022년에 비해 2023년에 공연 건수가 가장 많이 증가한 장르는 국악이다.
⑤ 2018년까지는 양악 공연 건수가 국악, 무용, 연극 공연 건수의 합보다 많았지만, 2019년 이후에는 양악 공연 건수가 국악, 무용, 연극 공연 건수의 합보다 적었다. 또한, 2021년에는 무용 공연 건수 자료가 집계되지 않아 양악의 공연 건수가 다른 공연 건수의 합보다 많은지 적은지 판단할 수 없으므로 옳지 않은 설명이다.

04

정답 ②

2023년 3/4분기에도 감소하였다.

[오답분석]

① 조회 서비스 이용 실적은 817 → 849 → 886 → 1,081 → 1,100으로 매 분기 계속 증가하였다.
③ 2023년 2/4분기 조회 서비스 이용 실적은 849천 건이고, 전 분기의 이용 실적은 817천 건이므로 849−817=32, 즉 3만 2천 건 증가하였다.
④ 2024년 1/4분기의 조회 서비스 이용 실적은 자금 이체 서비스 이용 실적의 $\frac{1,100}{25}$=44배로 40배 이상이다.
⑤ 모바일 뱅킹 서비스 이용 실적의 전 분기 대비 증가율이 가장 높은 분기는 21.8%인 2023년 4/4분기이다.

05

정답 ⑤

미국의 총점은 4.2+1.9+5.0+4.3=15.4점으로 프랑스의 총점 5.0+2.8+3.4+3.7=14.9점보다 높다.

[오답분석]

① 기술력 분야에서는 프랑스가 제일 높다.
② 시장지배력 분야의 점수는 일본이 1.7점으로 3.4점인 프랑스보다 낮다.
③ 브랜드파워 분야에서 각국 점수 중 최댓값과 최솟값의 차이는 4.3−1.1=3.2점이다.
④ 성장성 분야에서 점수가 가장 높은 국가는 한국이고, 시장지배력 분야에서 점수가 가장 높은 국가는 미국이다.

06

정답 ③

세 자리 수가 홀수가 되려면 끝자리 숫자가 홀수여야 한다.
홀수는 1, 3, 5, 7, 9로 5개이고, 백의 자리와 십의 자리 숫자의 경우의 수를 고려한다.
백의 자리에 올 수 있는 숫자는 0을 제외한 8가지, 십의 자리는 0을 포함한 8가지 숫자가 올 수 있다.
따라서 홀수인 세 자리 숫자는 모두 8×8×5=320가지가 가능하다.

07

정답 ⑤

세 번 안에 승패가 가려질 확률은 1−(세 번 모두 승패가 가려지지 않을 확률)이다.

• 한 번의 가위바위보에서 3명이 낼 수 있는 경우의 수
  : 3×3×3=27가지
• 승패가 나오지 않는 경우의 수
  − 모두 같은 것을 내는 경우 : 3가지
  − 모두 다른 것을 내는 경우 : 6가지
• 한 번의 시행에서 승패가 가려지지 않을 확률 : $\frac{9}{27}=\frac{1}{3}$

따라서 세 번 안에 승자와 패자가 가려질 확률은 $1-\left(\frac{1}{3}\right)^3=\frac{26}{27}$이다.

08

정답 ④

평지의 거리를 x km라고 하고, 평지에서 언덕 꼭대기까지의 거리를 y km라고 하면 다음 식이 성립한다.

$\dfrac{x}{4} + \dfrac{y}{3} + \dfrac{y}{6} + \dfrac{x}{4} = 6$

→ $\dfrac{x}{2} + \dfrac{y}{2} = 6$

∴ $x + y = 12$

따라서 철수가 걸은 거리는 평지와 언덕 꼭대기를 왕복한 거리이므로 $12 \times 2 = 24$ km이다.

09

정답 ③

수도 A, B가 1분 동안 채울 수 있는 물의 양은 각각 $\dfrac{1}{15}$ L, $\dfrac{1}{20}$ L이다.

수도 A, B를 동시에 틀어 놓을 경우 1분 동안 채울 수 있는 물의 양은 $\dfrac{1}{15} + \dfrac{1}{20} = \dfrac{7}{60}$ L이므로, 30분 동안 $\dfrac{7}{60} \times 30 = 3.5$ L의 물을 받을 수 있다.

따라서 수도 A, B를 동시에 사용해 30분 동안 물을 받는다면 물통 3개를 채울 수 있다.

10

정답 ③

ⅰ) 피겨 경기 대진표의 경우의 수 : $_4C_2 \times _2C_2 \times \dfrac{1}{2!} = 3$가지

ⅱ) 쇼트트랙 경기 대진표의 경우의 수 : $_8C_2 \times _6C_2 \times _4C_2 \times _2C_2 \times \dfrac{1}{4!} = 105$가지

따라서 두 경기 대진표로 가능한 경우의 수는 총 $3 + 105 = 108$가지이다.

11

정답 ③

주사위의 눈의 합이 7이 나오는 경우의 수는 (1, 6), (2, 5), (3, 4), (4, 3), (5, 2), (6, 1)로 6가지이다.

ⅰ) 주사위의 눈의 합이 7이 나올 확률 : $\dfrac{6}{36} = \dfrac{1}{6}$

ⅱ) 동전이 둘 다 앞면이 나올 확률 : $\dfrac{1}{2} \times \dfrac{1}{2} = \dfrac{1}{4}$

∴ $\dfrac{1}{6} \times \dfrac{1}{4} = \dfrac{1}{24}$

따라서 주사위의 눈의 합이 7이 나오면서 동전이 둘 다 앞면이 나올 확률은 $\dfrac{1}{24}$이다.

12

정답 ④

같은 양의 물건을 k라고 하면 갑, 을, 병 한 사람이 하루에 사용하는 양은 각각 $\dfrac{k}{30}$, $\dfrac{k}{60}$, $\dfrac{k}{40}$이며, 세 사람이 함께 하루 동안 사용하는 양은 $\dfrac{k}{30} + \dfrac{k}{60} + \dfrac{k}{40} = \dfrac{9k}{120} = \dfrac{3k}{40}$이다.

세 사람에게 나누어 줄 물건의 양을 합하면 $3k$이며, $3k$의 물건을 세 사람이 하루에 사용하는 양으로 나누면 $3k \div \dfrac{3k}{40} = 40$이다.

따라서 세 사람이 함께 모두 사용하는 데 걸리는 기간은 40일이다.

03 추리력

01	02	03	04	05	06	07	08
④	③	②	①	②	①	⑤	③

01   정답 ④

규칙은 가로 방향으로 적용된다.
첫 번째 도형과 두 번째 도형의 색칠된 부분을 합친 도형이 세 번째 도형이다.

02   정답 ③

규칙은 가로로 적용된다.
첫 번째 도형을 반으로 나눴을 때 왼쪽이 두 번째 도형이고, 오른쪽을 y축으로 대칭하며 시계 방향으로 90° 회전한 것이 세 번째 도형이다.

03   정답 ②

가장 큰 도형은 상하대칭을 하고, 외부 도형은 시계 방향으로 90° 회전하면서 가장 큰 도형의 변을 기준으로 상하로 이동한다. 내부 도형은 가장 큰 도형의 꼭짓점을 기준으로 시계 반대 방향으로 이동하는 규칙이다.

04   정답 ①

정사각형 4개의 칸을 기준으로 바깥쪽에 있는 직각삼각형은 정사각형의 변을 따라 시계 방향으로 90° 회전하며 시계 방향으로 한 칸씩 이동한다. 오각형은 정사각형 4개의 칸 안에서 180° 회전하며 시계 반대 방향으로 한 칸씩 이동한다. 회색 칸은 시계 방향으로 한 칸씩 이동하며, 이때 오각형이 회색 칸에 있으면 색 반전한다.

05   정답 ②

㉠ : 모든 도형을 시계 방향으로 90° 회전 후, 오른쪽으로 1칸씩 이동
㉡ : 모든 도형을 오른쪽으로 1칸씩 이동 후, 위쪽으로 1칸씩 이동

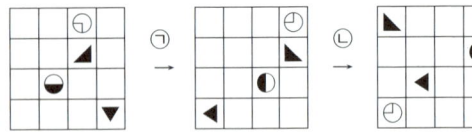

06   정답 ①

㉠ : 모든 도형을 시계 방향으로 90° 회전 후, 위쪽으로 1칸씩 이동
㉡ : 모든 도형을 좌우 대칭한 후, 오른쪽으로 2칸씩 이동

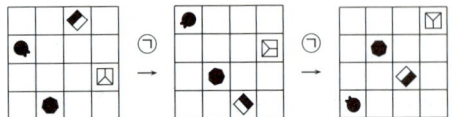

07

정답 ⑤

세 개의 사각형으로 구성된 도형 옆에 있는 세 개의 숫자는 규칙을 의미한다.
가장 큰 사각형을 A, 중간 사각형을 B, 작은 사각형을 C라고 할 때, 맨 위에 있는 숫자는 A, B, C에 적용하는 규칙이고, 중간에 있는 숫자는 B, C에 적용하는 규칙이며, 마지막에 있는 숫자는 C에만 적용하는 규칙이다.
이때, 규칙은 상단 번호에서 하단 번호까지의 순서대로 도형에 적용된다.
• 1 : 원점 대칭
• 2 : 내부 도형 시계 반대 방향으로 90° 회전
• 3 : 내부 도형 색 반전

08

정답 ③

PART 2
대표기출유형

- **CHAPTER 01** 언어력
- **CHAPTER 02** 수리력
- **CHAPTER 03** 추리력

CHAPTER 01 언어력

대표기출유형 01 기출응용문제

01 정답 ④

어빙 피셔의 교환방정식 'MV=PT'에서 V는 화폐유통속도를 나타낸다. 따라서 사이먼 뉴컴의 교환방정식인 'MV=PQ'에서 사용하는 V(Velocity), 즉 화폐유통속도와 동일하며 대체하여 사용되지 않는다.

오답분석
① 사이먼 뉴컴의 교환방정식 'MV=PQ'에서 Q(Quantity)는 상품 및 서비스의 수량이다.
② 어빙 피셔의 화폐수량설은 최근 총거래 수 T(Trade)를 총생산량 Y로 대체하여 사용하고 있다.
③ 교환방정식 'MV=PT'는 화폐수량설의 기본 모형인 거래모형이며, 'MV=PY'는 소득모형으로 사용된다.
⑤ 어빙 피셔는 사이먼 뉴컴의 교환방정식을 인플레이션율과 화폐공급의 증가율 간 관계를 나타내는 이론인 화폐수량설로 재탄생시켰다.

02 정답 ④

아이들이 따뜻한 구들에 누워 자는 것이 습관이 되어 사지의 활동량이 적어 발육이 늦어진 것이지, 체온을 높였기 때문에 발육이 늦어진 것은 아니다.

03 정답 ⑤

청구범위를 넓게 설정할 경우 선행기술들과 저촉되어 특허가 거절될 가능성이 높아지므로 특허 등록의 가능성이 줄어들게 되지만, 청구범위를 좁게 설정할 경우에는 특허등록 가능성이 높아지게 된다.

오답분석
① 특허출원은 주로 경쟁자로부터 자신의 제품을 지키기 위해 이루어지나, 기술적 우위를 표시하기 위해 이루어지기도 한다.
② 변리사를 통해 특허출원 명세서를 기재할 수 있다.
③ 특허출원서에는 출원인이나 발명자 정보 등을 기재한다. 발명의 명칭, 발명의 효과, 청구범위 등은 특허명세서에 작성한다.
④ 청구범위가 좁을 경우 보호 범위가 좁아져 제3자가 특허 범위를 회피할 가능성이 높아지게 된다.

대표기출유형 02 기출응용문제

01
정답 ③

제시문은 인권 보호와 사생활 침해에 대한 글이다. 따라서 (다) 인권에 관한 화제 도입 및 인권 보호의 범위 – (나) 사생활 침해와 인권 보호 – (가) 사생활 침해와 인권 보호에 대한 예시 – (라) 결론의 순으로 나열하는 것이 적절하다.

02
정답 ②

제시문은 상품의 자립적인 삶과 이와 관련된 인간의 소외에 대해 서술하는 글이다. 따라서 (가) 상품 생산자와 상품의 관계를 제시 – (다) '자립적인 삶'의 부연 설명 – (라) 시장 법칙의 지배 아래에서 사람과 사람 간의 관계 – (나) 인간의 소외 순으로 나열하는 것이 적절하다.

03
정답 ②

제시문은 조각보와 클레, 몬드리안의 비교에 대한 글이다. 따라서 (나) 조각보의 정의, 클레와 몬드리안의 비교가 잘못된 이유 – (가) 조각보의 독특한 예술성과 차별화된 가치를 설명 – (다) 조각보가 아름답게 느껴지는 이유 순으로 나열하는 것이 적절하다.

04
정답 ④

제시문은 교정 중 칫솔질의 중요성과 주의사항에 대한 글이다. 따라서 (나) 교정 중 칫솔질에 대한 중요성 – (가) 교정 장치 세척의 중요성과 그 방법 – (라) 장치 때문에 잘 닦이지 않는 부위를 닦는 방법 – (다) 칫솔질을 할 때 빠트려서는 안 될 부분 순으로 나열하는 것이 적절하다.

대표기출유형 03 기출응용문제

01   정답 ②

제시문은 사회보장제도가 무엇인지 정의하고 있으므로 제목으로 사회보장제도의 의의가 가장 적절하다.

오답분석

① 두 번째 문단에서만 사회보험과 민간보험의 차이점을 언급하고 있다.
③ 우리나라만의 사회보장에 대한 설명은 아니다.
④ 대상자를 언급하고는 있지만 제시문의 전체적인 제목으로는 적절하지 않다.
⑤ 소득보장에 대해서는 언급하고 있지 않다.

02   정답 ⑤

제시문에서는 현대 사회의 소비 패턴이 '보이지 않는 손' 아래의 합리적 소비에서 벗어나 과시 소비가 중심이 되었으며, 그 이면에는 소비를 통해 자신의 물질적 부를 표현함으로써 신분을 과시하려는 욕구가 있다고 설명하고 있다.

03   정답 ③

제시문은 인류의 발전과 미래에 인류에게 닥칠 문제를 해결하기 위해 우주 개발이 필요하다는 우주 개발의 정당성에 대해 논의하고 있다.

04   정답 ②

제시문은 유전자 치료를 위해 프로브와 겔 전기영동법을 통해 비정상적인 유전자를 찾아내는 방법을 설명하고 있다.

대표기출유형 04 기출응용문제

01 정답 ④

두 번째 문단에 따르면 전문 화가들의 그림보다 문인 사대부들의 그림을 더 높이 사는 풍조는 동양 특유의 문화 현상에서만 나타나는 것이므로 서양 문화에서는 아마추어격인 문인 사대부들의 그림보다 전문 화가들의 그림을 더 높게 평가하였을 것이다.

오답분석
① 문인 사대부들은 정교한 기법이나 기교에 바탕을 둔 장식적인 채색풍을 멀리하였고, 동기창(董其昌)은 정통적인 화공보다 이러한 문인 사대부들의 그림을 더 높이 평가하였으므로 옳지 않다.
② 두 개의 회화적 전통이 성립된 곳은 오로지 극동 문화권뿐이라고 하였으므로 옳지 않다.
③ 문방사우를 이용해 그린 문인화(文人畵)는 화공들이 아닌 문인 사대부들이 주로 그렸다.
⑤ 동양 문화를 대표하는 지·필·묵은 동양 문화 내에서 사유 매체로서의 기능을 담당한 것이므로 옳지 않다.

02 정답 ②

제시문에 따르면 가해자의 징벌을 위해 부과되는 것은 벌금이다.

오답분석
① 불법 행위를 감행하기 쉬운 상황일수록 이를 억제하는 데에는 금전적 제재 수단이 효과적이다.
③ 벌금은 형사적 제재이고 과징금은 행정적 제재이다. 두 제재는 서로 목적이 다르므로 한 가지 행위에 대해 동시 적용이 가능하다.
④ 우리나라에서는 기업의 불법 행위에 대해 손해 배상 소송이 제기되거나 벌금이 부과되는 경우는 드물며, 과징금 등 행정적 제재 수단이 억제 기능을 수행하는 경우가 많다.
⑤ 행정적 제재인 과징금은 국가에 귀속되므로 피해자에게 직접적인 도움이 되지는 못한다.

03 정답 ⑤

제시문에 따르면 수정주의는 미국의 경제적 동기에 의해 냉전이 발생했다고 보며, 탈수정주의 역시 경제와 더불어 안보 문제를 고려해서 파악해야 한다고 주장한다.

오답분석
①·② 탈수정주의는 책임이 양쪽 모두에게 있다고 보는 입장이다.
③ 전통주의는 소련의 팽창 정책을 냉전의 원인으로 본다.
④ 수정주의는 소련이 적극적인 팽창 정책을 펼칠 능력이 없었다고 주장한다.

04 정답 ⑤

제시문에 따르면 아재 개그를 잘하기 위해서는 타고난 언어 감각이 좋아야 한다고 말하고 있다.

오답분석
① 아재 개그는 청자가 결국 다른 곳에 가서 그것을 전달한다는 점에서 어느 정도의 파급력을 가진 것으로 볼 수 있다.
② 아재 개그는 여러 번 생각하면 웃긴 경우도 많다고 하였다.
③ 너무 많이 아재 개그를 하면 사람들의 반응이 차가울 수 있다고 하였다.
④ 제시문에서 예시로 든 '친구가 군대에서 전역했어요.'는 발음의 유사성을 활용한 아재 개그이며, 동음이의어는 오래 전부터 개그의 소재가 되었다고 하였다.

대표기출유형 05 기출응용문제

01
정답 ③

차로 유지 기능을 작동했을 때 운전자가 직접 운전을 해야 했던 '레벨 2'와 달리 '레벨 3'은 운전자가 직접 운전하지 않아도 긴급 상황에 대응할 수 있는 자동 차로 유지 기능이 탑재되어 있다. 이러한 '레벨 3' 안전기준이 도입된다면, 지정된 영역 내에서 운전자가 직접 운전하지 않고도 주행이 가능해질 것이다. 따라서 빈칸에 들어갈 내용으로 운전자가 운전대에서 손을 떼고도 자율주행이 가능해진다는 ③이 가장 적절하다.

오답분석
① 레벨 3 부분자율주행차는 운전자 탑승이 확인된 후에만 작동할 수 있다.
②·④ 제시문에서는 레벨 3 부분자율주행차의 자동 차로 유지 기능에 관해 이야기하고 있으며, 자동 속도 조절이나 차량 간 거리 유지 기능에 관해서는 제시문을 통해 알 수 없다.
⑤ 레벨 2에 대한 설명이다. 레벨 3 부분자율주행차의 자동 차로 유지 기능은 운전자가 직접 운전하지 않아도 차선을 유지하고, 긴급 상황에 대응할 수 있다.

02
정답 ④

탄소배출권거래제는 의무감축량을 초과 달성했을 경우 초과분을 거래할 수 있는 제도이다. 따라서 온실가스의 초과 달성분을 구입 혹은 매매할 수 있음을 추측할 수 있으며, 빈칸 이후 문단에서도 탄소배출권을 일종의 현금화가 가능한 자산으로 언급함으로써 이러한 추측을 돕고 있다. 그러므로 빈칸에 들어갈 내용으로 ④가 가장 적절하다.

오답분석
① 청정개발체제에 대한 설명이다.
② 제시문에는 탄소배출권거래제가 가장 핵심적인 유연성체제라고는 언급되어 있지 않다.
③ 제시문에서 탄소배출권거래제가 6대 온실가스 중 특히 이산화탄소를 줄이는 것을 중요시한다는 내용은 확인할 수 없다.
⑤ 탄소배출권거래제가 탄소배출권이 사용되는 배경이라고는 볼 수 있으나, 다른 감축의무국가를 도움으로써 탄소배출권을 얻을 수 있다는 내용은 제시문에서 확인할 수 없다.

03
정답 ②

미세먼지의 경우 최소 $10\mu m$ 이하의 먼지로 정의되고 있지만, 황사의 경우 주로 지름 $20\mu m$ 이하의 모래로 구분하되 통념적으로는 입자 크기로 구분하지 않는다. 따라서 $10\mu m$ 이하의 황사의 경우 크기만으로 미세먼지와 구분 짓기는 어렵다.

오답분석
①·⑤ 제시문을 통해서 알 수 없는 내용이다.
③ 미세먼지의 역할에 대한 설명을 찾을 수 없다.
④ 제시문에서 설명하는 황사와 미세먼지의 근본적인 구별법은 구성성분의 차이이다.

04
정답 ①

빈칸 앞 내용은 왼손보다 오른손을 선호하는 이유에 대한 가설을 제시하고, 이러한 가설이 근본적인 설명을 하지 못한다고 말한다. 그러면서 빈칸 뒷부분에서 글쓴이는 왼손이 아닌 '오른손만을 선호'하는 이유에 대한 자신의 생각을 드러내고 있다. 즉 앞의 가설대로 단순한 기능 분담이라면 먹는 일에 왼손을 사용하는 사회도 존재해야 하는데, 그렇지 않기 때문에 반박하고 있음을 추론해볼 수 있으므로 빈칸에는 사람들이 오른손만 선호하고 왼손을 선호하지 않는다는 주장이 나타나야 한다. 따라서 빈칸에 들어갈 내용으로는 ①이 가장 적절하다.

CHAPTER 02 수리력

대표기출유형 01   기출응용문제

01
정답 ④

- 만나는 시간
  (거리)=(속력)×(시간)이므로 두 사람이 이동한 시간을 x시간이라고 하자.
  두 사람이 이동한 거리의 합은 16km이므로 다음 식이 성립한다.
  $16=3x+5x$
  $\therefore x=2$
  따라서 두 사람은 출발한 지 2시간 만에 만나게 된다.
- 거리의 차이
  - 갑이 이동한 거리 : $3 \times 2 = 6$km
  - 을이 이동한 거리 : $5 \times 2 = 10$km
  따라서 두 사람이 이동한 거리의 차이는 $10-6=4$km이다.

02
정답 ②

나래가 자전거를 탈 때의 속력을 $x$km/h, 진혁이가 걷는 속력을 $y$km/h라고 하자.
$1.5(x-y)=6 \cdots \textcircled{\scriptsize ㉠}$
$x+y=6 \cdots \textcircled{\scriptsize ㉡}$
㉠과 ㉡을 연립하면
$\therefore x=5, y=1$
따라서 나래의 속력은 5km/h이다.

03
정답 ④

5곳의 배송지에 배달을 할 때, 첫 배송지와 마지막 배송지 사이에는 4번의 이동이 있다.
총 80분(=1시간 20분)이 걸렸으므로 1번 이동 시에 평균적으로 20분이 걸린다.
따라서 12곳에 배달을 하려면 11번의 이동을 해야 하므로 $20 \times 11 = 220$분=3시간 40분이 걸릴 것이다.

대표기출유형 02 기출응용문제

01

정답 ②

농도가 30%인 설탕물의 양을 xg이라 하면, 증발시킨 후 설탕의 양은 같으므로 다음 식이 성립한다.

$\dfrac{30}{100}x = \dfrac{35}{100} \times (x-50)$

$\therefore x = 350$

즉, 35% 설탕물의 양은 300g이다.

여기에 더 넣을 설탕의 양을 yg이라 하면, 다음 식이 성립한다.

$300 \times \dfrac{35}{100} + y = (300+y) \times \dfrac{40}{100}$

→ $10,500 + 100y = 12,000 + 40y$

$\therefore y = 25$

따라서 농도 40%의 설탕물을 만들기 위해 25g의 설탕을 더 넣어야 한다.

02

정답 ②

용질이 녹아있는 용액의 농도는 다음과 같이 구한다.

(농도)$= \dfrac{(\text{용질의 양})}{(\text{용액의 양})} \times 100$

농도는 25%이고, 코코아 분말이 녹아있는 코코아 용액은 700mL이므로, 코코아 분말의 양은 $700 \times 0.25 = 175$mL이다.
따라서 코코아에는 코코아 분말 175g이 들어있다.

03

정답 ④

증발하기 전 농도가 15%인 소금물의 양을 xg이라고 하자.
이 소금물의 소금의 양은 $0.15x$g이고, 5% 증발했으므로 증발한 후의 소금물의 양은 $0.95x$g이다. 또한, 농도가 30%인 소금물의 소금의 양은 $200 \times 0.3 = 60$g이다.

$\dfrac{0.15x + 60}{0.95x + 200} = 0.2$

→ $0.15x + 60 = 0.2(0.95x + 200)$

→ $0.15x + 60 = 0.19x + 40$

→ $0.04x = 20$

$\therefore x = 500$

따라서 증발 전 농도가 15%인 소금물의 양은 500g이다.

대표기출유형 03 　기출응용문제

01
정답 ①

1시간 동안 만들 수 있는 보고 자료는 민사원과 안사원 각각 $\frac{30}{2}$, $\frac{50}{3}$ 이다.

둘이 함께 만드는 데 걸리는 시간을 x시간이라고 하면 다음 식이 성립한다.

$\frac{30}{2} \times 0.9 + \frac{50}{3} \times 0.9 \times x = 120$

→ $\frac{171}{6} x = 120$

∴ $x = \frac{80}{19}$

따라서 자료 120장을 만드는 데 걸리는 최소 시간은 $\frac{80}{19}$시간이다.

02
정답 ②

한 팀이 15분 작업 후 도구 교체에 걸리는 시간이 5분이므로 작업을 새로 시작하는 데 걸리는 시간은 20분이다.
다른 한 팀은 30분 작업 후 바로 다른 작업을 시작하므로 작업을 새로 시작하는 데 걸리는 시간은 30분이다.
따라서 두 팀은 60분마다 작업을 동시에 시작하므로 오후 1시에 작업을 시작해서 세 번째로 동시에 작업을 시작하는 시각은 3시간 후인 오후 4시이다.

03
정답 ②

A트럭의 적재량을 a톤이라 하자.
하루에 두 번, 즉 $2a$톤씩 12일 동안 192톤을 옮기므로 A는 $2a \times 12 = 192$가 성립한다.

그러므로 A트럭의 적재량은 $a = \frac{192}{24} = 8$톤이다.

A트럭과 B트럭이 동시에 운행했을 때는 8일이 걸렸으므로 A트럭이 옮긴 양은 $8 \times 2 \times 8 = 128$톤이며, B트럭은 8일 동안 $192 - 128 = 64$톤을 옮기므로 B트럭의 적재량은 $\frac{64}{2 \times 8} = 4$톤이다.

B트럭과 C트럭을 같이 운행했을 때 16일 걸렸다면 B트럭이 16일 동안 옮긴 양은 $16 \times 2 \times 4 = 128$톤이며, C트럭은 64톤을 같은 기간 동안 옮겼다.

따라서 C트럭의 적재량은 $\frac{64}{2 \times 16} = 2$톤이다.

대표기출유형 04 기출응용문제

01
정답 ④

1월과 6월의 전기요금을 각각 $5k$, $2k$라고 하자(단, $k>0$).
1월 전기요금에서 6만 원을 빼면 비율이 3 : 2이므로 다음 식이 성립한다.
$(5k-60,000):2k=3:2$
→ $10k-120,000=6k$
→ $4k=120,000$
∴ $k=30,000$
따라서 1월의 전기요금은 $5k=5\times30,000=150,000$이므로, 15만 원이다.

02
정답 ④

주문한 피자, 치킨, 햄버거 개수를 각각 x, y, z개라고 하자(x, y, $z\geq1$).
$x+y+z=10 \cdots \text{㉠}$
또한 주문한 치킨 개수의 2배만큼 피자를 주문했으므로 다음 식이 성립한다.
$x=2y \cdots \text{㉡}$
㉠과 ㉡을 연립하면 $3y+z=10$이고, 이를 만족하는 경우는 $(y, z)=(1, 7)$, $(2, 4)$, $(3, 1)$이므로 $x=2$, 4, 6이다.
따라서 x, y, z 각각의 총금액은 다음과 같다.

피자	치킨	햄버거	총금액
2개	1개	7개	$10,000\times2+7,000\times1+5,000\times7=62,000$원
4개	2개	4개	$10,000\times4+7,000\times2+5,000\times4=74,000$원
6개	3개	1개	$10,000\times6+7,000\times3+5,000\times1=86,000$원

따라서 가장 큰 주문 금액과 적은 금액의 차이는 $86,000-62,000=24,000$원이다.

03
정답 ④

작년 교통비를 x원, 숙박비를 y원이라 하자.
$1.15x+1.24y=1.2(x+y) \cdots \text{㉠}$
$x+y=36 \cdots \text{㉡}$
㉠과 ㉡을 연립하면 $x=16$, $y=20$이다.
따라서 올해 숙박비는 $20\times1.24=24.8$이므로, 248,000원이다.

대표기출유형 05   기출응용문제

01
정답 ②

2명씩 짝을 지어 한 그룹으로 보고 원탁에 앉는 방법을 구하기 위해서 원순열 공식 $(n-1)!$을 이용한다.
2명씩 세 그룹이므로 $(3-1)!=2\times1=2$가지이다. 또한 그룹 내에서 2명이 자리를 바꿔 앉을 수 있는 경우는 2가지씩이다.
따라서 6명이 원탁에 앉을 수 있는 방법은 $2\times2\times2\times2=16$가지이다.

02
정답 ⑤

중복조합(서로 다른 n개 중 r개를 선택하되 중복을 허용하고 순서를 고려하지 않는 조합, ${}_n H_r = {}_{(n+r-1)}C_r$)을 이용하여 구한다.
빨간색 공의 경우 남자아이 2명에게 1개씩 나누어 주고, 나머지 3개를 5명의 아이들에게 나누어 주는 경우의 수는 다음과 같다.
${}_5 H_3 = {}_{(5+3-1)}C_3 = {}_7C_3 = \dfrac{7\times6\times5}{3\times2} = 35$가지
노란색 공의 경우 여자아이 3명에게 1개 이상 같은 개수를 나눠 주는 방법은 하나로, 1개씩밖에 주지 못하기 때문에 공은 2개가 남는다. 남은 노란색 공은 남자아이에게만 나눠주므로 2명에게 2개의 공을 나눠주는 경우의 수는 다음과 같다.
${}_2 H_2 = {}_{(2+2-1)}C_2 = {}_3C_2 = 3$가지
따라서 유치원생들에게 공을 나눠줄 수 있는 경우의 수는 총 $35\times3=105$가지이다.

03
정답 ⑤

토너먼트 경기는 대진표에 따라 한 번 진 사람은 탈락하고, 이긴 사람이 올라가서 우승자를 정하는 방식이다.
16명이 경기를 하면 처음에는 8번의 경기가 이루어지고, 다음은 4번, 2번, 1번의 경기가 차례로 진행된다.
따라서 총 $8+4+2+1=15$번의 경기가 진행된다.

대표기출유형 06 기출응용문제

01
정답 ②

- 내일 비가 오고 모레 비가 안 올 확률 : $\frac{1}{5} \times \frac{2}{3} = \frac{2}{15}$
- 내일 비가 안 오고 모레 비가 안 올 확률 : $\frac{4}{5} \times \frac{7}{8} = \frac{7}{10}$

따라서 구하고자 하는 확률은 $\frac{2}{15} + \frac{7}{10} = \frac{5}{6}$ 이다.

02
정답 ④

- 두 사원이 1~9층에 내리는 경우의 수 : $9 \times 9 = 81$가지
- A가 1~9층에 내리는 경우의 수 : 9가지

B는 A가 내리지 않은 층에서 내려야 하므로 B가 내리는 경우의 수는 8가지이다.

따라서 두 사원이 서로 다른 층에 내릴 확률은 $\frac{9 \times 8}{81} = \frac{8}{9}$ 이다.

03
정답 ②

A과목과 B과목을 선택한 학생의 비율이 각각 전체의 40%, 60%이고, A과목을 선택한 학생 중 여학생은 30%, B과목을 선택한 학생 중 여학생은 40%이므로 다음과 같은 식이 성립한다.

- A과목을 선택한 여학생의 비율 : $0.4 \times 0.3 = 0.12$
- B과목을 선택한 여학생의 비율 : $0.6 \times 0.4 = 0.24$

따라서 구하고자 하는 확률은 $\frac{0.24}{0.12 + 0.24} = \frac{2}{3}$ 이다.

대표기출유형 07 기출응용문제

01
정답 ①

자료는 비율을 나타내기 때문에 실업자의 수는 알 수 없다.

오답분석
② 실업자 비율은 2%p 증가하였다.
③ 경제활동인구 비율은 80%에서 70%로 감소하였다.
④ 취업자 비율은 12%p 감소했지만, 실업자 비율은 2%p 증가하였기 때문에 취업자 비율의 증감폭이 더 크다.
⑤ 비경제활동인구의 비율은 20% → 30%로 10%p 증가하였다.

02
정답 ④

2017 ~ 2022년 평균 지진 발생 횟수는 $(42+52+56+93+49+44) \div 6 = 56$회이다. 2023년에 발생한 지진은 2017 ~ 2022년 평균 지진 발생 횟수에 비해 $492 \div 56 ≒ 8.8$배 증가했으므로 옳은 설명이다.

오답분석
① 2018년보다 2019년에 지진 횟수는 증가했지만 최고 규모는 감소했다.
② 2020년의 지진 발생 횟수는 93회이고 2019년의 지진 발생 횟수는 56회이다. 2020년에는 2019년보다 지진이 $93-56=37$회 더 발생했다.
③ 2021 ~ 2022년 동안 지진 횟수는 감소했다.
⑤ 2023년에 일어난 규모 5.8의 지진이 2017년 이후 우리나라에서 발생한 지진 중 가장 강력한 규모이다.

03
정답 ②

ㄱ. 응답자 2,000명 중 남성을 x명, 여성을 y명이라고 하면, 주유 할인을 선택한 응답자는 $2,000 \times 0.2 = 400$명이므로 $0.18x + 0.22y = 400$으로 나타낼 수 있다.
 $x+y=2,000 \cdots \bigcirc$
 $0.18x+0.22y=400 \cdots \bigcirc$
 ㉠과 ㉡을 연립하여 풀면 $x=1,000$, $y=1,000$으로 남성과 여성의 비율이 동일함을 알 수 있다.
ㄹ. 가장 많은 남성 응답자(24%)가 영화관 할인을 선택하였으며, 여성 역시 가장 많은 응답자(23%)가 영화관 할인을 선택하였다.

오답분석
ㄴ. 남성의 경우 응답자의 18%인 180명이 편의점 할인을 선택하였고, 여성의 경우 7%인 70명이 편의점 할인을 선택하였다. 따라서 편의점 할인 서비스는 여성보다 남성 응답자가 더 선호하는 것을 알 수 있다.
ㄷ. 남성 응답자 수는 1,000명이므로 온라인 쇼핑 할인을 선택한 남성은 $1,000 \times 0.1 = 100$명이다.

04
정답 ②

ㄱ. 습도가 70%일 때, 연간소비전력량이 가장 적은 제습기는 A(790kWh)이다.
ㄷ. 제습기 E의 연간소비전력량(660kWh)은 습도가 50%일 때 제습기 B의 연간소비전력량(640kWh)보다 많다.

오답분석
ㄴ. 습도 60%일 때의 연간소비전력량이 가장 많은 제습기는 D지만 습도 70%일 때에는 E이므로 순서는 동일하지 않다.
ㄹ. E의 경우 40%일 때 연간소비전력량의 1.5배는 $660 \times 1.5 = 990$kWh이고, 80%일 때는 970kWh이므로 1.5배 미만이다.

대표기출유형 08 기출응용문제

01
정답 ④

- A부품 불량품 개수 : 3,000×0.25=750개
- B부품 불량품 개수 : 4,100×0.15=615개

따라서 A, B부품의 한 달 동안 불량품 개수 차이는 750−615=135개이다.

02
정답 ②

매출평균이 22억 원이므로 3분기까지의 총매출은 22×9=198억 원이다.
전체 총매출이 246억 원이므로 4분기의 매출은 246−198=48억 원이다.
따라서 4분기의 평균은 $\frac{48}{3}$=16억 원이 된다.

03
정답 ③

가중평균은 원값에 해당되는 가중치를 곱한 총합을 가중치의 합으로 나눈 것을 말한다.
A의 가격을 a만 원이라고 가정하여 가중평균에 대한 방정식을 구하면 다음과 같다.

$\frac{(a \times 30)+(70 \times 20)+(60 \times 30)+(65 \times 20)}{30+20+30+20}=66$

→ $\frac{30a+4,500}{100}=66$

→ $30a=6,600-4,500$

→ $a=\frac{2,100}{30}$

∴ $a=70$

따라서 A의 가격은 70만 원이다.

04
정답 ④

정상가로 A~C과자를 2봉지씩 구매할 수 있는 금액은 (1,500+1,200+2,000)×2=4,700×2=9,400원이다.
이 금액으로 A~C과자를 할인된 가격으로 2봉지씩 구매하고 남은 금액은 9,400−{(1,500+1,200)×0.8+2,000×0.6}×2=9,400−3,360×2=9,400−6,720=2,680원이다.

따라서 남은 금액으로 A과자를 $\frac{2,680}{1,500 \times 0.8}$≒2.23, 즉 2봉지 더 구매할 수 있다.

05
정답 ①

6명 중 두 번째로 키가 큰 사람은 '연준'이며, 연준이의 몸무게는 4번째로 가볍다.

CHAPTER 03 추리력

대표기출유형 01 기출응용문제

01 정답 ①

규칙은 가로로 적용된다.
첫 번째 도형과 두 번째 도형을 합치면 세 번째 도형이 된다.

02 정답 ③

규칙은 가로로 적용된다.
첫 번째 도형과 두 번째 도형을 합친 후, 겹치는 부분까지 색칠한 것이 세 번째 도형이다.

03 정답 ④

규칙은 세로로 적용된다.
첫 번째 도형을 180° 회전시킨 도형이 두 번째 도형이고, 두 번째 도형을 색 반전시킨 도형이 세 번째 도형이다.

대표기출유형 02 기출응용문제

01 정답 ④

첫 번째 도형을 기준으로 3번째와 4번째 행 왼쪽 하단에 있는 두 개의 사각형은 대각선 방향으로 반복하여 대칭하고 있으며, 1번째 행 오른쪽에 색칠된 사각형은 시계 방향으로 90° 회전하고 있다.

02 정답 ④

원 안의 흰색 도형은 시계 반대 방향으로 90°씩 회전하면서 이동하고, 원 안의 검은색 도형은 시계 방향으로 90°씩 회전하면서 이동한다.

03 정답 ③

가장 큰 도형과 내부도형은 시계 방향으로 90°씩 회전하고, 외부도형은 가장 큰 도형의 회전과 관계없이 시계 반대 방향으로 가장 큰 도형의 변을 한 칸씩 이동한다.

대표기출유형 03 기출응용문제

01 정답 ②

㉠ : 모든 도형을 시계 방향으로 90° 회전 후, 위쪽으로 1칸씩 이동
㉡ : 모든 도형을 좌우 대칭한 후 왼쪽으로 2칸씩 이동

  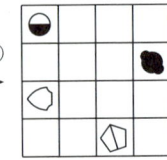

02 정답 ②

㉠ : 모든 도형을 시계 방향으로 90° 회전 후, 위쪽으로 1칸씩 이동
㉡ : 모든 도형을 좌우 대칭한 후 왼쪽으로 2칸씩 이동

  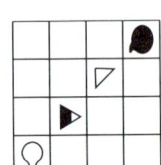

PART 3
최종점검 모의고사

제1회 최종점검 모의고사

제2회 최종점검 모의고사

제3회 최종점검 모의고사

제1회 최종점검 모의고사

01 언어력

01	02	03	04	05	06	07	08	09	10
②	②	①	④	③	③	①	⑤	②	⑤
11	12	13	14	15					
③	②	②	③	②					

01　　　정답　②

제시문에서 합통과 추통은 참도 있지만 오류도 있다고 말하고 있다. 그리고 빈칸 뒤의 문장에서 더욱 많으면 맞지 않은 경우가 있기 때문이라는 이유를 제시하고 있다. 따라서 합통 또는 추통으로 분별 또는 유추하는 것이 위험이 많다는 내용이 빈칸에 들어갈 내용으로 가장 적절하다.

02　　　정답　②

제시문은 제4차 산업혁명으로 인한 노동 수요 감소로 인해 나타날 수 있는 문제점으로 대공황에 대한 위험을 설명하면서도, 긍정적인 시각으로 노동 수요 감소를 통해 인간적인 삶 향유가 이루어질 수 있다고 말한다. 따라서 제4차 산업혁명의 밝은 미래와 어두운 미래를 나타내는 ②가 제목으로 적절하다.

03　　　정답　①

제시문의 첫 번째 문단에서는 '사회적 자본'이 늘어나면 정치 참여도가 높아진다는 주장을 하였고, 두 번째 문단에서는 '사회적 자본'의 개념을 사이버공동체에 도입하였으나 현실과 잘 맞지 않는다고 하면서 '사회적 자본'의 한계를 서술했다. 그리고 마지막 문단에서는 이와 같은 사회적 자본만으로는 정치 참여가 늘어나기 어렵고 이른바 '정치적 자본'의 매개를 통해서만이 가능하다는 주장을 하고 있다. 따라서 ①이 제시문의 중심 내용으로 가장 적절하다.

04　　　정답　④

제시문은 코젤렉의 '개념사'에 대한 정의와 특징에 대한 글이다. 따라서 (라) 개념에 대한 논란과 논쟁 속에서 등장한 코젤렉의 '개념사' - (가) 코젤렉의 '개념사'와 개념에 대한 분석 - (나) 개념에 대한 추가적인 분석 - (마) '개념사'에 대한 추가적인 분석 - (다) '개념사'의 목적과 코젤렉의 주장 순으로 나열하는 것이 가장 적절하다.

05　　　정답　③

기분 조정 이론은 현재 시점에만 초점을 맞추고 있는 기분 관리 이론을 보완한 이론으로, 기분 조정 이론을 검증하기 위한 실험에서 피실험자들은 한 시간 후의 상황을 생각하며 미리 다른 음악을 선택하였다. 즉 기분 조정 이론은 사람들이 현재 시점뿐만 아니라 다음에 올 상황을 고려하여 현재의 기분을 조정한다는 것이다. 따라서 빈칸에 들어갈 내용으로 ③이 가장 적절하다.

오답분석
① · ④ · ⑤ 현재의 기분에 초점을 맞추고 있는 진술이므로 적절하지 않다.
② 기분 조정 이론에 따르면 사람들은 다음에 올 상황을 고려하여 흥분을 유발하는 음악 또는 흥분을 가라앉히는 음악을 선택하여 기분을 조정한다. 따라서 흥분을 유발할 수 있는 음악을 선택한다는 진술은 적절하지 않다.

06　　　정답　③

제시문은 자동차 에어컨 필터의 역할, 교체 주기, 교체 방법, 주행 환경에 따른 필터의 선택 등 자동차 에어컨 필터를 관리하는 방법에 대해 포괄적으로 설명하고 있는 글이다. 따라서 주제는 '자동차 에어컨 필터의 관리 방법'이다.

오답분석
① · ② 일부 문단의 중심 내용으로 글 전체를 포괄하지 않는다.
④ 첫 번째 문단에서 여름철 자동차 에어컨 사용 시 필터를 주기적으로 교체해 주어야 한다고 설명하지만, 자동차 에어컨 취급 유의사항에 대한 내용은 없다.
⑤ 호흡기 질환은 오래 방치한 자동차 에어컨 필터의 곰팡이가 유발한다.

07 정답 ①

제시문의 내용만으로는 알 수 없는 내용이다.

오답분석
② 첫 번째 문단에서 미국 텍사스 지역에서 3D 프린터 건축 기술을 이용한 주택이 완공되었음을 알 수 있다.
③ 네 번째 문단에서 코로나19 사태로 인한 인력 수급난을 해소할 수 있음을 알 수 있다.
④ 두 번째 문단에서 전통 건축 기술에 비해 3D 프린터 건축 기술은 건축 폐기물 및 CO_2 배출량 감소 등 환경오염이 적음을 알 수 있다.
⑤ 마지막 문단에서 우리나라의 3D 프린터 건축 기술은 아직 제도적 한계와 기술적 한계가 있음을 알 수 있다.

08 정답 ⑤

제시문의 마지막 문단에서 물의 비열은 변하는 것이 아니라 고유한 특성이라는 정보를 확인할 수 있다.

09 정답 ②

제시문의 세 번째 문단에서 플라톤 시기에는 이제 막 알파벳이 보급되고, 문자문화가 전래의 구술 신화 문화를 대체하기 시작한 시기였다고 밝히고 있다.

오답분석
① 타무스왕은 문자를 죽었다고 표현하며, 생동감 있고 살아 있는 기억력을 퇴보시킬 것이라 보았다.
③ 문자와 글쓰기는 콘텍스트를 떠나 비현실적이고 비자연적인 세계 속에서 수동적으로 이뤄진다.
④ 물리적인 강제의 억압에 의해 말살되어질 위기에 처한 진리의 소리는 기념비적인 언술행위의 문자화를 통해서 저장되어야 한다고 보는 입장이 있다.
⑤ 문화적 기억력에 대한 성찰과 가치 판단이 부재하다면 새로운 매체는 단지 댓글 파노라마에 불과할 것이다.

10 정답 ⑤

제시문의 두 번째 문단에 따르면 슈퍼문일 때 지구와 달의 평균 거리가 35만 7,000km 정도로 가깝고 이때 지구에서 보름달을 바라보는 시각도는 0.56도로 커진다고 한다. 따라서 지구와 달의 거리가 36만km 정도면 지구에서 보름달을 바라보는 시각도가 0.49보다 크다고 한 ⑤가 가장 적절하다.

오답분석
① 달이 지구에 가까워지면 달의 중력이 더 강하게 작용하여, 달을 향한 쪽의 해수면이 평상시보다 더 높아진다. 즉, 지구와 달의 거리에 따라 해수면의 높이가 달라지므로 서로 관계가 있다.
② 케플러의 행성운동 제1법칙에 따라 태양계의 모든 행성은 태양을 중심으로 타원 궤도로 돈다. 따라서 지구도 태양을 타원 궤도로 돌기 때문에 지구에서 태양까지의 거리는 항상 일정하지 않을 것이다.
③ 달의 중력 때문에 높아진 해수면이 지구의 자전을 방해하게 되고, 이 때문에 지구의 자전 속도가 느려져 100만 년에 17초 정도씩 길어진다고 하였으므로 지구의 자전 속도는 점점 느려지고 있다.
④ 달이 지구에 가까워지면 평소 달이 지구를 당기는 힘보다 더 강하게 지구를 당긴다. 따라서 이와 반대로 달이 지구에서 멀어지면 지구를 당기는 달의 힘은 약해질 것이다.

11 정답 ③

제시문은 단어 형성법에 대한 설명으로, (가) 단어 형성 과정에서의 파생접사와 어미·조사와의 혼동 – (라) 파생접사와 어미·조사의 차이점 – (나) 단어 형성법 중 용언 어간과 어미의 결합 – (다) 체언과 조사와의 결합을 통한 단어 형성의 순서로 나열하는 것이 적절하다.

12 정답 ②

제시문에 따르면 아리스토텔레스는 스스로 결정하는 일에 참여할 때 교육적 효과가 가장 두드러진다고 하였다. 따라서 빈칸에는 도덕적 결정의 상황에 실제로 참여해 보는 직접적 경험이 중요하다는 내용이 들어가는 것이 가장 적절하다.

13 정답 ②

제시문은 실제 일어났던 전쟁을 배경으로 한 작품들이 전쟁을 어떤 방식으로 다루고 있는지 비교하는 글로, 『박씨전』과 『시장과 전장』을 통해 전쟁 소설이 실재했던 전쟁을 새롭게 인식하려 함을 설명한다. 따라서 (가) 실존 인물을 허구의 인물로 물리침으로써 패전의 치욕을 극복하고자 한 『박씨전』 – (라) 패전의 슬픔을 위로하고 희생자를 추모하여 연대감을 강화하고자 한 『박씨전』 – (나) 전쟁이 남긴 상흔을 직시하고 좌절하지 않으려는 작가의 의지가 드러나는 『시장과 전장』 – (다) 『시장과 전장』에서 나타나는 개인의 연약함과 존엄의 탐색의 순서대로 나열하는 것이 적절하다.

14 정답 ③

레일리 산란의 세기는 보랏빛이 가장 강하지만 우리 눈은 보랏빛보다 파란빛을 더 잘 감지하기 때문에 하늘이 파랗게 보이는 것이다. 따라서 ③은 추론할 수 없는 내용이다.

오답분석
① · ② 첫 번째 문단을 통해 추론할 수 있다.
④ 빛의 진동수는 파장과 반비례하고, 레일리 산란의 세기는 파장의 네제곱에 반비례한다. 즉, 빛의 진동수가 2배가 되면 파장은 1/2배가 되고, 레일리 산란의 세기는 $2^4=16$배가 된다.
⑤ 마지막 문단을 통해 추론할 수 있다.

15 정답 ②

테크핀의 발전 원인에는 국내의 높은 IT 인프라, 전자상거래 확산, 규제 완화 등이 있다.

오답분석
① 핀테크와 테크핀의 부정적인 영향으로 혜택의 불균형이 있다.
③ 핀테크는 금융기관이, 테크핀은 ICT 기업이 주도한다.
④ 테크핀의 발전은 핀테크의 발전을 야기하였다.
⑤ 테크핀은 금융보다 기술을 강조한다.

02 수리력

01	02	03	04	05	06	07	08	09	10	11	12	13	14	15	16	17	18	19	20
④	③	④	③	③	②	④	④	⑤	③	④	④	⑤	①	④	③	⑤	③	③	⑤

01
정답 ④

2024년 이전 신문 선호에서 2024년 이후 인터넷으로 바꾼 구성원은 20명이다.

오답분석
① 2024년 이후에 가장 선호하는 언론매체는 TV이다.
② 2024년 전·후로 가장 인기 없는 매체는 신문이다.
③ 2024년 이후 인터넷을 선호하는 구성원 수는 145명이고, 2024년 이전은 100명이라고 하더라도 2024년 이후의 구성원 수가 2024년 이전의 구성원 수를 모두 포함한다고 보기는 어렵다.
⑤ TV에서 라디오를 선호하게 된 구성원 수는 15명으로, 인터넷에서 라디오를 선호하게 된 구성원 수인 10명보다 많다.

02
정답 ③

남자가 소설을 대여한 횟수는 60회이고, 여자가 소설을 대여한 횟수는 80회이므로 $\frac{60}{80} \times 100 = 75\%$이다.

오답분석
① 40세 미만의 전체 대여 횟수는 120회, 40세 이상의 전체 대여 횟수는 100회이므로 옳은 설명이다.
② 소설 전체 대여 횟수는 140회, 비소설 전체 대여 횟수는 80회이므로 옳은 설명이다.
④ 40세 이상의 전체 대여 횟수는 100회이고, 그중 소설 대여는 50회이므로 $\frac{50}{100} \times 100 = 50\%$이다.
⑤ 40세 미만의 전체 대여 횟수는 120회이고, 그중 비소설 대여는 30회이므로 $\frac{30}{120} \times 100 = 25\%$이다.

03
정답 ④

E과제에 대한 전문가 3의 점수는 $70 \times 5 - (100 + 40 + 70 + 80) = 60$점이고, A~E과제의 평균점수와 최종점수를 구하면 다음과 같다.

구분	평균점수	최종점수
A과제	$\frac{100+70+60+50+80}{5} = 72$점	$\frac{70+60+80}{3} = 70$점
B과제	$\frac{80+60+40+60+60}{5} = 60$점	$\frac{60+60+60}{3} = 60$점
C과제	$\frac{60+50+100+90+60}{5} = 72$점	$\frac{60+90+60}{3} = 70$점
D과제	$\frac{80+100+90+70+40}{5} = 76$점	$\frac{80+90+70}{3} = 80$점
E과제	70점	$\frac{60+70+80}{3} = 70$점

따라서 평균점수와 최종점수가 같은 과제는 B, E이다.

04

정답 ③

- 2016・2017년의 평균 = $\dfrac{826.9+806.9}{2}$ = 816.9만 명
- 2022・2023년의 평균 = $\dfrac{796.3+813.0}{2}$ = 804.65만 명

따라서 두 평균의 차이는 816.9−804.65=12.25만 명이다.

05

정답 ③

ㄴ. 115,155×2=230,310>193,832이므로 옳은 설명이다.

ㄷ.
- 2022년 : $\dfrac{18.2}{53.3}\times 100 \fallingdotseq 34.1\%$
- 2023년 : $\dfrac{18.6}{54.0}\times 100 \fallingdotseq 34.4\%$
- 2024년 : $\dfrac{19.1}{51.9}\times 100 \fallingdotseq 36.8\%$

따라서 2022~2024년 동안 석유제품 소비량 대비 전력 소비량의 비율은 매년 증가한다.

[오답분석]

ㄱ. 비율은 매년 증가하지만, 전체 최종에너지 소비량 추이를 알 수 없으므로 절대적인 소비량까지 증가하는지는 알 수 없다.

ㄹ.
- 산업 부문 : $\dfrac{4,750}{15,317}\times 100 \fallingdotseq 31.01\%$
- 가정・상업 부문 : $\dfrac{901}{4,636}\times 100 \fallingdotseq 19.43\%$

따라서 산업 부문의 유연탄 소비량 대비 무연탄 소비량의 비율은 25% 이상이다.

06

정답 ②

제시된 그래프에서 선의 기울기가 가파른 구간은 2014~2015년, 2015~2016년, 2018~2019년이다.
2015년, 2016년, 2019년 물이용부담금 총액의 전년 대비 증가폭을 구하면 다음과 같다.
- 2015년 : 6,631−6,166=465억 원
- 2016년 : 7,171−6,631=540억 원
- 2019년 : 8,108−7,563=545억 원

따라서 물이용부담금 총액이 전년 대비 가장 많이 증가한 해는 2019년이다.

[오답분석]

ㄱ. 제시된 자료를 통해 확인할 수 있다.

ㄷ. 2023년 금강유역 물이용부담금 총액 : 8,661×0.2=1,732.2억 원
∴ 2023년 금강유역에서 사용한 물의 양 : 1,732.2억 원÷160원/m³ $\fallingdotseq$ 10.83억m³

ㄹ. 2023년 물이용부담금 총액의 전년 대비 증가율 : $\dfrac{8,661-8,377}{8,377}\times 100 \fallingdotseq 3.39\%$

07

정답 ④

A, B, C기계를 모두 하루 동안 가동시켰을 때 전체 불량률은 $\dfrac{(전체\ 불량품)}{(전체\ 생산량)}\times 100$이다.

기계에 따른 생산량과 불량품 개수를 구하면 다음과 같다.

(단위 : 개)

구분	하루 생산량	불량품
A기계	5,000	5,000×0.007=35
B기계	5,000×1.1=5,500	5,500×0.01=55
C기계	5,500+500=6,000	6,000×0.003=18
합계	16,500	108

따라서 전체 불량률은 $\frac{108}{16,500}\times100=0.654545\cdots\fallingdotseq0.65\%$이다.

08 정답 ④

- 2021년 전년 대비 감소율 : $\frac{20-15}{20}\times100=25\%$
- 2022년 전년 대비 감소율 : $\frac{15-12}{15}\times100=20\%$

따라서 2021년과 2022년의 경제 분야 투자규모의 전년 대비 감소율의 차이는 5%p이다.

오답분석

① 2023년 총지출을 a억 원이라고 가정하면, $a\times0.05=16$억 원 → $a=\frac{16}{0.05}=320$, 총지출은 320억 원이므로 300억 원 이상이다.

② 2020년 경제 분야 투자규모의 전년 대비 증가율은 $\frac{20-16}{16}\times100=25\%$이다.

③ 2019~2023년 동안 경제 분야에 투자한 금액은 16+20+15+12+16=79억 원이다.

⑤ 2020~2023년 동안 경제 분야 투자규모의 전년 대비 증감 추이는 '증가 – 감소 – 감소 – 증가'이고, 총지출 대비 경제 분야 투자규모 비중의 경우 '증가 – 증가 – 감소 – 감소'이다.

09 정답 ⑤

여자 흡연율의 전년 대비 차이를 정리하면 다음과 같다.

구분	2019년	2020년	2021년	2022년	2023년
여자 흡연율(%)	7.4	7.1	6.8	6.9	7.3
전년 대비 차이(%p)	−	−0.3	−0.3	+0.1	+0.4

따라서 가장 많은 차이를 보이는 해는 2023년이다.

오답분석

① 2023년까지 계속 감소하고 있다.
② 2021년까지 감소하다가 이후 증가하고 있다.
③ 남자와 여자의 흡연율 차이를 정리하면 다음과 같다.

구분	2019년	2020년	2021년	2022년	2023년
남자 흡연율(%)	48.7	46.2	44.3	42.2	40.7
여자 흡연율(%)	7.4	7.1	6.8	6.9	7.3
남자·여자 흡연율 차이(%p)	41.3	39.1	37.5	35.3	33.4

따라서 남자와 여자의 흡연율 차이는 감소하고 있다.

④ 남자 흡연율의 전년 대비 차이를 정리하면 다음과 같다.

구분	2019년	2020년	2021년	2022년	2023년
남자 흡연율(%)	48.7	46.2	44.3	42.2	40.7
전년 대비 차이(%p)	−	−2.5	−1.9	−2.1	−1.5

따라서 가장 많은 차이를 보이는 해는 2020년이다.

10 정답 ③

26~30세 응답자 수는 50명으로, 그중 4회 이상 방문한 응답자 수는 5+3=8명이다. 따라서 비율은 $\frac{8}{50} \times 100 = 16\%$로 10% 이상이다.

오답분석

① 주어진 자료는 방문횟수를 구간으로 구분했기 때문에 31~35세 응답자의 1인당 평균 방문횟수를 정확히 구할 수 없다. 그러나 구간별 최솟값으로 평균을 계산해보면 {1, 1, 1, 2, 2, 2, 2, 4, 4, 6} → (평균)=$\frac{25}{10}=2.5$이므로 1인당 평균 방문횟수가 2회 이상이라는 것을 알 수 있다.

② 전체 응답자 수는 120명이고, 그중 20~25세 응답자 수는 60명이다. 따라서 비율은 $\frac{60}{120} \times 100 = 50\%$이다.

④ 전체 응답자 수는 120명이고, 그중 직업이 학생 또는 공무원인 응답자 수는 54명이다. 따라서 비율은 $\frac{54}{120} \times 100 = 45\%$로 50% 미만이다.

⑤ 31~35세 응답자 중 1회 방문한 응답자 비율은 $\frac{3}{10} \times 100 = 30\%$로, 26~30세 응답자 중 1회 방문한 응답자 비율인 $\frac{12}{50} \times 100 = 24\%$보다 6%p 높다.

11 정답 ④

한 번의 가위바위보에서 한 명이 이길 확률은 $\frac{1}{3}$이고, 그렇지 않을 확률은 $\frac{2}{3}$이므로, 세 번 안에 한 명의 승자가 정해질 확률은 다음과 같다.

- 첫 게임에 승자가 정해질 확률 : $\frac{1}{3}$
- 첫 게임에 승자가 정해지지 않고, 두 번째 게임에 정해질 확률 : $\frac{2}{3} \times \frac{1}{3} = \frac{2}{9}$
- 첫 번째와 두 번째 게임에 승자가 정해지지 않고, 세 번째 게임에 정해질 확률 : $\frac{2}{3} \times \frac{2}{3} \times \frac{1}{3} = \frac{4}{27}$

따라서 세 번 안에 한 명의 승자가 정해질 확률은 $\frac{1}{3} + \frac{2}{9} + \frac{4}{27} = \frac{19}{27}$이다.

12 정답 ④

거스름돈 없이 물건 값 23,000원을 낼 수 있는 방법은 다음과 같다.
(10,000×2, 1,000×3), (10,000×1, 5,000×2, 1,000×3), (10,000×1, 5,000×1, 1,000×8),
(5,000×4, 1,000×3), (5,000×3, 1,000×8)
따라서 돈을 낼 수 있는 경우의 수는 총 5가지이다.

13 정답 ⑤

회사에서부터 식당까지의 거리를 $x$km라고 하자.

은이가 이동한 시간은 $\frac{x}{3}$시간이고, 연경이가 이동한 시간은 $\frac{x}{3} - \frac{1}{6} = \frac{x}{4}$시간이므로 $x=2$이다.

효진이의 속력을 $y$km/h라 하면 다음과 같은 식이 성립한다.

$\frac{2}{y} + \frac{1}{12} = \frac{2}{3}$ → $\frac{2}{y} = \frac{7}{12}$

∴ $y = \frac{24}{7}$

따라서 효진이의 속력은 $\frac{24}{7}$ km/h이다.

14
정답 ①

올라간 거리를 x km라 하면 내려온 거리는 $(x+2)$ km이고, 올라간 시간과 내려간 시간이 같으므로 다음과 같은 식이 성립한다.
$\frac{x}{4} = \frac{x+2}{6}$ → $3x = 2(x+2)$
∴ $x=4$
따라서 세빈이가 내려올 때 걸린 시간은 $\frac{4+2}{6} = 1$시간이다.

15
정답 ④

농도 5%의 설탕물 500g에 들어있는 설탕의 양은 $\frac{5}{100} \times 500 = 25$g이고, 5분 동안 가열한 뒤 남은 설탕물의 양은 $500-(50\times5)=250$g이다.
따라서 가열한 후 남은 설탕물의 농도는 $\frac{25}{250} \times 100 = 10$%이다.

16
정답 ③

i) 서로 다른 8개의 컵 중 4개를 선택하는 경우의 수 : $_8C_4 = \frac{8\times7\times6\times5}{4\times3\times2\times1} = 70$가지
ii) 4개의 컵을 식탁 위에 원형으로 놓는 경우의 수 : $(4-1)! = 3! = 6$가지
따라서 서로 다른 8개의 컵 중에서 4개만 원형으로 놓는 경우의 수는 $70\times6=420$가지이다.

17
정답 ⑤

작년 사원 수에서 줄어든 인원은 올해 진급한 사원(12%)과 퇴사한 사원(20%)이므로 이를 합하면 $400\times(0.12+0.2)=128$명이며, 작년 사원에서 올해도 사원인 사람은 $400-128=272$명이다.
또한 올해 사원 수는 작년 사원 수에서 6% 증가했으므로 $400\times1.06=424$명이 된다.
따라서 올해 채용한 신입사원은 $424-272=152$명임을 알 수 있다.

18
정답 ③

i) 7명의 학생이 원탁에 앉는 경우의 수 : $(7-1)!=6!$가지
ii) 7명의 학생 중 여학생 3명이 원탁에 이웃해서 앉는 경우의 수 : $[(5-1)!\times3!]$가지
∴ 7명의 학생 중 여학생 3명이 원탁에 이웃해서 앉는 확률 : $\frac{4!\times3!}{6!} = \frac{1}{5}$

따라서 구하고자 하는 확률은 $\frac{1}{5}$이다.

19

정답 ③

전체 일의 양을 1이라고 하고, A~C가 하루에 할 수 있는 일의 양을 각각 $\frac{1}{a}$, $\frac{1}{b}$, $\frac{1}{c}$라고 하자.

$\frac{1}{a}+\frac{1}{b}=\frac{1}{12}$ ⋯ ㉠

$\frac{1}{b}+\frac{1}{c}=\frac{1}{6}$ ⋯ ㉡

$\frac{1}{c}+\frac{1}{a}=\frac{1}{18}$ ⋯ ㉢

㉠, ㉡, ㉢을 모두 더한 다음 2로 나누면 3명이 하루에 할 수 있는 일의 양을 구할 수 있다.

$\frac{1}{a}+\frac{1}{b}+\frac{1}{c}=\frac{1}{2}\left(\frac{1}{12}+\frac{1}{6}+\frac{1}{18}\right)=\frac{1}{2}\left(\frac{3+6+2}{36}\right)=\frac{11}{72}$

따라서 72일 동안 3명이 끝낼 수 있는 일의 양은 $\frac{11}{72}\times72=11$이므로 전체 일의 양의 11배이다.

20

정답 ⑤

두 제품 A와 B의 원가를 각각 a원, b원이라고 하자.
$a+b=50,000$ ⋯ ㉠
$(a\times0.1+b\times0.12)\times5=28,200$ → $5a+6b=282,000$ ⋯ ㉡
㉠과 ㉡을 연립하면 $b=282,000-50,000\times5=32,000$
따라서 B의 원가는 32,000원이다.

03 추리력

01	02	03	04	05	06	07	08	09	10	11	12	13	14	15
①	③	③	②	④	⑤	④	④	③	①	①	⑤	③	③	②

01
정답 ①

규칙은 가로로 적용된다.
첫 번째 도형의 화살표가, 두 번째 도형의 동그라미를 만나면 180° 회전하고 네모를 만나면 시계 방향으로 90° 회전한 것이 세 번째 도형이다.

02
정답 ③

규칙은 가로로 적용된다.
첫 번째 도형의 색칠된 부분과 두 번째 도형의 색칠된 부분이 겹치는 부분만 색칠한 후에 시계 반대 방향으로 90° 회전한 것이 세 번째 도형이다.

03
정답 ③

규칙은 세로로 적용된다.
첫 번째 도형의 가장 좌측과 우측 도형의 색을 반전시킨 것이 두 번째 도형이고, 두 번째 도형의 가운데 윗부분과 가장 우측 도형의 색을 반전시킨 것이 세 번째 도형이다.

04
정답 ②

규칙은 가로로 적용된다.
첫 번째 도형을 상하좌우로 4등분했을 때 왼쪽 위의 도형이 두 번째 도형이고, 이를 좌우 대칭시킨 것이 세 번째 도형이다.

05
정답 ④

규칙은 가로로 적용된다.
첫 번째 도형을 시계 방향으로 90° 회전시킨 것이 두 번째 도형이고, 이를 상하 대칭시킨 것이 세 번째 도형이다.

06
정답 ⑤

도형이 오른쪽의 도형으로 변할 때 ☆은 제자리에서 시계 방향으로 90° 회전, ☐은 상하 이동, ●은 좌우 이동을 하며, ▼은 제자리에서 180° 회전한다. 또한 도형의 자리가 겹쳐질 경우, 꼭짓점의 개수가 적은 도형이 내부에 위치하게 된다. 따라서 ?에 들어갈 도형은 첫 번째 도형 기준으로 ☆은 시계 방향으로 총 360° 회전, ☐, ●, ▼은 그대로이다.

07
정답 ④

도형이 오른쪽의 도형으로 변할 때 ┗은 왼쪽으로 한 칸 이동, ┓은 제자리에서 시계 방향으로 90° 회전, ■은 시계 방향으로 세 칸 이동을 하며, ☐은 위쪽으로 두 칸 이동한다. 따라서 ?에 들어갈 도형은 마지막 도형을 기준으로 ┗은 왼쪽으로 한 칸 이동하여 첫 번째 줄에 위치하게 되고 ┓은 제자리에서 시계 방향으로 90° 회전하여 두 번째 줄 두 번째 칸에 위치하게 된다. 또한 ■은 시계 방향으로 세 칸 이동하여 두 번째 줄 첫 번째 칸에 위치하게 되고, ☐은 위쪽으로 두 칸 이동하여 세 번째 줄 세 번째 칸에 위치한다.

08

정답 ④

흰색 원은 위로 한 칸, 검은색 원은 아래로 한 칸씩 움직인다. 또한 원이 움직인 후에 회색 칸은 왼쪽으로 한 칸씩 움직이며, 회색 칸 위에 있는 원은 색이 반전된다.

09

정답 ③

㉠ : 틀 전체를 시계 방향으로 90° 회전
㉡ : 검은색 도형만 왼쪽으로 한 칸 이동

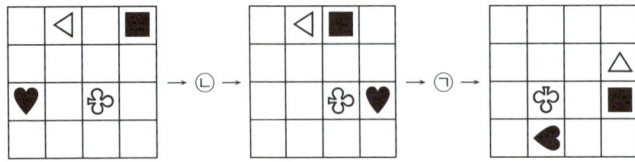

10

정답 ①

㉠ : 전체 x축 대칭
㉡ : 각 도형 위쪽으로 두 칸 이동

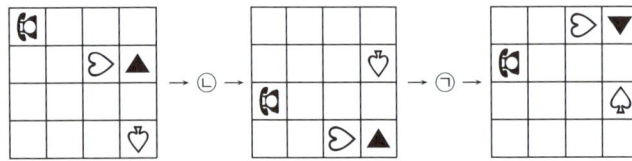

11

정답 ①

- 1 : 원점 대칭
- 2 : 내부 도형 색 반전
- 3 : 내부 도형 시계 방향으로 90° 회전

12

정답 ⑤

13

정답 ③

14

정답 ③

오른쪽에 위치한 원이 각 행의 규칙을 표시한다.
- ○ : 4개 칸의 가장 앞에 위치한 도형을 좌우로 교환하면서 시계 방향으로 90° 회전+뒤에 위치한 도형 전체가 가운데를 중심으로 시계 반대 방향으로 90° 회전
- ◐ : 4개 칸의 가장 앞에 위치한 도형이 시계 반대 방향으로 한 칸씩 이동+뒤에 위치한 도형이 시계 방향으로 한 칸씩 이동
- ● : 4개 칸의 가장 앞에 위치한 도형을 시계 방향으로 한 칸씩 이동하면서 시계 방향으로 45°씩 회전+뒤에 위치한 도형이 시계 방향으로 두 칸씩 이동하면서 좌우 반전

15

정답 ②

- 위 칸 : 검정색을 아래로 두 칸씩 이동
- 아래 칸 : 큰 도형이 가장 작은 도형으로 변환 후, 시계 방향으로 90° 회전

제2회 최종점검 모의고사

01 언어력

01	02	03	04	05	06	07	08	09	10
②	④	②	①	⑤	③	④	⑤	②	④
11	12	13	14	15					
①	③	③	④	⑤					

01 정답 ②

고야가 이성의 존재를 부정했다는 내용은 제시되어 있지 않다. 다섯 번째 문장 '세상이 완전하게 이성에 의해서만 지배되지 않음을 표현하고 있을 뿐이다.'를 통해 ②의 내용이 적절하지 않음을 알 수 있다.

02 정답 ④

제시문은 통계 수치의 의미를 정확하게 이해하고 도구와 방법을 올바르게 사용해야 하며, 특히 아웃라이어의 경우를 생각해야 한다고 주장하고 있다. 따라서 중심 내용으로 가장 적절한 것은 '통계 수치의 의미와 한계를 정확히 인식하고 사용할 필요가 있다.'이다.

오답분석

① · ② 집단을 대표하는 수치로서의 '평균' 자체가 숫자 놀음과 같이 부적당하다고는 언급하지 않았다.
③ 아웃라이어가 있는 경우에는 평균보다는 최빈값이나 중앙값이 대푯값으로 더 적당하다.
⑤ 내용이 올바르지 않은 것은 아니지만, 통계의 유용성은 글의 도입부에 잠깐 인용되었을 뿐, 글의 중심 내용으로 볼 수 없다.

03 정답 ②

제시문의 여섯 번째 문단은 기후 목표를 달성하고 전력 회사의 급증하는 운영비용을 줄이려면 스마트 그리드로 빠르게 진화해야 한다는 연구원의 말을 인용하고 있다. 따라서 ②의 기후 변화 위기에 대처하는 데에 스마트 그리드 기술은 도움이 된다는 설명이 가장 적절하다.

오답분석

① 네 번째 문단의 스마트 그리드 소프트웨어는 에너지 및 비용 절감을 제공하는 중요한 역할을 수행한다는 내용에서 확인할 수 있다.
③ 마지막 문단에서 확인할 수 있다.
④ 첫 문단에서 2021년에도 316TW/h의 전력을 절약할 수 있다고 하였다.
⑤ 다섯 번째 문단에서 5년 동안 3배 이상 확대된다고 예상하였기 때문에 5배 이상의 성장을 기대한다고 하기는 무리가 있다.

04 정답 ①

제시문의 두 번째 문단을 보면 선물환거래는 금리차익을 얻는 것과 투기적 목적 등도 가지고 있다는 것을 확인할 수 있다. 따라서 ①이 가장 적절하다.

오답분석

② · ④ 선물환 거래에 대한 내용이다.
③ · ⑤ 옵션에 대한 내용이다.

05 정답 ⑤

먼저 제시문의 두 번째 문단에서 이슬람 사회의 관습에 따르면 결혼식에서 직접 동의 의사를 공표할 수 있는 건 남편뿐이라고 밝히고 있다. 세 번째 문단에서는 결혼 계약서를 작성한 신랑이 신부에게 '마흐르'라고 불리는 혼납금을 지급해야 하는 사실을 알 수 있다. 따라서 ⑤의 법적으로 유효한 결혼 의사를 밝힌 당사자는 남편을 의미하고 상대방에게 혼납금을 지급하였을 거라는 사실을 알 수 있다.

06 정답 ③

제시문은 우리나라가 지식 기반 산업 위주의 사회로 바뀌면서 내부 노동시장에 의존하던 인력 관리 방식이 외부 노동시장에서의 채용으로 변화함에 따라 지식 격차에 의한 소득 불평등과 국가 간 경제적 불평등 현상이 심화되고 있다고 설명하고 있다.

오답분석
① 정보통신 기술을 통해, 전 지구적 노동시장이 탄생하여 기업을 비롯한 사회 조직들이 국경을 넘어 인력을 충원하고 재화와 용역을 구매하고 있다고 언급했다. 하지만 이러한 국가 간 노동 인력의 이동이 가져오는 폐해에 대해서는 언급하고 있지 않다.
② 지식 기반 경제로의 이행은 지식 격차에 의한 소득 불평등 심화 현상을 일으킨다. 하지만 이것에 대한 해결책은 언급하고 있지 않다.
④ 생산 기능은 저개발국으로 이전되고 연구 개발 기능은 선진국으로 모여들어 정보 격차가 확대되고 있다. 하지만 국가 간의 격차 축소 정책의 필요성은 언급하고 있지 않다.
⑤ 사회 불평등 현상은 지식 기반 산업 위주로 변화하는 국가에서 나타나거나 나라와 나라 사이에서 나타나기도 한다. 따라서 제시문에서 언급한 내용이지만 전체 주제를 포괄하고 있지 않으므로 적절하지 않다.

07 정답 ④

재생 에너지 사업이 기하급수적으로 늘어남에 따라 전력계통 설비의 연계용량 부족 문제가 또 발생하였는데, 이것은 설비 보강만으로는 해결하기 어렵기 때문에 최소부하를 고려한 설비 운영 방식으로 해결하고자 하였다.

오답분석
① 탄소 중립을 위해 재생 에너지 발전 작업이 추진되고 있다고 하였으므로 합리적인 추론이다.
② 재생 에너지의 예시로 태양광이 제시되었다.
③ 재생 에너지 확충으로 인해 기존 송배전 전력 설비가 과부하되는 문제가 있다고 하였다.
⑤ 최소부하를 고려한 설비 운영 개념을 도입해 변전소나 배전선로 증설 없이 재생 에너지 접속허용용량을 확대하는 방안이 있다고 하였다.

08 정답 ⑤

경험론자들은 인식의 근원을 오직 경험에서만 찾을 수 있다고 주장한다. 따라서 파르메니데스의 주장과 대비된다.

오답분석
① 파르메니데스는 존재론의 의의를 존재라는 개념을 시간적, 물리적인 감각적 대상으로 보는 것이 아니라, 예리한 인식으로 파악하는 로고스와 같은 것이라고 주장했으므로 적절한 내용이다.

② 플라톤은 이데아를 감각 세계의 너머에 있는 실재이자 모든 사물의 원형으로 파악하고 있다. 이는 파르메니데스의 존재 개념과 유사하며, 제시문에서도 언급되어 있듯이 파르메니데스에 대한 플라톤의 평가에서 파르메니데스에게 영향을 받았음을 알 수 있다.
③ '감각적으로 지각할 수 있는 세계 전체를 기만적인 것으로 치부하고 유일하게 실재하는 것은 존재라고 생각했다.'는 내용을 통해 파르메니데스는 지각 및 감성보다 이성 및 지성을 우위에 두었을 것이라 추론할 수 있다.
④ 파르메니데스는 '예리한 인식에는 감각적 지각이 필요 없다고 주장'하면서 '존재는 로고스에 의해 인식되며, 로고스와 같은 것이라고 했다.'는 내용을 통해 추론할 수 있다

09 정답 ②

제시문은 휴대전화의 기본요금과 분당 이용료, 놀이공원의 입장료와 놀이기구 사용료의 설명을 통해 기업 이윤을 극대화를 모색하는 이부가격제를 설명하고 있다. 따라서 제시문을 통해 이부가격제는 이윤 극대화를 위해 기업이 채택할 수 있는 가격 제도라는 내용을 추론할 수 있다.

오답분석
① 제시문의 네 번째 문단을 보면 '빅3'나 '빅5' 등의 묶음표는 이부가격제의 사용료 예시로 제시되며, 이는 놀이공원의 이윤을 극대화하기 위한 가격제도라는 것을 추론 할 수 있다.
③ 제시문의 첫 번째 문단에서 소비자 잉여는 어떤 상품에 대해 소비자가 최대한 지급해도 좋다고 생각하는 가격에서 실제로 지급한 가격을 뺀 차액이라고 설명하고 있다.
④ 제시문은 기본요금을 많이 받고 분당 이용료를 상대적으로 적어보이게 하는 방식으로 통신사가 이윤을 추구하는 이부가격제에 대하여 설명한다. 이를 통해 분당 이용료까지 비쌀수록 소비자에게 유리할 거라는 추론은 적절하지 않다는 것을 알 수 있다.
⑤ 한 달 동안 가정으로 배달되는 우유는 월별 구독료이기 때문에 이부가격제가 적용되지 않는다.

10 정답 ④

제시문은 한글 맞춤법 총칙 제1항의 내용을 소개하면서 이를 통해 한글 맞춤법의 원리를 개괄적으로 설명하고 있다. 따라서 한글 맞춤법 총칙 제1항이 어떤 의미를 가지고 있는지 예를 통해 분석하여 소개한 뒤, 표준어를 어떻게 적어야 하는지에 대해 설명하고 있다.

11 정답 ①

A사원은 계획적이고 순차적으로 업무를 수행하므로 효율적인 업무 수행을 하고 있는 것이다.

오답분석
② 다른 사람의 업무에 지나칠 정도로 책임감을 느끼며 괴로워하는 B대리는 제시문에서 '배려적 일중독자'에 해당한다.
③ 음식을 과다 섭취하는 폭식처럼 일을 한 번에 몰아서 하는 C주임은 제시문에서 '폭식적 일중독자'에 해당한다.
④ 휴일이나 주말에도 일을 놓지 못하는 D사원은 제시문에서 '지속적인 일중독자'에 해당한다.
⑤ 한 번에 소화할 수 없을 만큼 많은 업무를 담당하는 E대리는 제시문에서 '주의결핍형 일중독자'에 해당한다.

12 정답 ③

단순히 젊은 세대의 문화만을 존중하거나, 기존 세대의 문화만을 따르는 것이 아닌 두 문화가 어우러질 수 있도록 기업 차원에서 분위기를 만드는 것이 문제의 본질적인 해결법으로 가장 적절하다.

오답분석
① 젊은 세대의 채용을 기피하는 분위기가 생길 수 있으므로 적절하지 않은 방법이다.
② 급여를 받은 만큼만 일하게 되는 악순환이 반복될 것이므로 문제를 해결하는 기업 차원의 방법으로는 적절하지 않다.
④ 젊은 세대의 특성을 받아들이기만 하면, 전반적인 생산성 향상과 같은 기업의 이득은 배제하게 되는 문제점이 발생한다.
⑤ 기업의 전반적인 생산성 향상을 이룰 수 없으므로 기업 차원의 방법으로 적절하지 않다.

13 정답 ③

'업은 아이 삼 년을 찾는다'는 무엇을 몸에 지니거나 가까이 두고도 까맣게 잊어버리고 엉뚱한 데에 가서 오래도록 찾아 헤매는 경우를 비유적으로 이르는 말이다.
문맥 흐름으로 볼 때 빈칸에는 '유쾌한 건망증'의 예시가 될 만한 속담이 들어가야 한다. 따라서 빈칸 뒷부분에서 소개되고 있는 일화와 비슷한 성격의 내용이 담긴 속담인 ③이 가장 적절하다.

오답분석
① 우물에 가 숭늉 찾는다 : 성격이 매우 급하거나 조급하게 일을 하는 경우를 이르는 말
② 장님 코끼리 말하듯 한다 : 일부분을 알면서도 전체를 아는 것처럼 여기는 어리석음을 이르는 말
④ 소문 난 잔치에 먹을 것 없다 : 떠들썩한 소문이나 큰 기대에 비하여 실속이 없거나 소문이 실제와 일치하지 아니하는 경우를 비유적으로 이르는 말
⑤ 소경이 개천 나무란다 : 자기 잘못은 생각하지 않고 남을 원망한다는 뜻의 속담

14 정답 ④

제시문은 블록체인 기술에 대한 설명과 원리 및 장단점을 소개한 글이다. 그러므로 가장 먼저 블록체인 기술에 대해 소개하는 (라) 문단이 와야 한다. 이어서 블록체인 기술의 원리 중 블록에 대해 설명하는 (가) 문단과 블록에 적용되는 암호화 기술인 해싱에 대해 설명하는 (다) 문단이 이어지는 것이 적절하다. 마지막으로 블록체인 기술의 장점을 정리하고 그 한계점을 제시한 (나) 문단이 와야 한다. 따라서 '(라) – (가) – (다) – (나)' 순서로 나열하는 것이 적절하다.

15 정답 ⑤

먼저 제시문의 서두는 흥미를 유도하거나 환기시킬 수 있는 내용이 오는 것이 적절하다. 따라서 영국의 보고서의 내용인 (나) 또는 OECD 조사 내용인 (다)가 제시문의 서두에 오는 것이 적절하다. 하지만, (나)의 경우 첫 문장에서의 '또한'이라는 접속사를 통해 앞선 문단이 있었음을 알 수 있다. 따라서 제시문의 서두에 (다) 문단이 오는 것이 가장 적절하다. 다음으로는 (다) 문단에 이어 (나) 문단이 오는 것이 적절하다. 다음으로 이어질 문단은 앞선 문단에서 다룬 성별 간 임금 격차의 이유에 해당하는 (라) 문단이 이어지고 이에 대한 구체적 내용인 (가) 문단 순으로 나열하는 것이 가장 적절하다.

| 02 | 수리력 |

01	02	03	04	05	06	07	08	09	10	11	12	13	14	15	16	17	18	19	20
②	③	④	③	②	②	②	④	④	④	①	③	②	④	④	④	③	③	⑤	⑤

01

정답 ②

직급별 사원 수를 알 수 없으므로 전 사원의 주 평균 야근 빈도는 구할 수 없다.

오답분석

① 자료를 통해 알 수 있다.
③ 0.2시간은 60분×0.2=12분이다. 따라서 4.2시간은 4시간 12분이다.
④ 대리급 사원은 주 평균 1.8일 야근을 하고 주 평균 6.3시간을 야간 근무하므로, 야근 1회 시 6.3÷1.8=3.5시간 근무로 가장 긴 시간 동안 일한다.
⑤ 0.8시간은 48분이므로 조건에 따라 1시간으로 야근수당을 계산한다. 따라서 과장급 사원의 주 평균 야근 시간은 5시간이므로 5×10,000원=50,000원을 받는다.

02

정답 ③

ㄱ. 초등학생에서 중학생, 고등학생으로 올라갈수록 스마트폰(7.2% → 5.5% → 3.1%)과 PC(42.5% → 37.8% → 30.2%)의 이용률은 감소하고, 태블릿PC(15.9% → 19.9% → 28.5%)와 노트북(34.4% → 36.8% → 38.2%)의 이용률은 증가하고 있다.
ㄷ. 태블릿PC와 노트북의 남학생·여학생 이용률의 차이는 다음과 같다.
 • 태블릿PC : 28.1−11.7=16.4%p • 노트북 : 39.1−30.9=8.2%p
 따라서 태블릿PC의 남학생·여학생 이용률은 노트북의 16.4÷8.2=2배이다.

오답분석

ㄴ. 초·중·고등학생의 노트북과 PC의 이용률의 차이는 다음과 같다.
 • 초등학생 : 42.5−34.4=8.1%p • 중학생 : 37.8−36.8=1%p
 • 고등학생 : 38.2−30.2=8%p
 따라서 중학생의 노트북과 PC의 이용률 차이가 가장 작다.

03

정답 ④

2020년 충청 지역의 PC 보유율은 전년 대비 감소, 전라 지역의 PC 보유율은 전년 대비 증가하였다.

오답분석

① 대구 지역의 PC 보유율은 81.6 → 81.5 → 81.1 → 76.9 → 76.0으로 계속 감소했다.
② 광주 지역의 PC 보유율은 84.4 → 85.2 → 82.8 → 83.2 → 80.0으로 증가와 감소가 반복되고 있다.
③ 전 기간 중 가장 낮은 PC 보유율은 2020년 강원 지역의 62.5이다.
⑤ 2017년 경상 지역의 보유율은 71.7로, 71.3인 전라에 이어 두 번째로 낮다.

04

정답 ③

2월의 유입인원은 5,520−2,703=2,817천 명으로 1월보다 2,979−2,817=162천 명 감소하였다.

오답분석

① 수송인원은 증가와 감소 모두 나타나고 있다.
② 8월의 수송인원은 3,103+3,617=6,702천 명이므로 3분기 수송인원은 6,431+6,720+6,333=19,484천 명이다.
④ 11월의 승차인원은 6,717−3,794=2,923천 명이므로 6월의 승차인원보다 3,102−2,923=179천 명 적다.
⑤ 8월의 수송인원은 6,720천 명이므로 12월의 수송인원인 6,910천 명보다 190천 명 적다.

05   정답 ②

남성흡연율이 가장 낮은 연도는 50% 미만인 2019년이고, 여성흡연율이 가장 낮은 연도도 약 20%인 2019년이다.

오답분석

ㄱ. 남성흡연율은 2021년까지 증가하다가 그 이후 감소하지만, 여성의 흡연율은 매년 꾸준히 증가하고 있다.
ㄷ. 남성의 음주율이 가장 낮은 해는 80% 미만인 2022년이지만, 흡연율이 가장 낮은 해는 50% 미만인 2019년이다.
ㄹ. 2021년 남성의 음주율과 여성 음주율이 모두 80% 초과 90% 미만이므로 두 비율의 차이는 10%p 미만이다.

06   정답 ②

정부지원금 유형 A의 수령자는 200×0.36=72명, 20대는 200×0.41=82명이므로 20대 중 정부지원금 유형 A의 수령자가 차지하는 비율은 $\frac{72}{82} \times 100 ≒ 87\%$이다.

오답분석

① 100×(200×0.36)+200×(200×0.42)+300×(200×0.22)=37,200만 원이다.
③ 20대는 200×0.41=82명이고, 정부지원 수령금을 합산한 금액이 200만 원인 사람은 200×0.42=84명이다. 따라서 200만 원 수령자 중 20대가 차지하는 비율은 $\frac{82}{84} \times 100 ≒ 97\%$이다.
④ 정부지원금 수혜자 수가 2배가 된다면, 총 400명이 될 것이고, 정부지원금에 들어간 총비용은 100×(400×0.36)+200×(400×0.42)+300×(400×0.22)=74,400만 원으로 2배가 된다.
⑤ 정부지원금에 들어간 총비용은 ①에 의해 37,200만 원이다. 정부지원금은 유형별 중복수혜가 불가능하다 했으므로, A유형 수령자는 36%, 100만 원 수령자는 36%로 동일하므로 100만 원을 받은 사람의 총금액은 100×200×0.36=7,200만 원이다. 따라서 B, C, D 유형에 들어간 총비용은 37,200-7,200=30,000만 원이다.

07   정답 ②

제시된 자료에 의하면 수도권은 서울과 인천·경기를 합한 지역을 의미한다. 따라서 전체 마약류 단속 건수 중 수도권의 마약류 단속 건수의 비중은 22.1+35.8=57.9%이므로 50% 이상이다.

오답분석

① 대마 단속 전체 건수는 167건이고, 마약 단속 전체 건수는 65건이다. 따라서 대마 단속 전체 건수는 마약 단속 전체 건수의 3배인 65×3=195건보다 적다.
③ 마약 단속 건수가 없는 지역은 강원, 충북, 제주로 3곳이다.
④ 대구·경북 지역의 향정신성의약품 단속 건수는 138건이고, 광주·전남 지역의 향정신성의약품 단속 건수는 38건이다. 따라서 향정신성의약품 단속 건수는 대구·경북 지역이 광주·전남 지역의 4배인 38×4=152건보다 적다.
⑤ 강원 지역의 향정신성의약품 단속 건수는 35건이고, 강원 지역의 대마 단속 건수는 13건이다. 따라서 강원 지역은 향정신성의약품 단속 건수가 대마 단속 건수의 3배인 13×3=39건보다 적다.

08   정답 ④

일본, 미국만 해당하므로 전체 국가의 수의 절반이 넘지 않는다.

오답분석

① 2021년에만 프랑스의 자국 영화 점유율이 한국보다 높았다.
② 자료를 통해 쉽게 확인할 수 있다.
③ 2020년 대비 2023년 자국 영화 점유율이 하락한 국가는 한국, 영국, 프랑스이고, 이 중 한국이 4%p로, 가장 많이 하락했다.
⑤ 2021년을 제외하고 프랑스, 영국은 각각 4, 5순위를 차지하고 있다.

09

정답 ④

콘솔게임과 PC 게임의 오프라인 시장 규모의 변화를 살펴보면, 꾸준히 감소하고 있음을 확인할 수 있다.

오답분석

① 자료에 '93,177'로 표시되어 있고, 단위가 '백만 달러'이므로, '931억 7,700만 달러'로 해석하여야 한다.
② 전년 대비 2023년 게임광고 분야의 성장률은 $\frac{4,749-4,375}{4,375} \times 100 ≒ 8.5\%$로 가장 높다(소셜 / 캐주얼게임 약 5.6%, 콘솔게임 약 3.5%, PC 게임 약 6.2%).
③ 소셜 / 캐주얼게임 분야를 살펴보면 약 13,000백만 달러씩 비슷한 수준의 규모로 매년 증가하고 있다.
⑤ 2023년 세계 게임 시장 규모의 비중을 살펴보면, PC 게임>콘솔게임>소셜 / 캐주얼게임>게임광고 순서임을 알 수 있다.

10

정답 ④

ㄴ. 2020년 대비 2023년 분야별 침해사고 건수 감소율은 다음과 같다.

- 홈페이지 변조 : $\frac{390-650}{650} \times 100 = -40\%$
- 스팸릴레이 : $\frac{40-100}{100} \times 100 = -60\%$
- 기타 해킹 : $\frac{165-300}{300} \times 100 = -45\%$
- 단순 침입시도 : $\frac{175-250}{250} \times 100 = -30\%$
- 피싱 경유지 : $\frac{130-200}{200} \times 100 = -35\%$

따라서 50% 이상 감소한 분야는 '스팸릴레이'한 분야이다.

ㄹ. 기타 해킹 분야의 2023년 침해사고 건수는 2021년 대비 증가했으므로 옳지 않은 설명이다.

오답분석

ㄱ. 자료를 통해 단순 침입시도 분야의 침해사고는 매년 스팸릴레이 분야의 침해사고 건수의 2배 이상인 것을 확인할 수 있다.
ㄷ. 2022년 홈페이지 변조 분야의 침해사고 건수가 차지하는 비중은 $\frac{600}{1,500} \times 100 = 40\%$로, 35% 이상이다.

11

정답 ①

올해 직원 수를 x명이라고 하면, 작년 직원 수는 $1.05x$명, 내년 직원 수는 $1.04x$명이다.
올해 직원 수의 4%가 28명이므로 $0.04x=28 \rightarrow x=700$에 따라 올해 직원 수는 700명이다.
- 작년 직원 수 : $1.05 \times 700 = 735$명
- 내년 직원 수 : $1.04 \times 700 = 728$명

따라서 그 차이는 $735-728=7$명이다.

12

정답 ③

일의 양을 1이라고 하면 A사원이 하루에 하는 일의 양은 $\frac{1}{4}$이며, B사원은 하루에 $\frac{1}{12}$의 일을 한다.

A, B사원이 같이 일을 끝내는 데 걸리는 기간을 x일이라고 하자.

$\left(\frac{1}{4}+\frac{1}{12}\right) \times x = 1 \rightarrow \frac{3+1}{12} \times x = 1$

$\therefore x = \frac{12}{4} = 3$

따라서 A, B사원이 같이 일하며 프로젝트를 끝내는 데 걸리는 기간은 3일이다.

13 정답 ②

탁구공 12개 중에서 4개를 꺼내는 경우의 수는 $_{12}C_4 = 495$가지이다.
흰색 탁구공이 노란색 탁구공보다 많은 경우는 흰색 탁구공 3개, 노란색 탁구공 1개 또는 흰색 탁구공 4개를 꺼내는 경우이다.
ⅰ) 흰색 탁구공 3개, 노란 색 탁구공 1개를 꺼내는 경우의 수 : $_7C_3 \times _5C_1 = 35 \times 5 = 175$가지
ⅱ) 흰색 탁구공 4개를 꺼내는 경우의 수 : $_7C_4 = 35$가지
따라서 구하고자 하는 확률은 $\dfrac{175+35}{495} = \dfrac{210}{495} = \dfrac{14}{33}$ 이다.

14 정답 ④

- 아이스크림의 정가 : $2,000(1+a\%)$원
- 아이스크림의 할인율 : $\dfrac{a}{2}\%$
- 할인된 아이스크림의 가격 : $2,000(1+a\%) \times \left(1-\dfrac{a}{2}\%\right)$원
- 아이스크림 1개당 이익 : $2,000(1+a\%) \times \left(1-\dfrac{a}{2}\%\right) - 2,000 = 240$원

$2,000(1+a\%) \times \left(1-\dfrac{a}{2}\%\right) - 2,000 = 240$
→ $2,000\left(1+\dfrac{a}{100}\right)\left(1-\dfrac{a}{200}\right) - 2,000 = 240$
→ $a^2 - 100a + 2,400 = 0$
→ $(a-40)(a-60) = 0$
∴ $a = 40$ 또는 60

따라서 40%나 60%를 할인한 경우에 240원의 이익이 발생한다.

15 정답 ④

40분 동안의 민주와 세희의 이동거리는 다음과 같다.
- 민주의 이동거리 : $40 \times 40 = 1,600$m
- 세희의 이동거리 : $45 \times 40 = 1,800$m

산책로의 길이를 xm라 하면 40분 후에 두 번째로 마주친 것이라고 하므로 다음과 같은 방정식이 성립한다.
$1,600 + 1,800 = 2x$
→ $2x = 3,400$
∴ $x = 1,700$

따라서 산책로의 길이는 1,700m이다.

16 정답 ④

농도가 15%인 소금물의 양을 xg이라고 가정하고, 소금의 양에 대한 방정식을 세우면 다음과 같다.
$0.1 \times 200 + 0.15 \times x = 0.13 \times (200+x)$
→ $20 + 0.15x = 26 + 0.13x$
→ $0.02x = 6$
∴ $x = 300$

그러므로 농도가 15%인 소금물은 300g이 필요하다.
따라서 소금물 A의 농도는 12%이다.

17 정답 ③

두 자리 정수 중 3의 배수는 다음과 같다.
- 1□인 경우 : 12, 15, 18 → 3개
- 2□인 경우 : 21, 24, 27 → 3개
- 3□인 경우 : 30, 36, 39 → 3개
- 4□인 경우 : 42, 45, 48 → 3개
- 5□인 경우 : 51, 54, 57 → 3개
- 6□인 경우 : 60, 63, 69 → 3개
- 7□인 경우 : 72, 75, 78 → 3개
- 8□인 경우 : 81, 84, 87 → 3개
- 9□인 경우 : 90, 93, 96 → 3개

따라서 두 자리 정수 중 3의 배수가 되는 경우의 수는 27가지이다.

18 정답 ③

S랜드 연간 이용 횟수를 x회라고 하자.
- 비회원 이용 금액 : $20,000 \times x$
- 회원 이용 금액 : $50,000 + 20,000 \times \left(1 - \dfrac{20}{100}\right) \times x$

$20,000 \times x > 50,000 + 20,000 \times \left(1 - \dfrac{20}{100}\right) \times x$

→ $20,000x > 50,000 + 16,000x$
→ $4,000x > 50,000$
∴ $x > 12.5$

따라서 최소 13회를 이용해야 회원 가입한 것이 이익이다.

19 정답 ⑤

위원회를 구성할 수 있는 경우의 수는 학생회장과 A교수가 동시에 뽑히는 경우를 제외한 것과 같다.

전체 인원 12명 중 5명을 뽑는 경우의 수는 $_{12}C_5 = \dfrac{12 \times 11 \times 10 \times 9 \times 8}{5 \times 4 \times 3 \times 2 \times 1} = 792$가지이고, 학생회장과 A교수가 같이 대표로 뽑힐 경우의 수는 12명 중 이 2명을 제외한 10명에서 3명을 뽑는 경우와 같으므로 $_{10}C_3 = \dfrac{10 \times 9 \times 8}{3 \times 2 \times 1} = 120$가지이다.

따라서 위원회를 구성하는 경우의 수는 792−120=672가지이다.

20 정답 ⑤

A가 합격할 확률을 P_A라 하고, B가 합격할 확률을 P_B라 할 때, A와 B의 운전면허 합격 여부는 서로 영향을 미치지 않으므로 주어진 조건을 식으로 나타내면 다음과 같다.
- A와 B 모두 합격할 확률 : $P_A \times P_B = 0.25$
- B가 합격할 확률 : $P_B = 0.5$

합격 아니면 불합격이므로 A가 불합격 할 확률은 $1 - P_A$임을 이용하여 구할 수 있다.

$P_A = \dfrac{P_A \times P_B}{P_B} = \dfrac{0.25}{0.5} = \dfrac{1}{2}$

∴ $1 - P_A = 1 - \dfrac{1}{2} = \dfrac{1}{2}$

따라서 A가 불합격할 확률은 $\dfrac{1}{2}$이다.

03 추리력

01	02	03	04	05	06	07	08	09	10	11	12	13	14	15				
②	⑤	③	⑤	②	③	⑤	③	②	①	③	⑤	②	⑤	⑤				

01
정답 ②

규칙은 가로로 적용된다.
첫 번째 도형을 색 반전시킨 도형이 두 번째 도형이고, 두 번째 도형을 좌우 대칭시킨 도형이 세 번째 도형이다.

02
정답 ⑤

규칙은 가로로 적용된다.
첫 번째 도형의 색칠된 부분과 두 번째 도형의 색칠된 부분을 합치면 세 번째 도형의 색칠된 부분이 된다.

03
정답 ③

규칙은 가로로 적용된다.
첫 번째 도형을 수직으로 반을 잘랐을 때의 왼쪽 도형이 두 번째 도형이고, 이를 수평으로 반을 잘랐을 때의 아래쪽 도형이 세 번째 도형이다.

04
정답 ⑤

규칙은 가로로 적용된다.
순서에 따라 16칸 안에 있는 모든 도형이 오른쪽으로 한 칸씩 움직인다.

05
정답 ②

도형의 규칙은 가로로 적용된다.
첫 번째 도형과 세 번째 도형을 합쳤을 때 두 번째 도형이 되는데, 겹치는 칸이 모두 색칠되어 있거나 색칠되어 있지 않은 경우 그 칸의 색은 비워두고, 색칠된 칸과 색칠되지 않은 칸이 겹칠 경우 색칠하여 완성한다. 따라서 ?에는 ②가 와야 한다.

06
정답 ③

큰 사각형 안의 작은 사각형은 45° 회전하고, 검은 삼각형은 시계 반대 방향으로 90° 회전하며 흰색 원은 큰 사각형 중심을 기준으로 시계 방향으로 이동한다.

07
정답 ⑤

사각형 안의 이등변삼각형은 시계 반대 방향으로 45° 회전하고, 사각형 안의 직각삼각형은 시계 반대 방향으로 90° 회전하며 사각형 안의 반원은 시계 방향으로 90° 회전한다. 또한 색상은 흰색 → 검은색 → 회색 순서로 순환한다.

08
정답 ③

원은 시계 방향으로 45° 회전하며 색은 회색 → 검은색 → 흰색 순서로 순환하고, 원 안의 선은 검은색과 흰색을 반복한다. 또한 사각형의 색은 검은색 → 회색 → 흰색 순서로 순환한다.

09

정답 ②

- ㉠ : 모든 도형을 시계 방향으로 90° 회전 후, 오른쪽으로 1칸씩 이동
- ㉡ : 모든 도형을 오른쪽으로 1칸씩 이동 후, 위쪽으로 1칸씩 이동

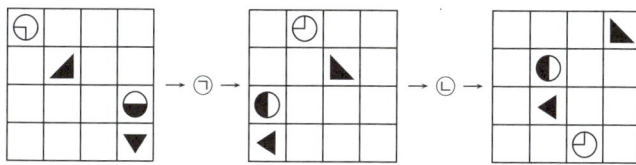

10

정답 ①

- ㉠ : 모든 도형을 색 반전 후, 위쪽으로 1칸씩 이동
- ㉡ : 홀수 행은 왼쪽으로 1칸씩 이동, 짝수 행은 오른쪽으로 1칸씩 이동

11

정답 ③

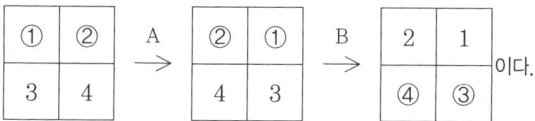

12

정답 ⑤

- 가로(좌 → 우) : 색 반전
- 세로(위 → 아래) : 좌우 열 교환

13

정답 ②

왼쪽 도형에 ?를 겹쳤을 때 오른쪽 도형이 되려면 [도형] 이 필요하다.

따라서 이를 시계 반대 방향으로 90° 회전시킨 ②가 답이 된다.

14

정답 ⑤

- ■ : 상하 대칭
- # : 색 반전
- ▽ : 좌우 대칭
- ↑ : 시계 반대 방향으로 90° 회전

15

정답 ⑤

- 위쪽 반원
  ① → ② : 도형을 시계 방향으로 90° 회전
  ② → ③ : 도형을 좌우 대칭
- 아래쪽 반원
  ① → ② : 내부도형 180° 회전 후, 전체 색 반전
  ② → ③ : 외부도형은 좌우 대칭, 내부도형은 시계 방향으로 90° 회전 후, 전체 색 반전

제3회 최종점검 모의고사

01 언어력

01	02	03	04	05	06	07	08	09	10
③	④	①	②	②	①	③	③	①	②
11	12	13	14	15					
④	③	④	⑤	⑤					

01 정답 ③

제시문의 두 번째 문단에 따르면 할랄식품 시장은 급격히 성장하고 있으며, 이에 맞춰 많은 유통업계가 할랄식품을 위한 생산설비를 설치하고 있다고 한다. 따라서 ③이 가장 적절하다.

오답분석
① · ② 할랄식품은 엄격하게 생산 · 유통되기 때문에 일반 소비자들에게도 평이 좋다.
④ 세계 할랄 인증 기준은 200종에 달하고 수출하는 국가마다 별도의 인증을 받아야 한다.
⑤ 표준화되지 않은 할랄 인증 기준은 무슬림 국가들의 '수입 장벽'이 될 수 있다.

02 정답 ④

제시문에 따르면 최근 수면장애 환자의 급격한 증가를 통해 한국인의 수면의 질이 낮아지고 있음을 알 수 있다. 현재 한국인의 짧은 수면시간도 문제지만, 수면의 질 저하도 심각한 문제가 되고 있다.

오답분석
① 다른 국가에 비해 근무 시간이 많아 수면시간이 짧은 것일 뿐, 수면시간이 근무 시간보다 짧은지는 알 수 없다.
② 40 · 50대 중 · 장년층 수면장애 환자는 전체의 36.6%로 가장 큰 비중을 차지한다.
③ 수면장애 환자는 여성이 42만 7,000명으로 29만 1,000명의 남성보다 1.5배 정도 더 많다.
⑤ 폐경기 여성의 경우 여성호르몬인 에스트로겐이 줄어들면서 아세틸콜린 신경전달 물질의 분비가 저하됨에 따라 여러 형태의 불면증이 동반된다. 따라서 에스트로겐의 증가가 아닌 감소가 불면증에 영향을 미친다.

03 정답 ①

제시문의 네 번째 문단에 따르면 2000년대 초 연준의 금리 인하는 국공채에 투자했던 퇴직자들의 소득을 감소시켰고, 노년층에서 정부로, 정부에서 금융업으로 부의 대규모 이동이 이루어져 불평등을 심화시켰다. 따라서 금융업으로부터 정부로 부가 이동하였다는 ①은 적절하지 않다.

오답분석
② 마지막 문단에 따르면 2000년대 초 연준이 고용 증대를 기대하고 시행한 저금리 정책은 노동을 자본으로 대체하는 투자를 증대시킴으로써 오히려 실업률이 떨어지지 않는 구조를 만들었다.
③ 세 번째 문단에 따르면 2000년대 초는 대부분의 부문에서 설비 가동률이 낮은 상황이었기 때문에 당시의 저금리 정책이 오히려 주택 시장의 거품을 초래하였다.
④ 2000년대 초 연준의 저금리 정책으로 주택 가격이 상승하여 주택 시장의 거품을 초래하였고, 주식 가격 역시 상승하였지만 이에 대한 이득은 대체로 부유층에 집중되었다.
⑤ 두 번째 문단에 따르면 부동산 거품 대응 정책에서는 주택 담보 대출에 대한 규제가 금리 인상보다 더 효과적인 정책이다.

04 정답 ②

사물인터넷(IoT)의 발달로 센서의 사용 또한 크게 늘고 있다.

오답분석
① 인체의 작은 움직임(주파수 2~5Hz)도 스마트폰이나 웨어러블(안경, 시계, 의복 등과 같이 신체에 작용하는 제품) 기기들의 전기 에너지원으로 사용될 수 있다.
③ 교체 및 충전식 전기 화학 배터리는 수명이 짧다는 특징을 갖고 있다.
④ 기계적 진동원은 움직이는 인체, 자동차, 진동 구조물, 물이나 공기의 흐름에 의한 진동 등 모두를 포함한다.
⑤ 전자기력 기반은 패러데이의 유도법칙을 이용하여 전기를 생산하며, 낮은 주파수의 기계적 에너지를 전기에너지로 변환하는 매우 효율적인 방법이다.

05 정답 ②

비트코인은 인터넷 환전 사이트에서 구매 가능하며, 현금화 할 수 있다.

오답분석

① 비트코인의 총발행량은 2,100만 개로 희소성을 가지고 있으며 2017년 12월 기준 전체의 약 80%가 채굴되었다.
③ 비트코인을 얻기 위해서는 컴퓨팅 파워와 전기를 소모해서 어려운 수학 문제를 풀어야 한다.
④ 비트코인은 통화를 발행하고 통제하는 중앙통제기관이 존재하지 않는 구조이다.
⑤ 컴퓨터와 인터넷만 되면 누구나 비트코인 계좌를 개설할 수 있으며, 이 때문에 비트코인은 돈세탁이나 마약거래에 사용되는 문제점도 드러나고 있다.

06 정답 ①

ㄱ은 두 번째 문단에서 ㄴ은 마지막 문단에서 확인할 수 있다.

오답분석

ㄷ·ㄹ. 네 번째 문단에서 악보로 정리된 시나위를 연주하는 것은 시나위 본래 취지에 어긋난다는 내용과 두 번째 문단에서 곡의 일정한 틀은 유지한다는 내용을 보면 즉흥성을 잘못 이해한 것을 알 수 있다.

07 정답 ③

제시문은 또 다른 물의 재해인 '지진'의 피해에 대해 설명하는 글로, 두 번째 문단과 세 번째 문단은 '지진'의 피해에 대한 구체적인 사례를 제시하고 있다. 따라서 제목으로 가장 적절한 것은 강력한 물의 재해 '지진'이다.

08 정답 ③

제시문은 우유니 사막의 위치와 형성, 특징 등 우유니 사막의 자연지리적 특징에 관한 글이다.

09 정답 ①

제시문에 따르면 식사에 관한 상세한 설명이 주어지거나, 요리가 담긴 접시 색이 밝을 때 비만인 사람들의 식사량이 증가했다는 내용을 밝히고 있으며 이를 통해 비만인 사람들이 외부로부터의 자극에 의해 식습관에 영향을 받기 쉽다는 것을 추론할 수 있다.

10 정답 ②

네 번째 문단의 손 모양이 생겨나는 과정을 통해 추론할 수 있는 내용이다.

오답분석

① 몸의 상처가 회복되는 것은 세포의 재생과 관련이 있으므로 적절한 추론이 아니다.
③ 아포토시스를 이용한 항암제는 이미 유전자 변형으로 생겨난 암세포의 죽음을 유발하므로 유전자 변형을 막는다는 추론은 적절하지 않다.
④ 화학 약품은 유전자 변형을 일으키고 오히려 아포토시스가 일어나는 과정을 방해하므로 적절하지 않다.
⑤ 아포토시스는 염증을 발생시키지 않으므로 역시 적절한 추론이 아니다.

11 정답 ④

미생물을 끓는 물에 노출하면 영양세포나 진핵포자는 죽일 수 있으나, 세균의 내생포자는 사멸시키지 못한다. 멸균은 포자, 박테리아, 바이러스 등을 완전히 파괴하거나 제거하는 것이므로 물을 끓여서 하는 열처리 방식으로는 멸균이 불가능함을 알 수 있다. 따라서 빈칸에 들어갈 내용으로는 소독은 가능하지만, 멸균은 불가능하다는 ④가 가장 적절하다.

12 정답 ③

제시문은 오브제의 정의와 변화과정에 대한 글이다. 마지막 문단의 빈칸 앞에서는 예술가의 선택에 의해 기성품 그 본연의 모습으로 예술작품이 되는 오브제를, 빈칸 이후에는 나아가 진정성과 상징성이 제거된 팝아트에서의 오브제 기법에 대하여 서술하고 있다. 따라서 빈칸에는 예술가의 선택에 의해 기성품 본연의 모습으로 오브제가 되는 ③의 사례가 오는 것이 가장 적절하다.

13 정답 ④

먼저 이산화탄소 흡수원의 하나인 연안 생태계를 소개하는 (다) 문단이 오는 것이 적절하며, 다음으로 이러한 연안 생태계의 장점을 소개하는 (나) 문단이 오는 것이 적절하다. 다음으로는 (나) 문단에서 언급한 연안 생태계의 장점 중 갯벌의 역할을 부연 설명하는 (가) 문단이 오는 것이 적절하며, (가) 문단 뒤로는 '또한'으로 시작하며 연안 생태계의 또 다른 장점을 소개하는 (라) 문단이 오는 것이 적절하다. 따라서 (다) – (나) – (가) – (라) 순으로 연결되어야 한다.

14

정답 ⑤

제시문은 나무를 가꾸기 위해 고려해야 하는 사항에 대해 서술하는 글이다. 고려해야 할 사항들을 나열하고 그중 제일 먼저 생육조건에 대해 설명하는 (가) 문단이 첫 부분으로 적절하다. 그다음으로 (라) 문단은 나무를 양육할 때 주로 저지르는 실수로 나무 간격을 촘촘하게 심는 것을 언급하고 있다. 따라서 그 이유를 설명하는 (다) 문단이 다음으로 이어지는 것이 옳다. 그리고 (나) 문단 역시 또 다른 식재계획 시 주의점에 대해서 이야기하고 있으므로 (다) 문단 뒤에 나열하는 것이 가장 적절하다.

15

정답 ⑤

먼저 '빅뱅 이전에는 아무것도 없었다.'는 '영겁의 시간 동안 우주는 단지 진공이었을 것이다.'를 의미한다는 (라) 문단이 오는 것이 적절하며, 다음으로 '이런 식으로 사고하려면', 즉 우주가 단지 진공이었다면 왜 우주가 탄생하게 되었는지를 설명할 수 없다는 (다) 문단이 오는 것이 적절하다. 그 뒤를 이어 우주 탄생 원인을 설명할 수 없는 이유를 이야기하는 (나) 문단과 이와 달리 아예 다른 방식으로 해석하는 (가) 문단이 차례로 오는 것이 적절하다.

02 수리력

01	02	03	04	05	06	07	08	09	10	11	12	13	14	15	16	17	18	19	20
③	⑤	⑤	②	④	③	⑤	③	②	③	①	⑤	④	②	②	③	②	④	①	④

01

정답 ③

ㄴ. 연령대별 아메리카노와 카페라테의 선호율의 차이를 구하면 다음과 같다.

구분	20대	30대	40대	50대
아메리카노 선호율	42%	47%	35%	31%
카페라테 선호율	8%	18%	28%	42%
차이	34%	29%	7%	11%

따라서 아메리카노와 카페라테의 선호율 차이가 가장 적은 연령대는 40대임을 알 수 있다.

ㄷ. 20대와 30대의 선호율 하위 3개 메뉴를 정리하면 다음과 같다.
- 20대 : 핫초코(6%), 에이드(3%), 아이스티(2%)
- 30대 : 아이스티(3%), 핫초코(2%), 에이드(1%)

따라서 20대와 30대의 선호율 하위 3개 메뉴는 동일함을 알 수 있다.

오답분석

ㄱ. 연령대별 아메리카노 선호율은 20대 42%, 30대 47%, 40대 35%, 50대 31%로 30대의 선호율은 20대보다 높음을 알 수 있다.

ㄹ. 40대와 50대의 선호율 상위 2개 메뉴가 전체 선호율에서 차지하는 비율을 구하면 다음과 같다.
- 40대 : 아메리카(35%), 카페라테(28%) → 63%
- 50대 : 카페라테(42%), 아메리카노(31%) → 73%

따라서 50대의 선호율 상위 2개 메뉴가 전체 선호율에서 차지하는 비율은 70%를 넘지만, 40대에서는 63%로 70% 미만이다.

02

정답 ⑤

3인 가구의 26℃이상 28℃미만일 때 에어컨가동시간은 10.4시간으로 30℃ 이상일 때인 16시간의 $\dfrac{10.4}{16} \times 100 = 65\%$ 수준이다.

오답분석

① 1인 가구의 30℃이상일 때 일평균 에어컨가동시간은 6.3시간으로 26℃ 미만일 때의 1.4시간보다 $\dfrac{6.3}{1.4} = 4.5$배 더 많다.

② 평균 실내온도가 28℃ 미만일 때, 자녀가 있는 2인 가구의 일평균 에어컨가동시간은 자녀가 없을 때보다 2배 이상 많지만, 28℃ 이상일 경우에는 2배 미만이다.

③ 28℃ 이상 30℃ 미만일 때의 4인가구의 일평균 에어컨가동시간은 18.8시간이다.

④ 평균 실내온도가 26℃ 미만일 때와 28℃ 이상 30℃ 미만일 때는, 6인 가구 이상에서의 에어컨가동시간은 5인 이상 가구보다 많지만, 나머지 두 구간에서는 적다.

03
정답 ⑤

'매우 불만족'으로 평가한 고객 수는 전체 150명 중 15명이므로 10%의 비율을 차지한다.

따라서 응답한 전체 고객 중 $\frac{1}{10}$이 '매우 불만족'으로 평가했다는 것을 알 수 있다.

오답분석

① 응답자의 합계를 확인하면 150명이므로 옳은 설명이다.
② '매우 만족'이라고 평가한 응답자의 비율이 20%이므로, 150×0.2=30명(A)이다.
③ '보통'이라고 평가한 응답자의 수를 역산하여 구하면 48명(B)이고, 비율은 32%(C)이다. 따라서 약 $\frac{1}{3}$이라고 볼 수 있다.
④ '불만족' 이하 구간은 '불만족' 16%와 '매우 불만족' 10%의 합인 26%이다.

04
정답 ②

2022년에 서울과 경남의 등락률이 상승했고, 2021년에 제주의 등락률이 상승했으므로 ②가 옳지 않은 설명이다.

오답분석

① 2020년부터 부산의 등락률은 2.4% → 1.5% → 1.3% → 0.8%로 하락하고 있다.
③ 2020년에 경남은 제주의 1.2%에 이어 1.9%로 등락률이 두 번째로 낮다.
④ 2022년에 등락률이 가장 높은 곳은 1.6%인 서울이다.
⑤ 2023년에 충북은 등락률이 -0.1%로 가장 낮다.

05
정답 ④

ㄴ. 2023년 전체 쌀 소비량은 93.6kg×4,700만 명≒440만 톤임을 알 수 있다.
ㄷ. 2014년 전체 쌀 생산량은 469만 5천 톤인 반면 쌀 소비량은 106.5×44,609,000≒475만 톤으로, 생산량이 소비량보다 적었다.

오답분석

ㄱ. 농가 인구와 비농가 인구의 인구 구성비율을 알 수 없으므로, 1인당 쌀 소비량만으로는 농가에서의 소비량과 비농가에서의 소비량을 서로 비교할 수 없다.

06
정답 ③

응답기간 중 하위 두 정당은 항상 D, E정당으로 같다. 이 두 정당의 조사 지지율의 합과 C정당의 지지율은 다음과 같다.

구분	1월	6월	12월
D, E정당의 지지율 합	8.9+5.6=14.5%	5.2+3.3=8.5%	4.7+7.5=12.2%
C정당	12.8%	11.2%	10.8%

따라서 하위 두 정당의 지지율의 합이 C정당의 지지율보다 낮은 때는 2024년 6월뿐이다.

오답분석

① 정당별 2024년 1월, 6월, 12월의 지지율 증감추이는 다음과 같다.
- A정당 : 증가 - 감소
- B정당 : 증가 - 증가
- C정당 : 감소 - 감소
- D정당 : 감소 - 감소
- E정당 : 감소 - 증가

따라서 지지율 증감추이가 동일한 정당은 C, D정당이다.

② 응답기간인 2024년 1월, 6월, 12월의 A정당과 B정당의 지지율 합은 다음과 같다.

구분	1월	6월	12월
A, B정당의 지지율 합	38.2+34.5=72.7%	41.5+38.8=80.3%	36.8+40.2=77%

따라서 응답기간 중 A정당과 B정당의 지지율 합은 항상 70% 이상이다.

④ 2024년 6월 조사에서 A정당의 지지율은 41.5%이고, B정당의 지지율은 38.8%이므로 두 지지율의 차이는 41.5-38.8=2.7%p 이다. 따라서 총 응답자 수는 600+705+695=2,000명이므로 A정당과 B정당을 지지하는 인원수 차이는 2,000×0.027=54명이다.

⑤ 2024년 1월 조사에서 20대부터 50대까지의 응답자 수는 총 600+705=1,305명이다. 이 중 A정당과 C정당의 전체 지지자가 20~50대이고, 나머지 인원이 B정당을 지지하는 최소 인원이 된다. 따라서 A정당과 C정당의 전체 지지자는 (2,000×0.382)+(2,000×0.128)=764+256=1,020명이므로 20~50대 응답자 수에서 제외한 1,305-1,020=285명이 B정당의 최소 지지자 수이다.

07   정답 ⑤

ㄱ. 제시된 자료를 통해 아파트단지, 놀이터, 공원의 경우 안전지킴이집의 수는 지속적으로 감소하지 않는다는 것을 알 수 있다.

ㄷ. • 2022년 대비 2023년의 학교 안전지킴이집의 증감률 : $\frac{7,270-7,700}{7,700}\times100≒-5.58\%$

• 2022년 대비 2023년의 유치원 안전지킴이집의 증감률 : $\frac{1,373-1,381}{1,381}\times100≒-0.58\%$

따라서 0.58×10=5.8%이므로 2022년 대비 2023년의 학교 안전지킴이집의 감소율은 2022년 대비 2023년의 유치원 안전지킴이집 감소율의 10배 미만이다.

ㄹ. • 2022년 전체 어린이 안전지킴이집에서 24시 편의점이 차지하는 비중 : $\frac{2,528}{20,512}\times100≒12.32\%$

• 2023년 전체 어린이 안전지킴이집에서 24시 편의점이 차지하는 비중 : $\frac{2,542}{20,205}\times100≒12.58\%$

따라서 증가하였다.

오답분석

ㄴ. 2019년 대비 2023년의 선정업소 형태별 어린이 안전지킴이집 증감폭을 구하면 다음과 같다.
• 24시 편의점 : 2,542-3,013=-471개
• 약국 : 1,546-1,898=-352개
• 문구점 : 3,012-4,311=-1,299개
• 상가 : 6,770-9,173=-2,403개
• 기타 : 6,335-5,699=636개
따라서 2019년에 비해 2023년에 가장 많이 감소한 선정업소 형태는 상가이다.

08   정답 ③

개략적인 수치 변화를 보면 2020년이 예산 대비 가장 낮은 대출을 보인 연도이므로, 비율로 계산하면 $\frac{48}{250}\times100=19.2\%$이다.

09   정답 ②

곡류의 수입 물량은 2020년과 2021년 사이에 증가하였고, 수입 금액은 2022년과 2023년 사이에 감소하였다.

오답분석

① 2018년 대비 2023년의 농산물 전체 수입 물량은 $\frac{3,430-2,450}{2,450}\times100=40\%$ 증가하였다.

③ 2018년 대비 2023년의 과실류 수입 금액은 $\frac{175-50}{50}\times100=250\%$ 급증하였다.

④ 곡류, 과실류, 채소류의 2018년과 2023년의 수입 물량 차이를 구하면 다음과 같다.
• 곡류 : 1,520-1,350=170만 톤   • 과실류 : 130-65=65만 톤
• 채소류 : 110-40=70만 톤
따라서 곡류가 가장 많이 증가했다.

⑤ 2019~2023년 동안 과실류와 채소류 수입 금액의 전년 대비 증감 추이는 '증가 - 감소 - 증가 - 감소 - 증가'로 같다.

10

정답 ③

삶의 만족도가 한국보다 낮은 국가는 에스토니아, 포르투갈, 헝가리이다. 따라서 세 국가의 장시간 근로자 비율의 평균은 $\frac{3.6+9.3+2.7}{3}=5.2\%$고, 이탈리아의 장시간 근로자 비율인 5.4%보다 낮기 때문에 적절하지 않은 설명이다.

[오답분석]
① 삶의 만족도가 가장 높은 국가는 덴마크이며, 덴마크의 장시간 근로자 비율이 가장 낮음을 자료에서 확인할 수 있다.
② 삶의 만족도가 가장 낮은 국가는 헝가리이며, 헝가리의 장시간 근로자 비율은 2.7%이다. 2.7×10=27<28.1이므로 한국의 장시간 근로자 비율은 헝가리의 장시간 근로자 비율의 10배 이상이다.
④ 여가·개인 돌봄시간이 가장 긴 국가는 덴마크이고, 여가·개인 돌봄시간이 가장 짧은 국가는 멕시코이다. 따라서 두 국가의 삶의 만족도 차이는 7.6−7.4=0.2점이다.
⑤ 장시간 근로자 비율이 미국보다 낮은 국가들은 덴마크, 프랑스, 이탈리아, 에스토니아, 포르투갈, 헝가리이며, 이들 국가의 여가·개인 돌봄시간은 모두 미국의 여가·개인 돌봄시간보다 길다.

11

정답 ①

기념품을 받기 위해 달려야 하는 평균 속력을 x라고 할 때, 다음과 같은 식이 성립한다.
$$8 \times \frac{12}{60} + x \times \frac{48}{60} \geq 10$$
→ $96 + 48x \geq 600$
→ $48x \geq 504$
∴ $x \geq 10.5$

따라서 적어도 평균 10.5km/h로 달려야 기념품을 받을 수 있다.

12

정답 ⑤

A~E를 한 줄로 세우는 경우의 수는 5×4×3×2×1=120가지이다.
A가 맨 앞에 서는 경우의 수는 4×3×2×1=24가지이고 A가 맨 앞에 서는 경우 또한 4×3×2×1=24가지이다.

따라서 A가 맨 앞이나 맨 뒤에 서게 될 확률은 $\frac{24+24}{120} = \frac{48}{120} = \frac{2}{5}$ 이다.

13

정답 ④

뽑은 2명의 학생의 혈액형이 서로 다를 경우의 수는 10명의 학생 중에서 임의로 2명을 뽑는 경우의 수에서 뽑힌 2명의 학생의 혈액형이 같을 경우의 수를 뺀 값이다.
• 10명의 학생 중에서 임의로 2명을 뽑는 경우의 수 : $_{10}C_2=45$가지
• 뽑힌 2명의 학생의 혈액형이 모두 A형인 경우의 수 : $_2C_2=1$가지
• 뽑힌 2명의 학생의 혈액형이 모두 B형인 경우의 수 : $_3C_2=3$가지
• 뽑힌 2명의 학생의 혈액형이 모두 O형인 경우의 수 : $_5C_2=10$가지

따라서 뽑은 2명의 학생의 혈액형이 다를 경우의 수는 45−(1+3+10)=31가지이다.

14

각설탕 하나의 무게를 xg이라 하면, 각설탕 10개의 무게는 $10x$g이다.
또한 농도 20%의 설탕물 400g에 들어있던 설탕의 무게와 각설탕 10개의 무게의 합은 농도가 25%인 설탕물 $(400+10x)$g에 들어있는 설탕의 무게와 같다. 이를 방정식으로 나타내면 다음과 같다.

$\dfrac{20}{100} \times 400 + 10x = \dfrac{25}{100} \times (400+10x)$

→ $80 + 10x = 100 + 2.5x$
→ $7.5x = 20$
∴ $x = \dfrac{8}{3}$

따라서 각설탕 1개의 무게는 $\dfrac{8}{3}$g이므로 각설탕 3개의 무게는 $\dfrac{8}{3} \times 3 = 8$g이다.

15

누리가 15km를 간 뒤에, 수연이가 출발했으므로 수연이가 자전거로 40km를 이동했을 때, 누리는 걸어서 $40-15=25$km를 이동했다. 누리의 걸을 때 속력을 $x$km/h라고 하자. 수연이가 자전거를 타고 움직인 속력은 $(x+10)$km/h이다.

$\dfrac{40}{x+10} = \dfrac{25}{x}$

→ $40x = 25(x+10)$
∴ $x = \dfrac{50}{3}$

따라서 두 사람이 함께 운동한 시간은 $\dfrac{25}{\frac{50}{3}} = \dfrac{3}{2}$ 시간이므로, 두 사람이 함께 운동한 시간은 1시간 30분이다.

16 정답 ③

갑의 1시간 동안 작업량을 x개라고 한다면, 을과 병의 1시간 동안 작업량은 각각 $1.2x$개, $0.7x$개이다. 이를 방정식으로 나타내면 다음과 같다.
$6 \times (x + 1.2x + 0.7x) = 435$
→ $6 \times 2.9x = 435$
→ $17.4x = 435$
∴ $x = 25$

따라서 갑이 1시간 동안 조립하는 볼펜은 총 25개이다.

17
정답 ②

갑과 을이 1시간 동안 만들 수 있는 곰 인형의 수는 각각 $\frac{100}{4}=25$개, $\frac{25}{10}=2.5$개이다.

함께 곰 인형 132개를 만드는 데 걸린 시간을 x시간이라고 하자.
$(25+2.5) \times 0.8 \times x = 132$
→ $27.5x = 165$
∴ $x = 6$

따라서 곰 인형을 만드는 데 6시간이 걸린다.

18
정답 ④

사과 1개의 정가를 x원이라고 하면, 정가에서 20% 할인한 금액은 $0.8x$원이고, 400원 할인한 금액은 $(x-400)$원이다. 이때, 20% 할인하여 6개를 판매한 매출액과 400원 할인하여 8개를 판매한 매출액이 같다고 하였으므로 다음과 같은 방정식이 성립한다.
$0.8x \times 6 = 8(x-400)$
→ $4.8x = 8x - 3,200$
→ $3.2x = 3,200$
∴ $x = 1,000$

따라서 정가는 1,000원임을 알 수 있다.

19
정답 ①

ⅰ) 7권의 소설책 중 3권을 선택하는 경우의 수 : $_7C_3 = \frac{7 \times 6 \times 5}{3 \times 2 \times 1} = 35$가지

ⅱ) 5권의 시집 중 2권을 선택하는 경우의 수 : $_5C_2 = \frac{5 \times 4}{2 \times 1} = 10$가지

따라서 소설책 3권과 시집 2권을 선택하는 경우의 수는 $35 \times 10 = 350$가지이다.

20
정답 ④

첫 번째 날 또는 일곱 번째 날에 총무부 소속 팀이 봉사활동을 하게 될 확률은 1에서 마케팅 소속 팀이 첫 번째 날과 일곱 번째 날에 봉사활동을 반드시 하는 확률을 제외한 것과 같다.

마케팅부의 5팀 중 첫 번째 날과 일곱 번째 날에 봉사활동 할 팀을 배치하는 순서의 경우의 수는 $_5P_2 = 5 \times 4 = 20$가지이고, 총무부 2팀을 포함한 5팀을 배치하는 경우의 수는 5!가지이므로 총 $20 \times 5!$가지이다.

첫 번째 날과 일곱 번째 날에 마케팅팀이 봉사활동 하는 확률은 $\frac{20 \times 5!}{7!} = \frac{20 \times 5 \times 4 \times 3 \times 2 \times 1}{7 \times 6 \times 5 \times 4 \times 3 \times 2 \times 1} = \frac{10}{21}$ 이므로 첫 번째 날 또는 일곱 번째 날에 총무부 소속 팀이 봉사활동 하는 확률은 $1 - \frac{10}{21} = \frac{11}{21}$이다.

따라서 $a - b = 21 - 11 = 10$이다.

| 03 | 추리력 |

01	02	03	04	05	06	07	08	09	10	11	12	13	14	15
①	③	③	④	②	④	④	③	②	④	①	①	②	②	②

01

정답 ①

규칙은 세로로 적용된다.
첫 번째 도형과 두 번째 도형의 꼭짓점 수를 합한 도형의 꼭짓점 수가 세 번째 도형이다.

02

정답 ③

규칙은 세로로 적용된다.
첫 번째 도형과 두 번째 도형을 겹쳤을 때의 도형이 세 번째 도형이다.

03

정답 ③

규칙은 가로로 적용된다.
첫 번째 도형과 두 번째 도형을 합친 후, 겹치는 부분을 색칠한 도형이 세 번째 도형이다.

04

정답 ④

규칙은 세로로 적용된다.
첫 번째 도형을 색 반전시킨 도형이 두 번째 도형이고, 두 번째 도형을 상하 대칭시킨 도형이 세 번째 도형이다.

05

정답 ②

규칙은 세로로 적용된다.
첫 번째 도형과 두 번째 도형을 합친 것이 세 번째 도형이다.

06

정답 ④

흰색 도형은 아래로 1칸씩 내려오면서 시계 방향으로 90° 회전하며 검은색 도형은 위로 1칸씩 올라가면서 시계 반대 방향으로 90° 회전한다. 이때 같은 칸에서 도형끼리 만나게 되면 검은색 십자가 모양으로 바뀌며 십자가 모양 이후에는 합쳐지기 이전의 도형으로 다시 분리되어 1칸씩 움직이며 각각 시계 방향 및 반대 방향으로 90° 회전하게 된다.

07

정답 ④

정사각형 4개의 칸에 있는 작은 원들은 시계 방향으로 이동하고 있으며, 정사각형 4개의 칸은 시계 반대 방향으로 한 칸씩 이동한다. 이동이 끝난 후 회색 칸에 있는 작은 원은 한 개 늘어나게 된다.

08 정답 ③

정사각형 5개의 칸 중 흰색 칸 안에 있는 도형은 사각형 변을 따라 모서리 쪽으로 시계 방향으로 이동하며 시계 반대 방향으로 90° 회전한다. 또한 회색 칸 안에 있는 도형은 시계 반대 방향으로 이동하며 시계 방향으로 90° 회전한다. 검은색 칸 안에 있는 도형은 시계 방향으로 이동하며 180° 회전한다.

09 정답 ②

- ■ : 색 반전
- ○ : 180° 회전
- ☆ : 시계 방향으로 90° 회전
- □ : 좌우 대칭

10 정답 ④

- ㉠ : 각 도형 시계 방향으로 90° 회전
- ㉡ : 전체 시계 방향으로 90° 회전

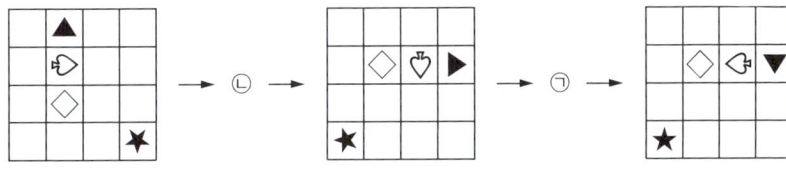

11 정답 ①

- ㉠ : 검은색 도형만 색 반전
- ㉡ : 각 도형 위쪽으로 한 칸 이동

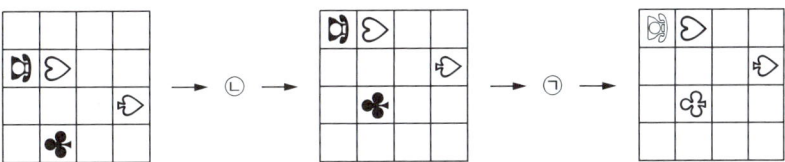

12 정답 ①

- A : 색 반전
- B : 상하 반전(도형의 위치 고정)
- C : 도형의 좌우 위치 변경(도형의 색상 고정)

을 숫자로 표현하면 이므로

이다.

13

정답 ②

- A : 왼쪽 외부도형과 오른쪽 내부도형 위치 변경

외부도형	①	②	③	④
내부도형	1	2	3	4

→

2	②	4	④
1	①	3	③

- B : 왼쪽 외부도형과 오른쪽 외부도형 위치 변경

외부도형	①	②	③	④
내부도형	1	2	3	4

→

②	①	④	③
1	2	3	4

- C : 오른쪽 외부도형과 오른쪽 내부도형 위치 변경

외부도형	①	②	③	④
내부도형	1	2	3	4

→

①	2	③	4
1	②	3	④

외부도형	①	②	③	④
내부도형	1	2	3	4

→ B

②	①	④	③
1	2	3	4

→ No A

2	①	4	③
1	②	3	④

Yes → B

①	2	③	4
1	②	3	④

14

정답 ②

왼쪽 도형에 ?를 겹쳤을 때, 오른쪽 도형이 되려면 이 필요하다.

따라서 이를 시계 방향으로 90° 회전시킨 ②가 답이 된다.

15

정답 ②

- 위 칸 : 도형을 시계 방향으로 45° 회전 후, 좌우 대칭
- 아래 칸 : 도형을 시계 반대 방향으로 90° 회전 후, 좌우 대칭

시대에듀 S-OIL(에쓰오일) 온라인 인적성검사 통합기본서

개정14판1쇄 발행	2025년 07월 15일 (인쇄 2025년 06월 13일)
초 판 발 행	2015년 09월 25일 (인쇄 2015년 08월 31일)
발 행 인	박영일
책 임 편 집	이해욱
편 저	SDC(Sidae Data Center)
편 집 진 행	안희선 · 구본주
표지디자인	박종우
편집디자인	유가영 · 장성복
발 행 처	(주)시대고시기획
출 판 등 록	제10-1521호
주 소	서울시 마포구 큰우물로 75 [도화동 538 성지 B/D] 9F
전 화	1600-3600
팩 스	02-701-8823
홈 페 이 지	www.sdedu.co.kr
I S B N	979-11-383-9539-7 (13320)
정 가	24,000원

※ 이 책은 저작권법의 보호를 받는 저작물이므로 동영상 제작 및 무단전재와 배포를 금합니다.
※ 잘못된 책은 구입하신 서점에서 바꾸어 드립니다.

S-OIL
에쓰오일

온라인 인적성검사

통합기본서

최신 출제경향 전면 반영

대기업 인적성 "기출이 답이다" 시리즈

   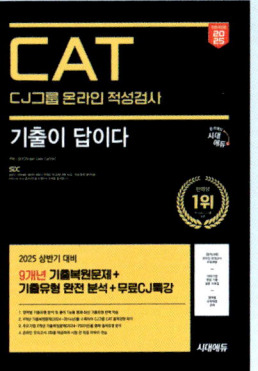

역대 기출문제와 주요기업 기출문제를 한 권에! 합격을 위한
Only Way!

대기업 인적성 "사이다 모의고사" 시리즈

   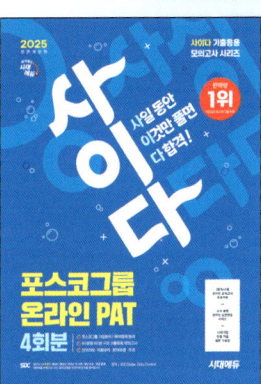

실제 시험과 동일하게 마무리! 합격으로 가는
Last Spurt!

NEXT STEP

시대에듀가 합격을 준비하는
당신에게 제안합니다.

성공의 기회
시대에듀를 잡으십시오.

시대에듀

기회란 포착되어 활용되기 전에는 기회인지조차 알 수 없는 것이다.
- 마크 트웨인 -